lonely planet

口袋指南

伦敦

必游景点 · 本地体验 · 轻松出发

Pocket

本书作者
埃米莉 · 菲卢（Emilie Filou）

中国地图出版社

本书特色

轻松计划行程

全方位了解目的地，
助你规划精彩行程

行前参考

贴心提示让旅途
更轻松

伦敦最佳

多彩榜单助你快速
了解目的地亮点

探索伦敦

分区域介绍
最佳看点和活动

顶级景点

不可错过的精彩

当地生活

体验原汁原味的
目的地

生存指南

实用建议
令你上路无忧

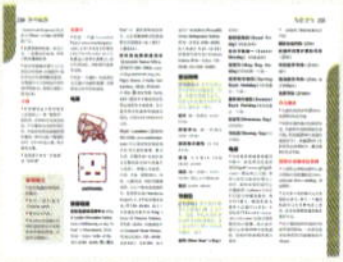

当地交通

像本地人一样四通八达

实用信息

包括住宿推荐在内的
详尽贴士

特别呈现

作者的优选内容
让旅行体验更深入

最佳步行游览

双脚丈量伦敦的
经典线路

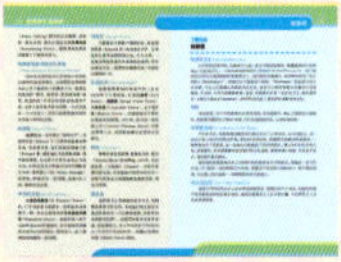

了解灰页

丰富生动的文化背景
知识

通过下列符号帮助你找到该区域的最佳选择：

景点和活动

就餐

饮品

娱乐

购物

下列符号所代表的都是重要信息：

电话号码	允许携带宠物
营业时间	巴士
停车场	轮渡
禁止吸烟	地铁
上网	地铁
无线网络	地铁
素食菜品	有轨电车
英语菜单	火车
适合家庭	

地图标识助你快速找到需要的信息：

Lonely Planet's《伦敦》

Lonely Planet口袋指南专为希望轻松深入目的地的你而精心打造。

在书中，你会找到伦敦所有的必游景点，独家的建议也会让你的旅程更加难忘。我们将伦敦划分成几个合理的区域，并通过清晰的地图让你便捷、迅速地找到所有地点。我们的资深作者通过实地调研，为你呈现出本地精华所在，例如徒步、美食、夜生活和购物。若你还想探索更多，我们的"当地生活"章节将为你推荐不为人知的精彩路线，深入体验原汁原味的伦敦。

另外，书中的各类实用信息也能令你的旅程更加轻松顺利。短途的游览路线、当地交通，甚至在漫长而疲惫的一日游览过后，你需要给你的服务生多少小费，在这本小书中均有提及。

我们的承诺

我们的工作就是让你拥有完美旅程。在写作每一版指南之前，孤独星球的作者都会实地考察、亲身体验。请放心，我们一贯实事求是，从不接受他人馈赠而为之宣传。

轻松计划行程 7

顶级景点 8
伦敦最佳 12
当地生活 38
每日行程 40
行前参考 42
区域速览 44

探索伦敦 47

48 威斯敏斯特大教堂和威斯敏斯特
66 国家美术馆和考文特花园
86 大英博物馆和布鲁姆斯伯里
106 圣保罗和金融城
128 泰特现代美术馆和南岸
146 肯辛顿博物馆群
170 摄政公园和卡姆登
182 皇家天文台和格林尼治

生存指南 207

出发前 208
抵达伦敦 209
当地交通 211
实用信息 213

特别呈现

值得一游

周日游东区 126
周六游诺丁山 168
漫步汉普斯特德荒野 180
东伦敦奥林匹克漫步 194
汉普顿宫 196

最佳步行游览

伦敦塔至泰特现代美术馆 200
伦敦皇家路线 202
北伦敦亮点 204

了解当地

威斯敏斯特大教堂历史 53
伦敦塔 115
引人入胜的历史 151
汉普顿宫历史 199

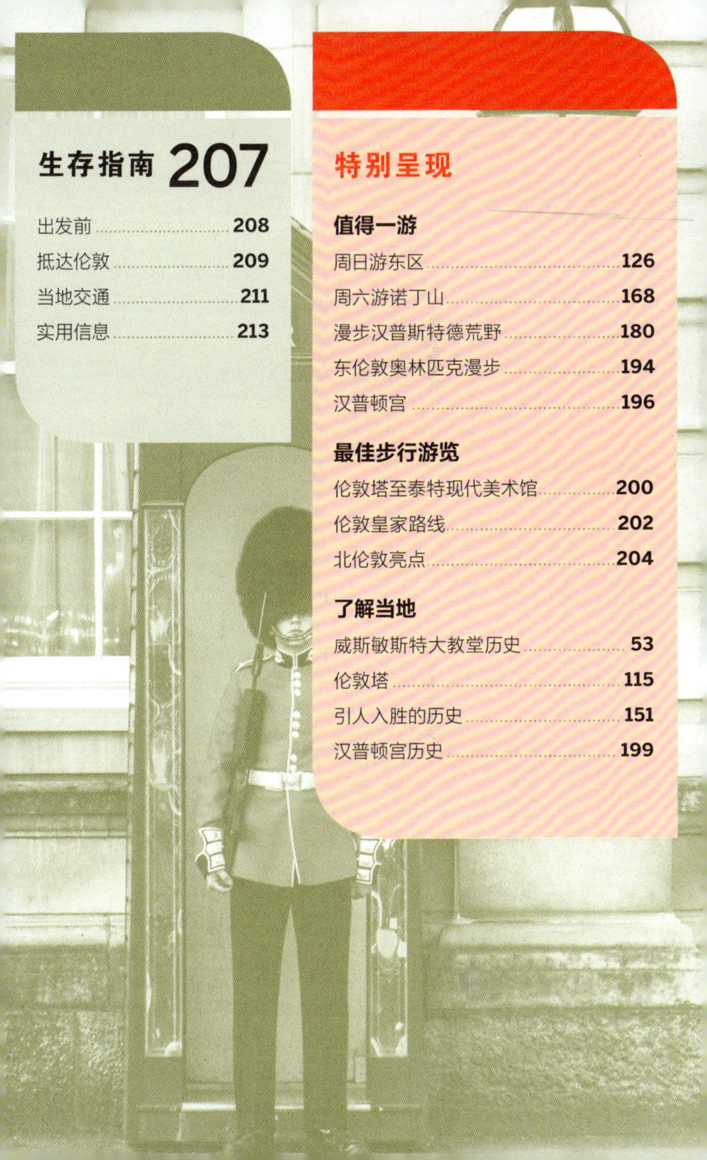

轻松计划行程

顶级景点............8

伦敦最佳..........12

就餐......................12

饮品和夜生活.........14

娱乐......................16

同性恋场所............18

市场......................19

购物......................20

博物馆和美术馆......22

公园及花园.............24

建筑......................26

儿童旅行体验..........28

观景地....................30

团队游....................31

小众景点.................32

教堂......................34

节日和活动..............36

当地生活..............38

每日行程..............40

行前参考..............42

区域速览..............44

欢迎来伦敦

从艺术到气势宏大的博物馆，从令人叹为观止的建筑到极受关注的王室，从多元文化到迷人的公园，朝气蓬勃，魅力无穷——无论是谁，伦敦总能让你心动。这座城市沉浸在浓郁的历史氛围中，但同时也是一位不知疲倦的文化创新者，拥有非凡的创意天赋。伦敦充满无限的多元活力，或许是世界上最国际化的城市，但依然保存了原汁原味的英伦风情。

圣保罗大教堂（见108页）

TOMASSEREDA/GETTY IMAGES ©

伦敦
顶级景点

大英博物馆（见88页）

大英博物馆是伦敦最受欢迎的旅游景点，每年能吸引550万名参观者。大量神圣的文物、艺术品和历史悠久的古代藏品足以让你花上一生的时间，而且每天都会有新的发现。

圣保罗大教堂

（见108页）

这座宏伟壮观的教堂举世闻名，但唯有亲临其境地去欣赏克里斯托弗·雷恩爵士（Sir Chris-topher Wren）精美绝伦的设计，包括登上穹顶领略其壮丽美景，方能真正体验到圣保罗的震撼。

伦敦塔（见112页）

这一威严的石筑堡垒以令人不寒而栗的历史闻名，它曾作为监狱和行刑地使用多年。如今，这里藏有王冠宝石，令人眼花缭乱。

泰特现代美术馆

（见130页）

这座现代美术馆位于泰晤士河畔，在昔日的发电厂内，地理位置绝佳。泰特现代美术馆极受人们喜爱，生动地展现了现代性和建筑复兴。

自然历史博物馆

（见152页）

拥有电子霸王龙、地震模拟体验、野生动物园以及如童话般的哥特风建筑——这座博物馆是充满伟大想象力的杰作。

ILEANA_BT/SHUTTERSTOCK ©

皇家天文台和格林尼治公园

（见184页）

皇家天文台集历史与美景于一体，这里有格林尼治子午线和诸多的早期天文发现，同时还能欣赏到伦敦与格林尼治公园的旖旎风光。

TANGMAN PHOTOGRAPHY/GETTY IMAGES ©

议会大厦（见56页）

没有比从泰晤士河上欣赏大本钟和议会大厦构成的壮丽风景更具有伦敦色彩的了，尤其是当阳光洒在议会大厦上的时候，景色非凡。

国家美术馆（见68页）

国家美术馆拥有无与伦比的艺术珍藏（以前现代作品为主），包括列奥纳多·达·芬奇、米开朗基罗、透纳、莫奈、雷诺阿和凡·高的巨作。美术馆位于特拉法加广场一幢恢宏的建筑内。

维多利亚与艾伯特博物馆（见148页）

位于南肯辛顿的这一博物馆拥有的馆藏之丰富令人叹为观止——从中国陶瓷器到时尚创作，从彩绘玻璃到伊斯兰织物，引人入胜。

汉普顿宫（见196页）

这座亨利八世（Henry Ⅷ）时期保存完好的都铎风格宫殿、花园和迷宫就位于泰晤士河畔，是逃离都市伦敦的绝佳去处。留出一天，细细感受汉普顿宫的魅力。

PAWEL LIBERA/GETTY IMAGES ©

威斯敏斯特大教堂（见50页）

这座宏伟的大教堂是英国君主加冕的神圣场所，钟情中世纪教会建筑的人置身于此定会欣喜若狂。赶早去排队吧。

SUSANHALAY/LONELY PLANET ©

白金汉宫（见54页）

普通民众亦能进入（并参观）这一庄严的贵族居所，实在是令人印象深刻。对王室粉丝而言，这座宫殿是伦敦的一大亮点。

伦敦最佳
就餐

伦敦曾是美食界的笑柄，不过经过二十年的努力，现在已经成功华丽转身，成为了公认的美食天堂。虽然聚集着不少精致华贵的米其林星级餐厅，但包罗万象的世界美食才是这里的精髓，这其实是这个城市的多元文化的真实写照。

世界美食

吃在伦敦的一大乐趣便是尝遍世界美食。由于历史原因，除了遍地开花的印度菜（咖喱甚至成了国菜），其他亚洲菜也备受追捧，各种中、泰、日、韩风味的餐馆，乃至融合了几种亚洲风味的餐馆，在这里都随处可见。

这里有来自欧洲大陆的食物，比如法国、意大利、西班牙、希腊和北欧的传统美食也广受欢迎，而且花样不断翻新。其他风味的餐馆则大多开在其受众人群聚居的社区。

美食酒吧

不久以前，酒吧还只是喝一杯的地方，至于吃的，最多可以点些薯条下酒，但从20世纪90年代开始，美食酒吧的出现改变了这一情况，现在人们可以在任何一家酒吧享用全套正餐。不过餐食的质量千差万别，吃到速冻食品或米其林星级水准美食都不用惊讶。

☑ 独家贴士

- 周末用餐时，特别是多于4人的情况，建议提前预订。
- 可以去一些高档餐厅试试午餐套餐，性价比不错，也可以选择单点，有时可能更经济实惠。
- 许多伦敦西区（West End）的餐馆会提供戏剧开场前套餐（pre-theatre menus），或散场后套餐（post-theatre menus），也非常值得一试。

Bar Shu酒吧的一道川菜（见78页）

最佳英国菜

St John 这家餐馆是英国菜复兴潮流的引领者。（见121页）

Dinner by Heston Blumenthal 大受欢迎的英国餐馆，传统菜和新派美食都备受好评。（见162页）

Rabbit 年轻时髦的餐馆，主打各色英国菜式、本地红酒和啤酒。（见162页）

最佳欧陆菜

Dabbous 坐在这家工业感十足的时尚餐厅里，享受令人眼花缭乱的各色风味。（见99页）

Baltic 餐食和饮品都具有浓浓的东欧风情。（见139页）

Tom's Kitchen 服务一流，烹调时令特色欧洲餐，水平稳定。（161页）

最佳亚洲菜

Yauatcha 就餐环境时尚现代，粤式点心味道一流。（见78页）

Dishoom 成功地复原了旧时的孟买咖啡馆。（见77页）

Bar Shu 伦敦正宗川菜馆子，鲜香麻辣，口味正宗。（见78页）

Koya 面条大王，各种做法应有尽有，可热用、可冷吃，可带汤、可拌酱。（见77页）

最佳景观餐厅

Duck & Waffle 全天营业的英国菜餐馆，可饱览城市美景。（见121页）

Skylon 可一边欣赏泰晤士河胜景，一边享用精致的国际美食。（见140页）

值得一游

Chiltern Firehouse（020-7073 7676；www.chilternfirehouse.com；Chiltern St, W1；主菜£21~75；周一至周五8:00~10:30，正午至14:30和17:30~22:30，周六和周日 11:00~15:00和18:00~22:30；；Baker St, Bond St）的前身与餐馆并无关系（这里曾是个消防站）。它现在是伦敦最炙手可热的餐馆之一，创始人是融合菜创意大师努诺·门德斯（Nuno Mendes）。虽然价格不菲且总是宾客爆满，但还是值得去体验一下。

伦敦最佳 饮品和夜生活

伦敦人酷爱派对狂欢，无论是早在18世纪霍格斯创作的“金酒街”（Gin Lane）禁酒招贴画，还是2008年鲍里斯·约翰逊市长颁布的公共场所禁酒令，在嗜酒如命的首都人民的面前，都毫无作用。伦敦某些区域根本就是日夜颠倒的——傍晚苏醒而清晨入眠。

小酒馆

小酒馆是伦敦社交生活的中心，是首都人民的心头好。虽说小酒馆里各种美食一应俱全，但啤酒才是真正的精髓所在。一些酒馆主打各色酒品饮料，从本地微型酿酒厂出产的精酿啤酒，到水果啤酒、有机苹果酒或是一些稀奇古怪的饮料，应有尽有。也有些酒馆提供很棒的葡萄酒单，这在美食酒吧中比较常见。此外，不少酒馆都有漂亮的花园，这在夏天尤为重要。

大多数酒馆和酒吧周一至周六营业时间为11:00至23:00，周日至22:30。也有些酒馆营业时间更长，经常一直到午夜或凌晨一两点才打烊。

酒吧及夜店

总的来说，酒吧比酒馆开得晚，比夜店关得早。有些酒吧会有DJ驻场，设有小型舞池，一般营业至23:00，装修通常比酒馆更现代，鸡尾酒之类的酒水饮品更加花哨（也更贵）。如果你爱玩夜店，伦敦绝对是个天堂，一切繁华胜景在这里都相形见绌：你既可以去大名鼎鼎的夜店大咖Fabric，也可以钻进各种小店探访新秀DJ。如果去肯辛顿那片的时髦夜店，一定要提前好好打扮。而东边也有些比较先锋另类的去处。

☑ 独家贴士

▶获取更全面的推荐，可以参考一些媒体清单，例如*Time Out*（www.timeout.com/london）、*Evening Standard*（www.standard.co.uk）和*Resident Advisor*（www.residentadvisor.net）。

最佳综合酒馆

Edinboro Castle 位于樱草山，文化气息浓郁，配有啤酒园。（见176页）

Lock Tavern 卡姆登顶级酒馆，有屋顶天台和现场音乐。（见177页）

Ye Olde Mitre 十分舒适且历史悠久，啤酒很棒，不过没有音乐——显得非常文雅有序。（见124页）

Sky Pod（见122页）

最佳历史酒馆

George Inn 具有浓郁的历史韵味。（见143页）

Trafalgar Tavern 风格独特，河边小酌的不二之选。（见192页）

Cutty Sark Tavern 可以边欣赏河景，边品尝五花八门的麦芽啤酒。（见191页）

最佳酒吧

LAB 古朴经典，鸡尾酒尤佳。（见79页）

Sky Pod 美景美酒相得益彰。（见122页）

French House 苏荷广场附近波希米亚风小馆，历史悠久。（见71页）

Experimental Cocktail Club 供应罕见独创的烈酒、年份香槟及自制糖浆。（见80页）

最佳夜店

Fabric 伦敦最著名的超级夜店。（见123页）

Heaven 伦敦男同性恋夜店。（见81页）

Kensington Roof Gardens 绝对高大上，建议盛装出席，做好等位的准备。（见163页）

最佳酒水专卖店

Wine Pantry 售卖各色英国红酒可以买回家或者边走边喝。（见142页）

Rake 手工酿造饮品店，从麦芽酒到水果啤酒及苹果酒，一应俱全。（见142页）

Bar Pepito 在这家伦敦最好的西班牙式小酒馆，可以品尝到地道的雪利酒和西班牙小吃。（见101页）

Euston Tap 无论是木桶装麦芽酒，还是铁桶啤酒及各种罐装酒，应有尽有，任君随意挑选。（见101页）

值得一游

Old St是伦敦彻夜狂欢的中心舞台，在这个如走马灯般易主的社区，夜店**XOYO**（www.xoyo.co.uk; 32-37 Cowper St, EC2A; 不定时营业; Old St）是棵与众不同的常青树，这里经常举办各种现场演出、主题派对及艺术活动。

伦敦最佳
娱乐

无论你喜欢令人心神荡漾的戏剧，还是着迷于眼花缭乱的音乐剧、舞蹈、歌剧、现场音乐，伦敦可以满足你的所有愿望。在这里，体味百态人生不过须臾之间，然而这还只是冰山一角。

剧院

来伦敦，一定要在剧院泡上一晚。城中著名的“剧院区”（Theatreland）位于星光熠熠的西区，这里聚集着大量的英文剧院（多于40家），只有纽约的百老汇可以与之相匹敌。源远流长的历史浇灌出今天这里百花齐放的戏剧，这里既有莎士比亚的经典作品，也有小众的先锋之作，一边不分昼夜地循环上演着顶级的音乐剧，另一边小酒馆楼顶的微型剧院里也在忙不迭地制造着惊喜。

古典音乐

伦敦有四家世界顶级交响乐团、两家歌剧团、数不清的小型团体和无数梦幻般的演出场馆（票价也很合理），这里简直是音乐爱好者的天堂。南岸艺术中心、巴比肯艺术中心及卡多甘音乐厅日常都会有精心编排的高质量演出，既有大众喜闻乐见的节目，也会有先锋新潮的作品和音乐。每年在皇家阿尔伯特音乐厅举办的**“逍遥音乐节”**（Proms；www.bbc.co.uk/proms），是伦敦最为隆重的艺术盛典。

伦敦音乐

古往今来，伦敦一直是各种先锋原创音乐的发源地。每当夜晚降临，无论是在热闹的夜店、拥挤的酒馆，还是震耳欲聋的演出场馆，到处都能听到摇滚、蓝调、爵士、民谣等风格迥异的现场音乐。

独家贴士

- 国家大剧院、巴比肯艺术中心、南岸艺术中心及皇家歌剧院通常有打折的临场余票出售，演出当日直接去现场购买即可。
- 大部分主流影院及艺术院线，会提供周一（或周二）整天及多数工作日的下午场次的折扣票。

最佳剧院

莎士比亚环球剧院 真实地还原了伊丽莎白时期的露天剧场氛围。（见144页）

国家剧院 精选了三大剧院中的最优秀的先锋作品。（见143页）

皇家宫廷剧院 剧院位于斯隆广场（Sloane Sq），标新立异，别具一格。（见165页）

国家剧院（见143页）

最佳古典音乐及歌剧院

皇家艾伯特音乐厅 漂亮的维多利亚风格红砖音乐厅，位于肯辛顿花园南侧。（见165页）

皇家歌剧院 古典芭蕾和歌剧爱好者的圣地。（见81页）

卡多甘音乐厅 皇家爱乐乐团（Royal Philharmonic Orchestra）的主场所在。（见165页）

最佳现场爵士乐

Ronnie Scott's 这家爵士乐夜店位于西区中心地带，在著名的Frith St上。（见82页）

Blues Kitchen 除了听觉享受，来这里还能品尝到新奥尔良熏烤风味。（见177页）

最佳现场摇滚乐

Barfly 这家夜店虽然地方不大，但野心勃勃，在这里可以听到一些新秀放声。（见178页）

KOKO 汇聚各路大牌小咖，一起摇滚狂欢。（见178页）

最佳表演艺术场馆

圆屋（Roundhouse）这里会举办各种大牌音乐会、小规模读诗会及其他各种大小活动。（见178页）

皇家艾伯特音乐厅 从古典音乐会到太阳马戏团（Cirque du Soleil）表演，从复出演出到电影首映，这里应有尽有。（见165页）

值得一游

威格摩音乐厅

（Wigmore Hall；见72页地图，A1；www.wigmore-hall.org.uk；36 Wigmore St, W1；⊖Bond St）是城中最好的演出场所，拥有超棒的听觉效果，美轮美奂的新艺术风格大厅，这里经常举办形形色色的音乐会、演奏会及高水平的演出。以贝奇施坦因牌钢琴（Bechstein Pianos，德国钢琴制造商）命名的演奏厅建于1901年，如今仍然是世界顶级的室内音乐演奏场所。

伦敦最佳 同性恋场所

来到这个属于奥斯卡·王尔德、昆廷·克里斯普及艾尔顿·约翰的城市，同性恋旅行者必不会败兴而归。这里像一个大熔炉，混杂着各种嘈杂浮夸、五花八门的时尚派对、酒吧夜店、主题活动，全年热闹无休。这里是世界同性恋平等自由之都，与纽约和旧金山不分伯仲。伦敦的同性恋社区甚至已将狂欢升华成了一种艺术形式。

态度

反同性恋歧视已被载入法律。从2005年起，同性恋伴侣被界定为民事伴侣关系，拥有和异性夫妻等同的权利，并且从2014年开始，真正的同性婚姻关系也得到了法律的承认。但这并不说明这里没有恐惧和反对同性恋的人。如遇反同性恋犯罪行为，立即**报警**（☎999）。

同性恋酒吧街区

时尚的肖尔迪奇区是伦敦新兴的同性恋聚点，这里和谐地混杂着同性恋游客和本地异性恋者们。苏荷区的老牌同性恋村近年来呈衰落之势，而前卫的东区风头渐劲。南伦敦的沃克斯豪尔会有城中最为盛大的夜店派对活动。

夜店派对活动

比起场地环境，夜店的派对活动更能决定同性恋夜店的氛围，这也就意味着，热门夜店的排名总在变化。建议去Boyz（www.boyz.co.uk）或者QX（www.qxmagazine.com）网站查询最新的排名清单。

☑ 独家贴士

▸可以登录www.gingerbeer.co.uk获取完整的女同性恋主题活动、夜店派对及酒吧信息。

最佳活动

由英国电影学院南岸剧场主办的**英国电影学院之光**（BFI Flare; www.bfi.org.uk/llgff）在4月初举办，包括各种活动，如电影首映、展播及访谈。

伦敦之骄（Pride in London; http://prideinlondon.org）活动在6月底或7月初举办，是世界上最为盛大的呼吁同性恋尊严的活动。

最佳酒吧及夜店

Edge 伦敦最大的男同性恋酒吧，一周七天营业，夜夜爆满。（见81页）

伦敦最佳 市场

在伦敦，各大声名显赫的市场中隐藏着各种宝贝，你可以在这里找到小众设计师作品、独特的首饰、原版摄影照片及海报、二手单品、珍贵的黑胶唱片以及古董珠宝。如果你厌倦了那种千篇一律的高街购物环境，那这里无疑是一剂最佳解药，大部分市场都设在露天环境中，且无论下雨或暴晒，永远人山人海、热火朝天。

CHRIS MELLOR/GETTY IMAGES ©

独家贴士

▶在博罗市场有许多小吃店提供免费试吃。

伦敦生活

在伦敦逛市场感受下这座活力城市原汁原味的生活吧，可以像热衷于逛市场的伦敦人一样，去五花八门的市场随便走走，看看，聊聊，顺便交个朋友。

路边摊午餐

无论是否以食品为主的市场，食品摊随处可见，这已经成了伦敦一道独特的风景线。这些路边摊的生意通常十分火爆，逛得饥肠辘辘的顾客们乐得坐在熙来攘往的市场中大快朵颐。食物的质量总体不错，价格合理（£4~8）。

最佳市场

博罗市场 热闹的美食天堂，位于泰晤士河南岸。（见136页）

老斯皮塔福德市场 位于中心市区和东区的交接区域，规模庞大，占地广阔，是二手商品和流行时尚的圣地。（见125页）

卡姆登市场 北伦敦必逛市场，嬉皮复古范儿。亚文化爱好者必去之地。（见179页）

波特贝罗路市场 伦敦最为家喻户晓的市场，位于最时髦的诺丁山区。（见169页）

格林尼治市场 若寻找创意礼物或令人欲罢不能的人气小吃，这里是绝佳选择。（见193页）

莫特比街市场 袖珍但充满乐趣，这里聚集着很多美食家推崇备至的食品摊。（见142页）

伦敦最佳
购物

从慈善商店二手好物到赶时髦的"it bag"(Inevitable bag，一定要拥有的包)，在伦敦，你有成千上万种途径花掉你的血汗钱。许多大牌购物胜地本身就是景点，例如哈罗德百货、哈姆雷斯玩具店及旧斯毕塔菲尔德市场。置身于这物欲横流的花花世界，你很有可能不知不觉就掏空了钱包。

高街连锁店

许多顾客都惋惜地抱怨连锁品牌正在占领高街，使得独立品牌生存更加艰难。但连锁品牌价格低廉、设计新潮、位置便利，伦敦人仍然趋之若鹜。这里不仅有像Gap、H&M、Urban Outfitters和Zara这样的人们耳熟能详的海外零售连锁店，更聚集了一众本土连锁品牌，例如：**French Connection UK**（www.frenchconnection.com），**Jigsaw**（www.jigsaw-online.com），**凯伦·米莲**（Karen Millen; www.karenmillen.com），**马莎**（Marks & Spencer; www.marksandspencer.com）及**Topshop**（www.topshop.com）。

营业时间

通常伦敦商店的营业时间为周一至周六，9:00或10:00至18:00或19:00。大部分西区（牛津街，苏荷区及考文特花园）、切尔西、骑士桥区、肯辛顿、格林尼治及汉普斯特德的商店周日也营业，一般从正午至18:00，也有时从10:00营业至16:00。西区的商店周四营业时间较长（可至21:00）；而切尔西、骑士桥区、肯辛顿地区商店是在周三延长营业。如果某天一个主要商区举办大型活动，附近的商店也很有可能开门营业。

TRAVELSTOCK44 · JUERGEN HELD/GETTY IMAGES

独家贴士

▶在有"免税"(tax free)标识的商店，来自非欧盟国家的游客购买物品可以享受20%的增值税(VAT)退税。

最佳购物区域

西区 大牌华服美履的大集合。

骑士桥区 云集着哈罗德百货等一众顶级商店，目标顾客是最富裕人群。

最佳百货商店

哈罗德百货 花哨、时髦且有些过于迎合当前流行趋势，但一直广受欢迎。（见166页）

Liberty 现代风格设计与仿都铎时期的复古氛围相映成趣，令人欲罢不能。（见85页右上图）

哈罗德百货（见166页）

Fortnum & Mason 伦敦最老牌的食品杂货店，店员依然身着旧式燕尾服。（见64页）

最佳书店

Stanford's 若想购买旅游图书，这里应是首选。（见83页）

Hatchards 伦敦最老的书店（始于1797年），藏书丰富，颇有历史。（见65页）

Waterstones 欧洲最大的书店，店员知识渊博，经常举行作者读书会和签售会。（见85页）

最佳礼品店

Penhaligon's 从精致漂亮的香水到家用香氛一应俱全，店员热情友好。（见65页）

Hamleys 玩具和游戏用具堆满五层楼，这里是孩子们的天堂。（见84页）

Silver Vaults 这里有手工打造的精美银器，从餐具到首饰，应有尽有。（见125页）

值得一游

位于伦敦东北的**达尔斯顿**（Dalston）已经成为了二手商品买手们的购物圣地。推荐高端二手商店**Traid**（www.traid.org.uk；106-108 Kingsland High St，E8；⏲10:00~18:00；⊖Dalston Kingsland）及复古专卖店**Beyond Retro**（☎020-7923 2277；www.beyondretro.com；92-100 Stoke Newington Rd，N16；⏲周一至周六10:00~19:00，周日11:00~18:00；⊖Dalston Kingsland）。

伦敦最佳
博物馆和美术馆

伦敦的博物馆和美术馆并不只是雨天行人的避难所，而是最重要的必去景点。伦敦的博物馆和美术馆有着无与伦比的收藏品，是公认的行业泰斗。

博物馆之夜

傍晚时分，博物馆人流稀少，是来访的最佳时段。很多博物馆一周会有一天延长营业时间，有些还会组织夜间活动，这样不但丰富了活动种类，还营造出了一番特别的氛围。去博物馆的网站查询馆内活动吧。有些博物馆一年只举办一次夜间活动，通常在5月。

入场及访问

参观国家博物馆，如大英博物馆、国家美术馆、维多利亚与艾伯特博物馆通常是免费的，但一些暂时性的展览除外。私人美术馆也大多免费（或只收少量入场费），去一些小型博物馆则需要购买门票，一般£5左右（网上可预订到一些博物馆的折扣票）。国家展馆的展览开放时间通常是10:00至18:00，一周会有一天延长营业时间。

专项博物馆

不管你是否对扇子、交通运输或外科手术技术感兴趣，你都会发现这样小众的博物馆在伦敦随处可见。即使不是专业人士，这些专项博物馆依然值得一逛，在这里你可以感受到博物馆创始人的一腔热情。

BIKEWORLDTRAVEL/SHUTTERSTOCK ©

☑ 独家贴士

▶很多顶级博物馆里的餐厅很棒，本身就值得一去。

最佳展览（免费）

大英博物馆 稀世珍宝的顶级展览。（88页）

维多利亚与艾伯特博物馆 展馆设计匠心独具，展出的装饰艺术品及图画独一无二。（见148页）

国家美术馆 前现代大师作品的收藏宝库。（见68页下图）

泰特现代美术馆 漂亮的展馆里呈现的近现代艺术品盛宴。（见130页）

自然历史博物馆 大人和孩子共同的最爱。（见152页）

大英博物馆（见88页）

最佳小型博物馆

伦敦交通博物馆 这是一场关于伦敦交通运输历史的奇妙探索。（见75页）

老手术室博物馆和草药阁 别开生面的旧时外科手术技艺展览，令人大开眼界。（见137页）

最佳博物馆建筑

维多利亚与艾伯特博物馆 建筑与其蔚然馆藏一样美轮美奂。（见148页）

自然历史博物馆 建筑线条仿佛来自哥特童话故事。（见152页）

泰特现代美术馆 标志性的美术馆，由废弃的发电厂改建而成。（见130页）

国家海事博物馆 建筑庄严壮丽，馆藏卓尔不群。（见189页）

最佳鬼马博物馆

约翰·索恩爵士博物馆 古灵精怪的博物馆内收藏着各种18世纪的奇珍异宝。（见75页）

韦尔科姆收藏馆 来这里探寻艺术、科学 及医药之间的边界吧。（见96页）

值得一游

伦敦的东区及码头区目睹了过去150年的沧桑变革，从充斥着穷苦移民的落后区域发展成强大的工业动力核心；由后工业时代的颓败萧条之地转为繁华的奥运场馆区。来**伦敦码头区博物馆**（Museum of London Docklands; www.museumoflondon.org.uk/docklands; West India Quay, E14; 门票免费; ⏲10:00~18:00; 🚊港区轻轨West India Quay）来感受下那段惊天动地的历史吧。

伦敦最佳
公园及花园

扫一眼伦敦的地图，你一定会被这一片汪洋绿海所震撼，大大小小的公园和花园，覆盖了伦敦约四分之一的面积。这里有着世界顶级的城市公园，大部分都被精心料理且便捷开放、四季如画。

入园及活动

伦敦的皇家公园及城市公园基本都免费，从清晨到傍晚开放。一些大型公园，如摄政公园（Regent's Park），会带有足球场和网球场。很多公园里还会设有受欢迎的跑道及骑行线路；而占地更为广阔的公园是越野跑及定向越野的理想场所。

如果带着年幼的孩子旅行，公园是很理想的场所，大部分公园都设有游乐场。很多公园里还会举行露天演出、体育比赛和其他五花八门、妙趣横生的室外节目和活动，例如骑马（海德公园及里士满公园）、放风筝及丢飞盘。

伦敦公园里生活着大量的野生动物，充满野趣，尤其是那些有森林和湖泊的大型公园（如圣詹姆斯公园及汉普斯特德荒野），而城市花园（如邱园）则是百花齐放的植物王国。

荒野和公地

有些非正式、无人照看的开放空间，游人可以自由进出，这样的地方一般被称为荒野和公地。它们通常比公园更有野趣、贴近自然，其中最著名的当属位于北伦敦的汉普斯特德荒野，那里风景壮丽、远近闻名。

ERIC NATHAN/GETTY IMAGES ©

最佳公园

海德公园 漂亮广阔的绿色天堂，位于肯辛顿中心区。（见158页）

圣詹姆斯公园 美景摄人心魄，位置绝佳，可租借折叠躺椅。（见60页）

格林尼治公园 精致的皇家公园，景点一流，风光旖旎。（见186页）

肯辛顿花园 花园布局精妙绝伦，活动丰富多彩，可以赏玩宫殿，也可去游乐场玩耍。（见159页）

最佳景观

格林尼治公园 可以俯瞰金丝雀码头（伦敦金融区）、泰晤士河、格林尼治胜景。（见186页）

肯辛顿花园（见159页）

樱草山 远眺伦敦的最佳观景位。（见175页）

汉普斯特德荒野 在这里可以环视伦敦全景，从伦敦眼至金丝雀码头，一切尽收眼底。（见180页）

最佳建筑

肯辛顿花园 这里有最受欢迎的宫殿、精美华丽的维多利亚纪念碑和闻名遐迩的美术馆。（见159页）

格林尼治公园 皇家天文台、天文馆都位于此处，可以俯瞰格林尼治美景。（见186页）

摄政公园 公园布局正统，白色建筑庄严典雅，是19世纪建筑家约翰·纳什（John Nash）的作品。（见174页）

最佳公园餐厅

Inn the Park 可在圣詹姆斯公园中央享用英式美味。（见63页）

Magazine 位于海德公园的宏伟建筑内，主打新派欧洲菜。（见162页）

值得一游

占地121公顷，**邱园**（www.kew.org; Kew Rd; 成人票/儿童票 £15/3.50; 4月至8月 10:00~18:30，9月至次年3月闭园较早；Kew Pier，Kew Bridge，Kew Gardens）有着世界最大的植物展。徜徉于这个蔚然大观的植物花园，你不需要什么都知道，所有的介绍都是现成的，但并不妨碍你默默地脑洞大开，自娱自乐。架设在树丛间的**根系研究及斯特拉塔树顶步道**（Rhizotron & Xstrata Treetop Walkway）是孩子们最爱的必去之处。

伦敦最佳 建筑

在伦敦这座老城里，散落着各个历史时期的建筑瑰宝。这里是探索者们的乐园，睁大双眼，你有可能在圣保罗大教堂附近的一座后现代建筑的大堂中，发现一段罗马时期的墙壁，或者在某条博罗（Borough）高街附近，找到一间来自斯图亚特王朝复辟时期的长廊驿站。

伦敦范

与其他大城市不同，除了曾因1666年大火重建外，伦敦从未有过缜密的城市规划。相反，这座城市一直在有机地生长着。这就意味着，虽然建筑间的历史脉络模糊难辨，但置身其中，你会感受到千丝万缕的故事线在这里相互交织缠绕，创造出了一个横跨多个世纪的多维世界。

2010年以来的经济复苏和移民带来的人口激增，掀起了继“二战”重建后又一建筑高潮。但因横向空间所限，建筑师们打起了纵向发展的主意，从此，伦敦低矮平缓的城市轮廓发生了翻天覆地的变化。新建筑中最著名的当属碎片大厦，它活像一把巨型玻璃利刃，插在伦敦塔桥上空。2010年开业的苍鹭大厦高耸入云，是伦敦金融城中最高的建筑，距标志性的“腌黄瓜”（圣玛丽斧街30号）仅一步之遥。2014年落成的“对讲机大楼”，即芬丘奇街20号，看起来有些头重脚轻，楼顶有一个巨大的天空花园，景色甚好。

这些新兴的摩天大厦还只是冰山一角，就在写下这些文字的同时，整个城市里正在有超过230座20层以上的高楼拔地而起，主要集中在泰晤士河南岸，如布莱克法尔、沃克斯豪尔及九榆地区。

ADINA TOVY/GETTY IMAGES ©

☑ 独家贴士

▶每年中有一个周末，会举行**伦敦开放日活动**（Open House London；☎020-7383 2131；www.openhouselondon.org.uk），届时，上百个平常大门紧闭的建筑都会对公众开放。活动也涵盖了各种公共建筑，那里会举行各种各样的演讲和团队游。

最佳现代建筑

圣玛丽斧街30号 这座子弹造型的“腌黄瓜”是伦敦金融城的标志性高楼。（见119页）

碎片大厦 耀武扬威般地矗立在伦敦塔桥之侧，落成于2012年。（见138页）

千禧桥（见136页）

泰特现代美术馆 曾经是发电站，现在成为了现代艺术的动力源泉。（见130页）

千禧桥 优雅时尚，横跨泰晤士河之上。（见136页）

市政厅 叫它“玻璃蛋蛋”还是“黑武士的头盔”？（见138页）

最佳早期建筑

威斯敏斯特大教堂 伦敦教会建筑史上的伟大里程碑。（见50页）

议会大厦 威斯敏斯特大厅的悬臂托梁屋顶，精美绝伦，是世界同类建筑中的翘楚。（见56页）

伦敦塔 传说、神话和血迹斑斑的历史，融汇在这座至高无上的堡垒之中。（见112页）

万圣教堂 伦敦最古老的教堂，保留着一段罗马时期的残垣。（见119页）

最庄严的建筑

白金汉宫 女王的“乡间寓所”（法语pied-à-terre）。（见54页）

议会大厦 非凡的维多利亚时期建筑丰碑，英国议会民主制的所在地。（见56页）

王后行宫 美丽的帕拉第奥式（Palladian）建筑，出自建筑师伊尼戈·琼斯之手，坐落在风景如画的格林尼治。（见190页）

旧皇家海军学院 欣赏金碧辉煌的彩绘大厅和美轮美奂的礼拜堂。（见189页）

汉普顿宫 去那著名的迷宫迷失一下，或到都铎式的走廊寻找下鬼魂吧。（见196页）

最佳纪念碑

伦敦大火纪念碑 沿楼梯盘旋向上，在碑顶欣赏城市全景。（见118页）

艾伯特纪念碑 繁复华美的维多利亚时期大型纪念碑。（见161页）

惠灵顿拱门 拱门之上是欧洲最大的铜雕塑。（见160页）

伦敦最佳
儿童旅行体验

伦敦是孩子们的乐园。各类博物馆能够吸引各个年龄段的孩子，剧院、舞蹈和音乐演出很适合大孩子或是十来岁的少年们。游乐场、公园和自然保护区等各种户外空间，则是让学步的幼儿撒欢的理想去处。

博物馆活动

如果一家博物馆不受孩子欢迎，很难在伦敦开下去了。几乎每家博物馆都有专门给孩子或是家庭设计的参观路线。除此之外，你会发现博物馆还有各种丰富多彩的活动，比如在国家美术馆有讲故事的活动，大英博物馆和自然历史博物馆会组织主题背包游，在维多利亚与艾伯特博物馆能欣赏到精彩的即兴演出，泰特现代美术馆提供音频讲解，萨默塞特宫则会举办艺术及手工制作活动。更棒的是，很多类似的活动都是免费的。

带孩子就餐

伦敦的餐馆和咖啡馆对儿童很友善，而且会提供方便换尿布的设施以及适合小孩子的高脚椅。在选择用餐地点时要自觉——如果你带着学步的婴儿或者小宝宝，尽量避开高端餐厅或是安静的餐馆。要注意，只提供酒水的小酒馆不接待16岁以下的孩子。

☑ 独家贴士

- 除国家铁路以外，11岁以下的儿童乘坐公共交通免票。
- 冬季（11月至次年1月），自然历史博物馆、萨默塞特宫和汉普顿宫会设有溜冰场。

最佳景点

卡蒂萨克号 探索下这艘货真价实的大船，看看它曾经如何在大海上远航。（见189页）

伦敦动物园 与750多种动物亲密接触，企鹅海滩很棒。（见174页）

伦敦眼 从高空俯瞰伦敦，一饱眼福。（见137页）

科学博物馆（见158页）

伦敦地牢 很恐怖但也很有趣，能看到伦敦历史上那些著名的罪犯和可怕的场景。（见137页）

杜莎夫人蜡像馆 自拍的天堂，和One Direction或者Katnis Everdeen（《饥饿游戏》女主角）合个影吧。（见174页）

白金汉宫卫兵换岗仪式 士兵们戴着熊皮帽子，穿着红色制服，迈着整齐的步伐行进——孩子们会看入神的。（见60页）

最佳博物馆

科学博物馆 喜欢科技的孩子会被这里丰富的想象力牢牢吸引，地下室中的儿童展馆也充满乐趣。（见158页）

帝国战争博物馆 这里有令人惊奇的布景、军用飞机和各式各样的军事相关展品。（见136页）

大英博物馆 来这座伦敦最好的博物馆吧，和木乃伊打个招呼。（见88页）

自然历史博物馆 可以观看会动的霸王龙和激动人心的恐龙馆。（见152页）

最佳婴幼儿体验

肯辛顿花园 有绝佳的游乐场，可以玩水的喷泉，还有好几公顷的绿地，孩子们可以在上面撒欢。（见159页）

圣詹姆斯公园 可以和野鸭、松鼠、鹈鹕（pelican）一起嬉戏，抬头就能看见白金汉宫。（见60页）

值得一游

如果你的孩子（或你本人）喜欢《哈利·波特》系列电影，无论如何都要去参加下**华纳兄弟片场团队游：哈利波特的制作过程**（www.wbstudiotour.co.uk; Studio Tour Dr, Leavesden, WD25; 成人票/儿童票 £37/29; 9:00~22:00; 从Euston火车站或Birmingham New Street车站坐到Watford Junction，转乘摆渡车）。哈迷们可以亲临电影中的场景。

伦敦最佳 观景地

伦敦有着数不清的古迹穹顶、摩天大楼和郁郁葱葱的山丘，所以并不难找到一个地方俯瞰这个城市——况且伦敦的城市轮廓实在是太美了，不得不看。有些地方观景免费，也有些收费，还有些地方，得先坐下来点些吃的才可以观景。记得挑一个明媚的日子，才不辜负这美景。

GILBERT LAURIE/GETTY IMAGES ©

最佳登山观景

格林尼治公园 费点力气登上皇家天文台，四周美景一览无余。（见186页）

议会山 城北俯瞰伦敦全景的绝佳场所。（见181页）

樱草山 伦敦最漂亮的街区，在这可以欣赏到美丽的城市轮廓线。（见175页）

最佳建筑观景

伦敦眼 城市上空的完美视角。（见137页）

伦敦大火纪念碑 登上碑顶，才能360度欣赏环绕四周的美景。（见118页）

圣保罗大教堂 在穹顶之上可以看到伦敦最美的景色。（见108页）

碎片大厦 碎片大厦耸立在泰晤士河南岸，居高临下，整个城市如同乐高积木一般。（见138页）

威斯敏斯特天主教堂 从这座迷人教堂的塔楼俯瞰伦敦，景色令人印象深刻。（见61页）

最佳餐馆观景

Skylon 可尽享泰晤士河美景。（见141页）

Portrait 餐馆装饰如画，而景色更胜一筹。（见78页）

Duck & Waffle 不错的城市景观，24小时营业。（见121页）

Min Jiang 极其出色的中国菜，肯辛顿花园一览无余。（见162页）

最佳酒吧观景

Cutty Sark Tavern 颇有历史的小酒馆，在格林尼治的河边，位置抢眼。（见191页）

Sky Pod 除非在“对讲机大楼”（Walkie Talkie，芬丘奇街20号）里面，否则无论在哪，都看得到楼顶的这家酒吧！（见122页）

Oblix 点一杯饮料，就可以在碎片大厦上，欣赏无敌景色。（见142页）

Madison 可以一边品尝各色鸡尾酒，一边观赏圣保罗大教堂的正面景色。（见124页）

伦敦最佳
团队游

最佳乘船游

泰晤士观光船服务（www.thamesriverservices.co.uk；成人/儿童单程票 £12.50/6.25，往返票 £16.50/8.25）观光船从威斯敏斯特码头（Westminster Pier）出发航行至格林尼治，中途在伦敦塔停靠。

伦敦充气快艇之旅（Thames Rockets；☎020-7928 8933；www.londonribvoyages.com；Boarding Gate 1, London Eye, Waterloo Millennium Pier, Westminster Bridge Rd, SE1；成人票/儿童票 £49.95/31.50；⏰10:00~18:00每小时一班）可以乘坐高速快艇，风驰电掣地穿过伦敦，体验一把当007的感觉。

泰晤士游船（☎020-7930 2062；www.wpsa.co.uk；Westminster Pier, Victoria Embankment, SW1；至基尤 KEW，成人/儿童单程票 £13/6.50，往返票 £20/10，至汉普顿宫 Hampton Court，单程票 £17/8.50，往返票 £25/12.50；⏰4月至10月 10:00~16:00）由威斯敏斯特码头出发，航行1.5小时到达位于基尤的皇家植物园（邱园），再航行1.5小时到达汉普顿宫（仅11:00和12:00出发的两班船到达）。

最佳巴士游

Big Bus Tours（www.bigbustours.com；成人/儿童票 £27/12.50；⏰4月至9月 8:30~18:00，每20分钟一班车，3月和10月 至17:00，11月至次年2月 至16:30）提供十二种语言的沿途讲解。票价中包含一次免费的泰晤士河乘船游和三种主题步行游览。**Original Tour**（www.theoriginaltour.com；成人/儿童票 £30/15；⏰8:30~20:30）乘坐敞篷巴士，来一次随上随下的游览，也包含泰晤士河乘船游和主题步行游览。

最佳步行游览

Guide London（☎020-7611 2545；www.guidelondon.org.uk；半日/一日游

£155/250）请一位久负盛名的蓝标导游（Blue Badge Guide），他会为你介绍伦敦的一切。

London Walks（☎020-7624 3978；www.walks.com；成人/儿童票 £10/免费）提供海量的步行路线，路线的主题包括：开膛手杰克（Jack the Ripper）、甲壳虫乐队、哈利·波特和夏洛克·福尔摩斯等。

Open City（☎020-3006 7008；www.open-city.org.uk；团队游 £24.50~35.50）这个慈善性机构定期组织建筑主题的团队游，前往城市中的三个主要区域（南岸、金融城和国王十字地区），并且也会有一些临时性的活动，比如巡游泰晤士河或拜访私人住宅。

伦敦最佳
小众景点

从表面上看，游览伦敦好像只是去热门景点签到打卡，但实际上，这里还有很多魅力独具的胜地大隐于市。追寻这些秘景，是摆脱套路的好机会，在途中你会揭开这个城市平静的表面，看到那些隐藏着的神奇、秘密或未知的精彩。

独家贴士

▶**秘密影院**（Secret Cinema; www.secretcinema.org）经常在一些出乎意料的地点（墓地、公园、仓库）进行沉浸式的电影放映（坐票£33.75，站票£14.06）。某些放映活动是临时的，而另一些有可能持续几周。

伦敦秘境

你可能会讶异于某些秘景距著名景点只有一步之遥，当然也有些位置较远，但也很值得专程拜访。专项博物馆、19世纪的布里克斯顿风车（windmill in Brixton）、中式宝塔、运河畔小径、哥特式墓碑，伦敦的秘密宝藏绝对能够让你大开眼界。

参观拜访

部分秘景可以随意拜访，完全免费，但也有一些，尤其是那些观光游，是收费的且需要提前预订，或者需要参加团队游览。

最佳隐藏瑰宝

米其林之家 掩藏在Fulham Rd旁，是精美的新艺术(art nouveau)建筑珍宝。(见161页)

威斯敏斯特天主教堂 虽然内部装饰仍未完工，但已建成的部分就足以令人目眩。(见61页)

贝德福德广场 伦敦保护最为完好的乔治亚风格广场，尽情感受这里的魅力吧。(见105页)

电光电影院 伦敦最古老的电影院，放映的电影同样经典。(见169页)

最佳探秘团队游

伦敦塔 早上9:00伦敦塔刚一开门，就直奔王冠宝石（Crown Jewels）所在的展室吧。(见112页)

海格特墓地 西侧墓园值得探索，各类植物非常繁密茂盛。(见181页)

圣保罗大教堂 见识下那不可思议的几何阶梯(Geometric Staircase)和唱诗班席位(Quire)。(见108页)

莎士比亚环球剧院 可以深

布里克斯顿风车

入了解下莎士比亚时期剧场的模样。（见136页）

最佳小众步行游览

沿摄政运河漫步 由卡姆登至小威尼斯，感受运河的魅力。（见174页）

文艺的布鲁姆斯伯里 跟随作家们的足迹，迷失在美丽的布鲁姆斯伯里吧。（见92页）

最佳不寻常景色

圣潘克拉斯车站和酒店 可以仔细地转转这个精致的维多利亚式酒店，这里曾是众多电影和音乐电视的取景地。（见97页）

老手术室博物馆和草药阁 来这里可以了解一下过去的手术技术。（见137页）

韦尔科姆收藏馆 藏品涵盖各种关于药物、生命和死亡的主题，十分引人入胜。（见96页）

格林尼治河底行人隧道 从格林尼治通向犬岛（Isle of Dogs），可以在泰晤士河底之下闲逛。（见190页）

值得一游

1816年建造的**布里克斯顿风车**（☎020-7926 6056; www.brixtonwindmill.org; Blenheim Gardens, SW2; ⊖Brixton，转乘🚌45路或59路）是目前距伦敦市中心最近的风车。在它正常运转的最后几年里，下面的磨坊已改用燃气动力驱动，直到1934年还在为伦敦供应面粉。现在它的叶片和机械装置已被修复，可以作为磨坊风车工作了，它偶尔对游客开放。当然也可以只是在外面，瞻仰一下这座历史悠久的风车。

伦敦最佳
教堂

伦敦的教堂跨越了漫漫历史长河，浓缩了时代精华，英国其他任何地方都无可比拟。从万圣教堂（All Hallows by the Tower）中的撒克逊遗迹，到圣保罗大教堂（St Paul's Cathedral）和威斯敏斯特大教堂（Westminster Abbey）宏伟的石雕，不同教派的教堂成为了珍稀历史建筑的极佳范例。

损毁的和幸存的

在过去几个世纪里，由于伦敦大火及“二战”的闪击空袭（Blitz）等原因，已有数以百计的教堂从伦敦永远地消失了，不过依然有许多教堂顽强屹立至今。有些教堂，如圣保罗大教堂，在严重损毁之后，以更为先进的设计进行了彻底的重建。而另一些，如皮卡迪利的圣詹姆斯教堂，在经历“二战”严重摧毁后，逐步地进行着修缮。以萨瑟克大教堂为代表，在很多教堂中，建筑的不同部分来自于不同的历史时期，石雕中铭刻着从中世纪到现代的岁月痕迹。

☑ 独家贴士

▸教堂中有时会举行极佳的免费音乐会。

最佳大教堂

圣保罗大教堂 伦敦最负盛名、长盛不衰的宗教代表性建筑。（见108页）

威斯敏斯特大教堂 自威廉一世［“征服者威廉”（William the Conqueror）］之后，英格兰的每一位君主都在这里加冕，这里被视为神圣之地。（见50页）

萨瑟克大教堂 这座教堂见证了历史的变迁，从诺曼时代（Normans）、维多利亚时代直到现在。（见138页）

圣保罗大教堂（见108页）

威斯敏斯特天主教堂 拜占庭风格的马赛克在昏暗的教堂中闪烁着异样的光辉，内部装饰始终未彻底完工。（见61页）

最佳历史教堂

万圣教堂 这座教堂中有座撒克逊时代的地下室，还有一些砖石来自罗马时代。（见119页）

布鲁姆斯伯里圣乔治教堂 古典风格建筑的代表作，由尼古拉斯·霍克斯莫尔（Nicholas Hawksmoor）设计。（见98页）

最佳免费教堂音乐会

绿野圣马丁教堂 每周一、周二和周五 13:00举办免费音乐会。（见76页）

布鲁姆斯伯里圣乔治教堂 具体的音乐会节目单见官方网站，其中部分免费。（见98页）

圣阿腓基教堂 每周四 13:05，三一拉班音乐舞蹈学院（Trinity Laban Conservatoire of Music and Dance）的学生们会在此举办免费音乐会。（见190页）

旧皇家海军学院 小教堂位于庄严肃穆的校园之内，这里会定期举办音乐会，大部分免费。（见189页）

最佳教堂咖啡馆及餐馆

Restaurant at St Paul's 可以在古典环境中，品味精致的新派英国菜。（见109页）

Café Below 咖啡馆在圣玛莉里波教堂地下室，非常有气氛。（见121页）

Crypt Café 在圣保罗大教堂的地下室中，是一家相当不错的咖啡馆。（见109页）

伦敦最佳
节日和活动

一年到头，伦敦都是一个充满朝气的都市，无论在传统节日还是现代狂欢，人们总是满腔热忱、活力四射。从欧洲最盛大的户外狂欢节，到百花争艳的切尔西花展（Chelsea Flower Show）及壮观的皇家阅兵仪式（Trooping the Colour），在伦敦你可以找到各种各样的娱乐活动。

☑ 独家贴士

▶参考www.visitlondon.com或www.timeout.com/london，获取伦敦附近所有活动的详细清单。

最佳免费节日

诺丁山嘉年华（Notting Hill Carnival; www.thelondonnottinghillcarnival.com）伦敦最具活力的户外狂欢节，是居住在此的加勒比地区族裔的大型庆典，每年8月举行。

春节 1月底或2月，这个节日会让华人街区变得五彩缤纷、一片沸腾。

皇家阅兵仪式 6月里，在皇家骑兵卫队阅兵场会举办盛大的阅兵仪式和游行，庆祝女王的官方生日。

盖伊·福克斯之夜（Guy Fawkes' Night，也称为篝火之夜，Bonfire Night）盖伊·福克斯在1605年企图炸毁国会未果，现在人们会在11月5日点篝火、放烟花，予以纪念。

伦敦市长巡游（Lord Mayor's Show; www.lordmayorsshow.org）11月，人们以彩车、音乐和烟花庆祝伦敦金融城市长上任。

伦敦马拉松 世界上最重要的路跑赛事之一，每年4月里都会吸引约35,000名跑者前来，用脚步丈量伦敦。

最佳收费活动

温布尔登网球公开赛（Wimbledon Lawn Tennis Championships; www.wimbledon.com）网球运动中最具声望的赛事，在6月或7月举办，持续两周。

逍遥音乐节（The Proms; www.bbc.co.uk/proms）每年7月至9月在皇家艾尔伯特大厅（Royal Albert Hall）周边举行的古典音乐节。

伦敦电影节（London Film Festival; www.bfi.org.uk/lff）首屈一指的电影盛事之一，每年10月在英国电影协会南岸区剧场（BF

伦敦跨年烟火

Southbank）及其他场馆举行。

切尔西花展（Chelsea Flower Show; www.rhs.org.uk/chelsea）最负盛名的园艺展会，在每年5月，会吸引西伦敦的各界精英前来参与。

新年夜 12月31日午夜，大本钟前著名的新年倒计时，与伦敦眼旁绽放的绚烂烟火交相辉映。建议在www.london.gov.uk订票，提前锁定最佳位置。

伦敦
当地生活

带你体验原汁原味的伦敦

欣赏过那些著名景点后，不妨与伦敦来一次更亲密的接触，深入寻访是什么令这座城市拥有如此活力——探索伦敦时尚的夜生活，文学区，壮观的原野，河畔的魅力，个性十足的商铺，以及传承已久的浓郁波希米亚风情。

漫步苏荷区（见70页）

- 历史广场
- 创意活力

苏荷区位于伦敦西区中心，街巷纵横交错，文化、朝气、魅力、商铺和多元性的融合使之成为一个迷人的街区。从唐人街开始，穿过历史悠久的广场，设计别具一格的店铺，偏僻小巷以及欧洲最大的书店之一，最后找一家知名的苏荷区酒吧，喝上一杯。

布鲁姆斯伯里文学步行游（见92页）

- 乔治亚风格广场
- 文学遗产

文学界的大腕们——弗吉尼亚·伍尔芙（Virginia Woolf）、T.S.艾略特（TS Eliot）、特德·休斯（Ted Hughes）等——都在伦敦的这个地方留下了属于他们的印迹。花上一天的时间，发现这一优雅地区的书香魅力，在首府最棒的书店之一驻足，浏览书架上那些文学瑰宝，然后在古老的酒馆喝一杯，结束这段美好的行程。

周日游东区
（见126页）

- 纷繁市场
- 伦敦的多元文化

周日是游览伦敦东区的最佳时间，正好赶上该地区几大知名市场都营业。从哥伦比亚路鲜花市场（Columbia Road Flower Market）令人眼花缭乱的园艺花卉，到砖巷（Brick Lane）沿路的古玩摆设，应有尽有，引人入胜。商店、餐馆和当地的清真寺（前身是犹太教堂和基督教堂）是东区长期移民史的证明。从东伦敦最著名美术馆的先锋艺术开启一天的行程，晚餐不妨试试正宗的旁遮普美味。

周六游诺丁山
（见168页）

- 市场探访
- 时尚街头生活

周末留给诺丁山吧，能感受到这一地区的精华。所有一切都围绕热闹的波特贝罗路市场（Portobello Road Market）展开，因此来这里尽情淘宝吧。在伦敦最古老且最具代表性的电影院之一看电影，挑选一间让人心情愉悦的当地酒吧喝一杯，放松身心。

诺丁山（见168页）

漫步汉普斯特德荒野（见180页）

- 伦敦全景
- 汉普斯特德风情

离开人口密集的伦敦中心，来到这座城市最著名的荒野。以伦敦最肃穆的墓地为起点，然后登高眺望伦敦全景，在富丽堂皇的庄园欣赏精美的艺术藏品，在汉普斯特德村选购设计师精心设计的服装。在妙不可言的美食酒吧享用可口美味，结束一天的游览。

东伦敦奥林匹克漫步（见194页）

- 东伦敦的复苏
- 隐匿的美食

过去十年里，复苏的东伦敦——就在不久前，这里还是一片迫切渴望重生的受污染之地——是伦敦最令人赞叹的发展之一。造访奥林匹克公园，领略这里的变化。然后沿着赫特福德联盟运河（Hertford Union Canal）漫步，追溯历史，仿佛回到维多利亚时期。在维多利亚公园闲逛，在哈克尼享用美食佳酿。

像当地人一样感受伦敦，你还可以去这些地方：

沿摄政运河漫步（见174页）
周六游伯蒙西（见142页）
萨默塞特宫游乐（见75页）
Lower Marsh（见138页）
演讲者之角（见158页）
北伦敦之音（见177页）
馅饼和土豆泥（见139页）
肯辛顿高街（见166页）
免费美景（见125页）

伦敦
每日行程

第一天

第一站是**特拉法加广场**（见74页），欣赏壮观的建筑，拍摄**大本钟**的英姿。拍够后，前往**国家美术馆**（见68页）欣赏凡·高的《向日葵》。然后沿**白厅街**前行，经过英国首相官邸**唐宁街10号**（见62页），抵达宏伟的**议会大厦**（见56页）。接着去**威斯敏斯特大教堂**（见50页），沉浸在历史中。

想品尝价廉物美的佳肴，可以去**Vincent Rooms**（见63页）享用午餐。待体力恢复后，就经**威斯敏斯特桥**过河前往**伦敦眼**（见137页）。继续沿南岸走（或者搭乘RV1路公共汽车，速度更快些），就来到了**泰特现代美术馆**（见130页），欣赏一流的艺术佳作。在**千禧桥**（见136页）上领略迷人的城市风光。别忘了**莎士比亚环球剧院**（见136页）。

在紧邻Borough High St、拥有悠久历史的**George Inn**（见143页）喝上一杯，在位于古老的**博罗市场**（见136页）心脏地带的**Arabica Bar & Kitchen**（见140页）享用美味晚餐，结束第一天的行程。

第二天

赶早（8点50分）去**伦敦塔**（见112页）；见证**伦敦塔的开门仪式**。整个上午，你可以参加伦敦塔卫兵引导的团队游，为**王冠宝石**（Crown Jewels）而惊叹。游览结束后，留出一分钟时间来欣赏泰晤士河上的标志性景观**伦敦塔桥**（Tower Bridge；见118页）。

前往**圣保罗大教堂**（见108页），在其美妙的地下室享用午餐，然后花上1小时左右的时间仔细观赏精美的建筑。跳上前往**考文特花园广场**（见74页）的公共汽车，融入喧嚣热闹的人流中，边逛街边欣赏街头艺人的表演。继续前往**莱斯特广场**（见76页），那里有不少电影院，时不时会举办电影首映礼。还可以去**皮卡迪利广场**（见74页）看那尊著名的雕像。

走得累了，不妨去**Experimental Cocktail Club**（见80页）小憩，来一杯鸡尾酒，放松下。然后去**Yauatcha**（见78页）品尝可口点心，或在**Brasserie Zédel**（见78页）享用法式美味。留在苏荷区，在**LAB**（见79页）能喝到更多鸡尾酒，也可以去**Ape & Bird**（见80页）畅饮啤酒。

没时间?

我们在每日行程中为你安排了伦敦的必看景点，确保你能在时间允许的情况下感受伦敦的精华所在。

第三天

在**大英博物馆**(见88页)待上几个小时：在开启探索之旅前，从众多时长1个小时的**iPad导览**中选择一个下载，或者参加免费的、围绕永久藏品展开的**大开眼界之旅**(EyeOpener tour)，你也可以去参观一流的临时展览。上午的行程还安排了漫步**布鲁姆斯伯里**(见86页)，这周边的街区曾经是无可争议的文学界中心。

午餐可以在**Dabbous**(见99页)品尝极棒的新派欧洲佳肴。下午去高端的切尔西和肯辛顿闲逛购物。在**哈罗德百货**(见166页)购买美食纪念品，在**Conran Shop**(见166页)挑选精美的礼物，依照我们的推荐去逛个性商铺。最后散步**海德公园**(见158页)。

入夜后，去北伦敦的**卡姆登**(Camden)体验充满活力的夜生活，尤其是周末的时候更为热闹。先在**Market**(见175页)品尝美味的英式菜肴，接着去欣赏现场音乐表演。喜欢独立摇滚，可以去**Barfly**(见178页)；若钟情爵士乐，就去**Blues Kitchen**(见177页)。

第四天

在伦敦市中心登船，前往格林尼治，了解该地区引人入胜的历史，欣赏迷人的河畔风光。从壮观的**卡蒂萨克号**(见189页)开始，这是现存仅有的一艘在19世纪茶叶贸易盛行年代航行过的帆船。午餐时分，逛逛**格林尼治市场**(见191页)，在售卖世界美味的摊位上选择心仪的享用。

漫步穿过**格林尼治公园**(见186页)，上坡来到**皇家天文台**(见184页)。从这里可以眺望河对岸的商业区**金丝雀码头**(Canary Wharf)，景色绝佳。天文台内，你可以跨立于**格林尼治子午线**(Greenwich Meridian)上，了解前人为了解决经度问题所作出的不懈努力。在**天文馆**，你可以加入另一项探索：寻找外星生物。步行返回格林尼治，在**Trafalgar Tavern**(见192页)歇息，喝点啤酒。

乘坐码头区轻轨(DLR)回到伦敦市中心，在**Sky Pod**(见122页)或**Duck & Waffle**(见121页)这样能欣赏到城市全景的餐馆美餐一顿。

行前参考

更多信息
见207页生存指南

货币
英镑(£)。100便士(pence)=1英镑
1英镑≈8.6元人民币，1英镑≈1.23美元

语言
英语(以及300余种外语)。

签证
中国大陆公民须持有访问签证入境英国旅游。港、澳、台游客不需要办理签证。

现金
自动柜员机随处可见。主流信用卡在任何地方都可以使用。带英国Link网络标识的ATM机可以用银联卡提取英镑现金，一些很受中国游客欢迎的酒店、购物中心都支持银联刷卡消费。

手机
出发前最好和自己的运营商确认手机制式。联通手机和普通智能机都可以使用当地SIM卡，电信合约机则需要购买电信CTExcel卡。

时间
伦敦使用格林尼治标准时间(GMT)，比北京晚8个小时；当地实行夏令时(British Summer Time，简称BST；3月底至10月底)期间比北京时间晚7个小时。

插座和电源适配器
标准电压为交流电230/240V，50Hz。三方插座。

① 出发前

每日预算

经济 低于£85
- 宿舍床位£10~32
- 食品摊午餐£5，超市三明治£3.50
- 很多博物馆都可免费参观
- 剧院候补票£5~25
- 自行车租借每日£2

中档 £85~185
- 双人间 £100~160
- 两道菜的正餐，配一杯葡萄酒£35
- 剧院门票£10~60

高档 £185以上
- 四星级/精品酒店£200
- 顶级餐馆三道菜的正餐，配葡萄酒£60~9
- 黑色出租车出行£30
- 最好的剧院门票£65

网络资源

Lonely Planet(www.lonelyplanet.com/london)目的地相关信息、酒店预订、旅行 论坛等。

英国红领巾(www.honglingjin.co.uk/)提 英国生活消费方面的贴士。

Time Out(www.timeout.com/london)提 关于伦敦的最新简讯。

Londonist(www.londonist.com)聚焦伦 以及伦敦所发生的一切。

提前计划

3个月前 预订顶级演出的周末场；预订 欢迎的酒店的客房。

1个月前 查看实验剧场、现场音乐演出 节庆活动的相关信息，并预订门票。

几天前 在英国气象局(Met Office)官 (www.metoffice.gov.uk)查询天气。

2 抵达伦敦

大多数游客抵达的是位于伦敦市中以西15英里处的希思罗机场(Heathrow ·port),或者位于市中心以南30英里处的盖威克机场(Gatwick Airport)。

希斯罗机场(LHR)

目的地	最佳交通方式
考文特花园	地铁,或先搭乘机场特快(Heathrow Express),再转乘地铁
肯辛顿	地铁,或先搭乘机场特快,再转乘地铁
布鲁姆斯伯里	地铁,或先搭乘机场特快,再转乘地铁
金融城	地铁,或先搭乘机场特快,再转乘地铁
南岸	地铁,或先搭乘机场特快,再转乘地铁
摄政公园和卡姆登	地铁,或先搭乘机场特快,再转乘地铁

盖特威克机场(LGW)

目的地	最佳交通方式
考文特花园	先搭乘机场特快(Gatwick Express),再转乘地铁
肯辛顿	先搭乘机场特快,再转乘地铁或乘坐easyBus
布鲁姆斯伯里	先搭乘机场特快,再转乘地铁
金融城	先搭乘机场特快,再转乘地铁
南岸	搭乘火车至伦敦桥站
摄政公园和卡姆登	搭乘火车至国王十字车站,再转乘地铁

3 当地交通

在伦敦交通局(Transport for London, www.tfl.gov.uk)的管理下,伦敦的公共交通系统堪称一流,虽然票价不菲。使用**牡蛎卡**(Oyster Card)或英国发行的非接触式支付卡(无须再输密码)是最便宜的出行选择。

地铁、地上铁和码头区轻轨

伦敦地铁(又称"tube")、地上铁和码头区轻轨虽然不是在这座城市出行最便宜的方式,却是最快速且最容易的。周五和周六,部分线路通宵运营。

公共汽车

公共汽车网覆盖面广,但除了短程线路外速度较慢。如果使用牡蛎卡,公共汽车票价颇具性价比。伦敦有很多夜间公共汽车以及24小时公交线路。

出租车

黑色出租车司机对于伦敦的大街小巷可谓谙熟于心,但除非是多人出行,否则费用极高。小型出租车费用便宜些,但必须提前预订,无法在街头拦车。费用在预订的时候就已明确。诸如Hailo(黑色出租车)和Uber(小型出租车)等手机应用程序能让你的出行更为便捷。

自行车

伦敦市中心随处可见供出租的桑坦德自行车(Santander Cycle),很适合短途出行。

小汽车和摩托车

旅行者在伦敦开车的概率不大,也没有这个必要,毕竟这里停车费用高,需要缴纳交通拥堵费,会遭遇堵塞,汽油费用昂贵,交通管理员恪尽职守,对违停车辆会使用轮夹锁。可若你不在意上述种种,那么伦敦有很多汽车租赁机构,既提供自助服务、按里程付费的车辆,也有国际公司提供的服务(例如Avis和Hertz)。

伦敦
区域速览

摄政公园和卡姆登（170页）

北伦敦不仅有丰富的夜生活，还有公园和荒野，迷人的运河畔风光，市场以及国际风味的美食佳肴。

肯辛顿博物馆群（146页）

伦敦最优美的区域之一，有精致高雅的博物馆，大片漂亮的公园，一流的购物和就餐场所。

顶级景点

- 维多利亚与艾伯特博物馆
- 自然历史博物馆

威斯敏斯特大教堂和威斯敏斯特（48页）

伦敦的皇家以及政治中心：隆重的仪式、庆典以及悠久的历史。

顶级景点

- 威斯敏斯特大教堂
- 白金汉宫
- 议会大厦

值得一游

顶级景点

- 汉普顿宫

大英博物馆和布鲁姆斯伯里（86页）

伦敦最著名的博物馆，优雅的广场，兼收各国风味的餐食，以及文学气息浓郁的酒馆。

顶级景点

大英博物馆

国家美术馆和考文特花园（66页）

繁华热闹的都市：西区剧院，收藏珍贵佳作的博物馆，妙不可言的餐馆，数不胜数的购物场所，充满波希米亚风情的夜生活。

顶级景点

国家美术馆

圣保罗和金融城（106页）

这里拥有伦敦标志性的教堂和塔楼，有众多古迹，历史悠久的教堂及建筑瑰宝，还有活力四射的酒馆。

顶级景点

圣保罗大教堂

伦敦塔

泰特现代美术馆和南岸（128页）

现代艺术，创意剧院，伊丽莎白时期的戏剧演出，非凡的餐食，当代建筑以及传统酒馆。

顶级景点

泰特现代美术馆

皇家天文台和格林尼治（182页）

雄伟壮观与乡村魅力完美融合，引人入胜的海事史，热闹的市场，味道极好的啤酒和令人身心愉悦的公园。

顶级景点

皇家天文台和格林尼治公园

探索
伦敦

威斯敏斯特大教堂和威斯敏斯特 …… 48

国家美术馆和考文特花园 …… 66

大英博物馆和布鲁姆斯伯里 …… 86

圣保罗和金融城 …… 106

泰特现代美术馆和南岸 …… 128

肯辛顿博物馆群 …… 146

摄政公园和卡姆登 …… 170

皇家天文台和格林尼治 …… 182

值得一游

周日游东区 …… 126

周六游诺丁山 …… 168

漫步汉普斯特德荒野 …… 180

东伦敦奥林匹克漫步 …… 194

汉普顿宫 …… 196

伦敦塔桥（见118页）

探索

威斯敏斯特大教堂和威斯敏斯特

威斯敏斯特是伦敦的政治中心，在这里举行的仪式典礼之隆重让人叹为观止——国事礼仪会出现镀金四轮马车组成的车队、精心策划的阅兵式，每逢议会开幕，会有一位身穿黑色外套的男子用镶嵌宝石的节杖敲议院大门。游客们聚集于此，为白金汉宫以及新哥特风格的议会大厦而赞叹。

一日游行程

赶早去排队进**威斯敏斯特大教堂**（见50页）参观以避开客流高峰。你会愿意将上午的大多数时光都留给这里，去品味教堂华美的石雕艺术，探索回廊，沉浸于富丽堂皇、古老的氛围中。午餐时间，去**圣詹姆斯公园**（St James' s Park，左图；见60页），欣赏绿意盎然的景象，你可以在此野餐或者去一流的**Inn the Park**（见63页）享用美餐。

午餐后，夏季可以前往**白金汉宫**（见54页，国事厅对公众开放），其他季节可以去**议会大厦**（见56页，议会开会期间）。或者，可以选择到**丘吉尔作战室**（Churchill War Rooms，见60页）感受"二战"时期的伦敦。

晚餐在**Gymkhana**（见63页）品尝美味的印度菜肴，接着前往西区的考文特花园附近，与国家美术馆相邻，这里酒吧、酒馆、剧院、电影院和夜店云集，你将有更多丰富多彩的体验。

顶级景点

威斯敏斯特大教堂（见50页）

白金汉宫（见54页）

议会大厦（见56页）

伦敦最佳

皇家景点

白金汉宫（见50页）

白金汉宫卫兵换岗仪式（见60页）

皇家骑兵卫队阅兵场（见61页）

国宴厅（见61页）

公园及花园

圣詹姆斯公园（见60页）

格林公园（见62页）

到达和离开

地铁 Circle线和District线均能到达威斯敏斯特和圣詹姆斯公园。Jubilee线经过威斯敏斯特和格林公园，Piccadilly和Victoria线也能抵达格林公园。

顶级景点

威斯敏斯特大教堂(Westminster Abbey)

这座古典庄严的大教堂是英国君主加冕的神圣之地，钟情中世纪教会建筑的人会感觉仿佛置身天堂。几乎每一个角落都留下了历史的印迹，但伦敦鲜有景点如亨利七世(Henry Ⅶ)的圣母堂(Lady Chapel)这般精美，保存如此完好。在教堂的其他地方，你还会看到英国最古老的门、诗人角(Poets' Corner)、加冕宝座(Coronation Chair)、14世纪的回廊、一个有900年历史的花园(都是免费的)以及王室成员的石棺等。

见58页地图，D4

020-7222 5152

www.westminster-abbey.org

20 Dean's Yard, SW1

成人/儿童 £20/9

周一、周二、周四和周五 9:30~16:30，周三至19:00，周六 至14:30

Westminster

不要错过

北耳堂(North Transept)

北耳堂通常又被称为政治家走廊(Statesmen's Aisle):这里巨大的大理石雕像和匾牌纪念着诸多政治家和知名的公众人物。在后维多利亚时期政坛针锋相对的辉格党首相格莱斯顿(Gladstone,死后葬于此)和托利党首相迪斯雷利(Disraeli,未葬于此)的纪念像不幸被摆在了一起。

圣所(Sanctuary)

圣所位于大教堂中心地带,是加冕典礼、王室婚礼和葬礼的举办场所。乔治·吉尔伯特·斯科特(George Gilbert Scott)于1897年设计了装饰华美的**主祭坛**(high altar)。祭坛前罕见地铺设了**大理石路面**,其历史可以追溯到1268年,路面设计复杂精妙,用小块大理石铺出华丽的图案。

亨利七世的圣母堂(Henry Ⅶ Lady Chapel)

这一壮观的礼拜堂拥有扇形拱顶、五彩斑斓的纹章旗帜和橡木座椅。礼拜堂祭坛后面安放着亨利七世及其王后约克的伊丽莎白(Elizabeth of York)的精美石棺。圣母堂入口对面是**加冕宝座**,自14世纪初以来,几乎每一任君主都是在这里加冕的。

苏格兰女王玛丽一世的陵墓(Tomb of Mary Queen of Scots)

圣母堂两侧的小礼拜堂都安放有著名君主的灵柩:左侧安息着伊丽莎白一世及其同父异母的姐姐、被称为"血腥玛丽(Bloody Mary)"的玛丽一世;右侧是苏格兰女王玛丽一世,因为和儿子、后来的詹姆斯一世(James I)合谋篡位,她被表姑伊丽莎白一世处以砍头极刑。

☑ 独家贴士

- 无论何时大教堂内总是人流如织,因此早起第一件事就是去排队。
- 参加由教堂司事组织的90分钟团队游览(£5),从北门出发。
- 凭门票可以在北门免费借用语音导览。

吃喝落脚点

可以在教堂大回廊的**Coffee Club**购买饮料和小食。想坐下享用正餐可以去**Cellarium**(☎020-7222 0516; www.cellariumcafe.com; Westminster Abbey, 20 Dean's Yard, SW1; 主菜 £10.50~14.50; ⏰周一至周五 8:00~18:00,周六 9:00~17:00,周日 10:00~16:00),这家餐馆是最初14世纪本笃会修道院的一部分,能欣赏到大教堂精美的建筑细节,绝对令人震撼。

Vincent Rooms(见63页)与大教堂相距不远,想以最低廉的价格品尝到最好的新派欧洲菜肴,这里是上佳之选。

忏悔者爱德华的圣陵（Shrine of St Edward the Confessor）

大教堂内最神圣的地方在主祭坛后面，为了保护13世纪的地板，这里通常限制游客参观。教堂由圣爱德华下令修建，最初的教堂是在他去世前几周封圣的。宗教改革期间，最初的圣爱德华墓被毁，如今的陵墓较之前有些许的改动。

诗人角（Poets' Corner）

诗人角位于南耳堂，很多英国最杰出的作家都长眠于此或在此立有纪念碑。第一位葬于大教堂的诗人是杰弗雷·乔叟（Geoffrey Chaucer），后来阿尔弗雷德·丁尼生勋爵（Lord Alfred Tennyson）、查尔斯·狄更斯（Charles Dickens）、罗伯特·勃朗宁（Robert Browning）、拉迪亚德·吉卜林（Rudyard Kipling）以及其他伟大作家都安葬在这里。

艾萨克·牛顿爵士之墓（Sir Isaac Newton's Tomb）

回廊西边是**科学家角**（Scientists' Corner），在那里你能找到艾萨克·牛顿爵士之墓。这附近就是教堂正厅北廊，有一块区域被称为**音乐家走廊**（Musicians' Aisle），巴洛克时期的作曲家亨利·普赛尔（Henry Purcell）和约翰·布劳（John Blow），以及本杰明·布里顿（Benjamin Britten）、爱德华·埃尔加（Edward Elgar）这样的近代音乐大师都葬在这里。

回廊（Cloisters）

经四边形回廊可以前往修道院，回廊历史可以追溯到13至15世纪——曾经是教堂最活跃的地方，也是修道士开展活动的场所。回廊也通往位于圆顶地下室的牧师会礼堂（Chapter House）、圣器室（Pyx Chamber）和大教堂博物馆（Abbey Museum）。

牧师会礼堂（Chapter House）

八角形的牧师会礼堂拥有欧洲保存最完好的中世纪瓷砖地板之一，并且保留了宗教壁画的遗迹。14世纪后半期，这里是下议院的开会之地，还拥有据称是英国最古老的门——已经存在了950年。

圣器室（Pyx Chamber）

圣器室与牧师会礼堂相邻，就在东回廊旁边，是最初修道院少数留存的遗迹之一，保存有修道院珍宝和礼拜仪式所用的物品。留意那些大箱子，都是在圣器室打造完成的，用来保存国库珍品。

大教堂博物馆（Abbey Museum）

圣器室边上便是大教堂博物馆，陈列有历代王室的遗容面模，还有查理二世（Charles Ⅱ）和威廉三世（William Ⅲ）的蜡像，以及盔甲和彩绘玻璃。

学院花园（College Garden）

要前往有900年历史的**学院花园**（⏲4月至9月周二至周四 10:00~18:00，10月至次年3月周二至周四 至16:00），得进入Dean's Yard以及紧邻Great College St的小廊院（Little Cloisters）。该花园曾是教堂第一座医院花园所在地，建于11世纪，用来栽培草药。

了解当地

威斯敏斯特大教堂历史

虽然融合了多种建筑风格，但威斯敏斯特大教堂被认为是早期英国哥特式（Early English Gothic; 1190~1300年）建筑的最佳典范。最初的教堂是由国王忏悔者爱德华（Edward the Con-fessor; 后来的圣爱德华）于11世纪修建的，他就安葬在主祭坛后面的小礼拜堂内。亨利三世（Henry Ⅲ, 1216~1972年在位）开启重建，但没有完工：法国哥特式风格的正厅于1388年建成。亨利七世（Henry Ⅶ）修建的宏伟壮观的圣母堂在1519年落成。

本笃会修道院及修道会的解散

大教堂起初是本笃会修道士建造的修道院，其诸多建筑特征（八角形牧师会礼堂，唱诗班席位和回廊）都能证明这段历史。1534年，亨利八世（Henry Ⅷ）将英国国教从天主教派中分离出来，并解散全英国的修道会。国王成为英国国教的最高统治者，大教堂也因此变为“王室专属”（由君主直接管理，不受基督教会管辖）。

加冕圣地

自征服者威廉（William the Conqueror）于1066年在大教堂加冕以来，除了爱德华五世（Edward Ⅴ）和爱德华八世（Edward Ⅷ）外，每位英国君主都是在这里加冕的，从亨利三世（死于1272年）到乔治二世（George Ⅱ，死于1760年）的绝大多数君主也都安葬于此。

唱诗班席位（Quire）

爱德华·布罗尔（Edward Blore）建造的唱诗班席位异常精美，由金色、蓝色和红色构成，为维多利亚哥特风格，其历史可以追溯到19世纪中叶。唱诗班席位位于最初修道士做礼拜所用的席位所在地，但与当初的面貌截然不同。威斯敏斯特合唱团（Westminster Choir）至今仍会定期在这里演唱。

王室婚礼

2011年4月29日，威廉王子（Prince William）在威斯敏斯特大教堂与凯瑟琳·米德尔顿（Catherine Middleton）举行婚礼。这对恋人之所以选择大教堂是因为其圣所相对私密的环境——唱诗班席位的存在使得参加婚礼的约1900名宾客中有3/4什么都看不到。

顶级景点

白金汉宫(Buckingham Palace)

伊丽莎白二世女王殿下(Her Royal Highness Queen Elizabeth Ⅱ)——熟悉女王的人知道她小名叫Lilibet——的官方寝宫是一座雄伟气派的建筑,内部装饰富丽堂皇,尽显皇家威严。这座宫殿建于1705年,当初是为白金汉公爵所建造的白金汉屋(Buckingham House),自1837年维多利亚女王(Queen Victoria)搬至此地后,就成为了英国王室成员在伦敦的住所。

见58页地图,A4

020-7766 7300

www.royalcollection.org.uk

Buckingham Palace Rd, SW1

7月底至8月 9:30~19:30, 9月 至18:30

St James's Park, Victoria, Green Park

白金汉宫卫兵换岗仪式(见60页)

不要错过

国事厅(State Rooms)

从大厅开始参观,先进入国宴厅(装饰有红色锦缎和摄政时期的家具),接着是蓝色会客厅(华美的凹槽式天花板由约翰·纳什设计)、接见外国大使的白色会客厅以及舞厅。王座室摆放有女王及其丈夫的粉色椅子,椅子上绣有两人名字的首字母,分别是“ER”和“P”。

画廊和花园(Picture Gallery & Gardens)

长达47米的画廊收藏了诸如凡·戴克、伦勃朗、卡纳莱托、普桑、卡诺瓦和维米尔(Vermeer)等艺术大师的佳作。花园漫步则是白金汉宫之行的又一大亮点——欣赏约350种鲜花和植物以及美丽的宫殿,并一览湖泊风光。

女王艺苑(Queen's Gallery)

英国王室收藏了大量画作、雕像、陶瓷器、家具和珠宝。奢华的**女王艺苑**(www.royalcollection.org.uk; Southern wing, Buckingham Palace, Buckingham Gate, SW1; 成人/儿童 £10/5.20, 含皇家马厩 £17.10/9.60; ⏲10:00~17:30; ⊖St James's Park, Victoria, Green Park)会举办临时展览,轮流展出白金汉宫的珍宝。经白金汉门(Buckingham Gate)能到达艺苑入口。

皇家马厩(Royal Mews)

从白金汉宫出发,往西南方向步行很短一段路就能到达**皇家马厩**(www.royalcollection.org.uk; Buckingham Palace Rd, SW1; 成人/儿童 £9/5.40, 含女王艺苑 £17.10/9.60; ⏲4月至10月 10:00~17:00, 11月和12月 周一至周六 至16:00; ⊖Victoria)。该马厩负责照顾王室马匹,还保管王室奢华的交通工具。亮点包括1762年的华丽黄金马车和1910年的玻璃马车。

☑ 独家贴士

- 如果直接从白金汉宫售票处购票,那么一年内,持票(成人/儿童 £20.50/11.80)可以免费再次进入宫殿。只需在首次参观时将票盖章即可。
- 国事厅只在8月和9月,即女王殿下去苏格兰度假期间开放,女王艺苑全年对公众开放,皇家马厩的开放时间为4月至12月。
- 所有门票都包含语音导览。
- 卫兵换岗仪式(见60页)非常受欢迎,不妨早点去占个好位置。

吃喝落脚点

在白金汉宫内,西侧露台的**Garden Café**能眺望草坪湖泊。附近圣詹姆斯公园内的Inn the Park(见63页)供应味道极好的英式菜肴,也能欣赏美景。

顶级景点

议会大厦（Houses of Parliament）

英国的下议院和上议院都设在奢华的威斯敏斯特大教堂内。下议院是下议院议员开会、商讨新法律、质询首相以及其他大臣的地方。议会开会期间，参观者可以进入下议院和上议院旁听辩论。即使不能入内，这座宏伟挺拔的建筑及其标志性的塔楼也足以令人叹为观止。

见58页地图，E4

www.parliament.uk

Parliament Sq，SW1

免费参观

Westminster

威斯敏斯特大教堂

不要错过

大本钟（Big Ben）

议会大厦最著名的特色建筑便是伊丽莎白塔，俗称**大本钟**。大本钟实际是指悬挂于塔楼内的大钟，以本杰明·霍尔的名字命名——他是1858年塔楼完工时负责整个工程的监督官。从1924年起，每年新年，13吨重的大本钟就会被敲响。

威斯敏斯特厅（Westminster Hall）

该厅是威斯敏斯特宫最令人惊叹的特色建筑之一，也是11世纪至16世纪初英国君主政体的主要活动中心。它建于1099年，屋顶是1394年至1401年增建的，被赞为“现存最伟大的中世纪英国木作成就”。

下议院（House of Commons）

目前的**下议院会议厅**（Commons Chamber; http://www.parliament.uk/business/commons; Parliament Sq, SW1; 周一和周二 14:30~22:00，周三 11:30~19:30，周四 10:30~18:30，周五 9:30~15:00; Westminster）是由贾莱斯·吉尔伯特·斯科特设计重建的，以取代1941年被炸毁的旧大厅。

上议院（House of Lords）

经“陌生人画廊”可以进入**上议院**（www.parliament.uk/business/lords; Parliament Sq, SW1; 周一和周二 14:30~22:00，周三 15:00~22:00，周四 11:00~19:30，周五 10:00至会议结束; Westminster）。内部哥特风格的装饰极为复杂精妙，超负荷的工作也使得其建筑师皮金（Pugin，1812~1852年）英年早逝。

团队游

每周六以及议会休会期间，游客可参加半小时的**导览游**（020-7219 4114；成人/儿童 £25/10）。

独家贴士

- 旁听辩论的最佳时间是周三中午的首相答问环节，但这也是最繁忙的时候。
- 想了解特定日期的辩论主题，留意入口旁的布告牌或者登录www.parliament.uk查询。
- 排上两个小时的队伍进入会议厅是很稀松平常的，因此留出足够的时间。

吃喝落脚点

在厨师培训学校附属的餐馆Vincent Rooms（见63页）以低廉的花费就可以品尝到精美的菜肴。若想品尝可口的当季英国美食，可以漫步前往Inn the Park（见63页），这是一家位于圣詹姆斯公园内的木质餐馆，非常棒。

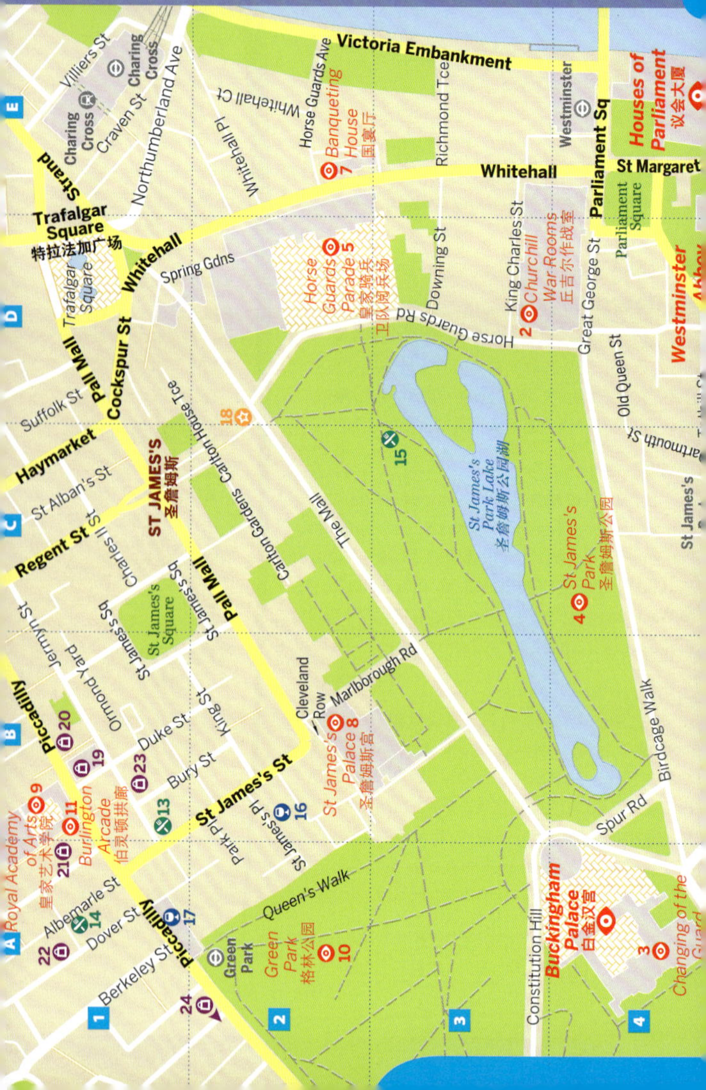

Victoria Embankment
Houses of Parliament 议会大厦
Westminster
Parliament Sq
St Margaret
Whitehall
Richmond Tce
Horse Guards Ave
Whitehall Ct
Banqueting House 国宴厅 7
Whitehall Pl
Northumberland Ave
Craven St
Charing Cross
Villiers St
Strand
Trafalgar Square 特拉法加广场
Trafalgar Square
Spring Gdns
Horse Guards Parade 皇家骑兵卫队阅兵场 5
Downing St
King Charles St
Churchill War Rooms 丘吉尔作战室 2
Great George St
Parliament Square
Westminster Abbey
Horse Guards Rd
Old Queen St
Dartmouth St
St James's
Pall Mall
Cockspur St
Suffolk St
Haymarket
St Alban's St
Regent St
Charles II St
ST JAMES'S 圣詹姆斯
Carlton House Tce
Carlton Gardens
18
15
The Mall
St James's Park Lake 圣詹姆斯公园湖
St James's Park 圣詹姆斯公园 4
Jermyn St
Ormond Yard
St James's Sq
St James's Square
Marlborough Rd
Cleveland Row
St James's Palace 圣詹姆斯宫 8
Birdcage Walk
Spur Rd
Piccadilly
Duke St
King St
Bury St
St James's St
St James's Pl
Park Pl
16
20
19
23
13
Royal Academy of Arts 皇家艺术学院 9
Burlington Arcade 伯灵顿拱廊 11
21
Albemarle St
14
Dover St
22
17
Berkeley St
24
Green Park
Green Park 格林公园 10
Queen's Walk
Constitution Hill
Buckingham Palace 白金汉宫
Changing of the Guard 3
A
B
C
D
E
1
2
3
4

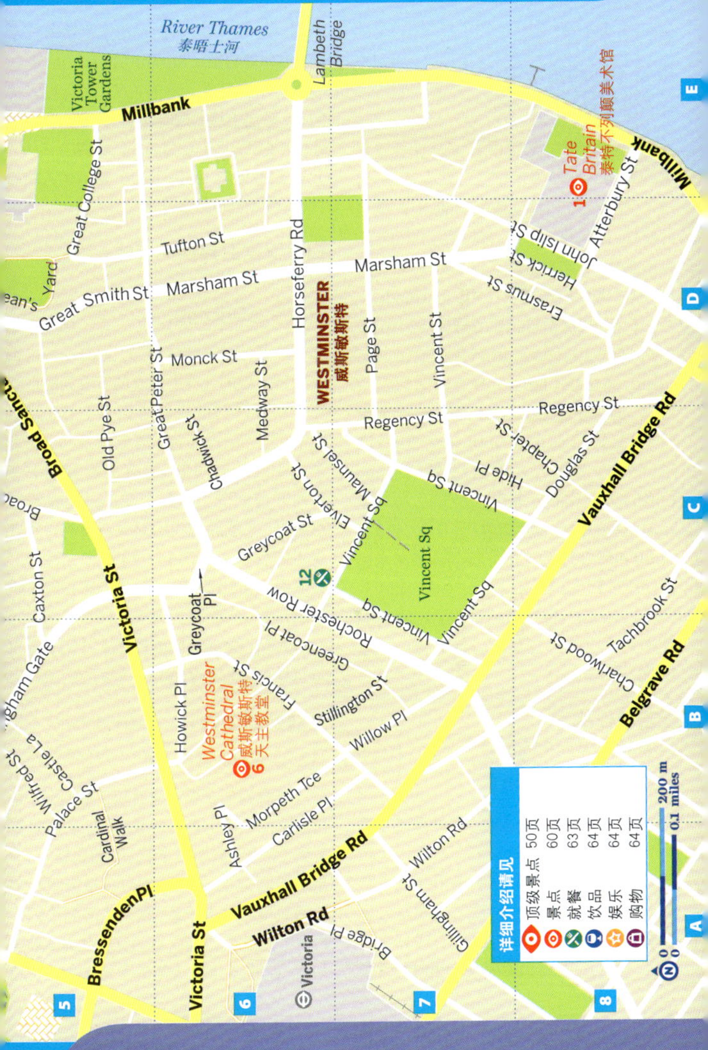
River Thames
泰晤士河
Victoria Tower Gardens
Millbank
Lambeth Bridge
Great College St
Tufton St
Great Smith St
Marsham St
Horseferry Rd
WESTMINSTER
威斯敏斯特
Page St
Vincent St
John Islip St
Herrick St
Erasmus St
Atterbury St
Tate Britain
泰特不列颠美术馆
Monck St
Great Peter St
Medway St
Old Pye St
Chadwick St
Regency St
Chapter St
Hide Pl
Douglas St
Vauxhall Bridge Rd
Broad Sanctuary
Maunsel St
Elverton St
Vincent Sq
Greycoat St
Greycoat Pl
Caxton St
Victoria St
Rochester Row
Greencoat Pl
Tachbrook St
Charlwood St
Belgrave Rd
Francis St
Stillington St
Willow Pl
Howick Pl
Westminster Cathedral
威斯敏斯特天主教堂
Morpeth Tce
Carlisle Pl
Ashley Pl
Palace St
Castle La
Wilfred St
Cardinal Walk
Bressenden Pl
Wilton Rd
Gillingham St
Bridge Pl
Victoria
详细介绍请见
顶级景点 50页
景点 60页
就餐 63页
饮品 64页
娱乐 64页
购物 64页
200 m
0.1 miles

景点和活动

泰特不列颠美术馆(Tate Britain) 画廊

1 见58页地图, E8

两座泰特美术馆中更古老且更受尊重的泰特不列颠美术馆经过精心整修,增添了受新装饰艺术风格影响的、令人难忘的楼梯,重新挂上展品,它收藏了1500年至今的画作,有来自布莱克(Blake)、贺加斯(Hogarth)、庚斯博罗(Gainsborough)、芭芭拉·赫普沃斯(Barbara Hepworth)、惠斯勒(Whistler)、康斯特布尔(Constable)和透纳(Turner)的佳作,以及卢西恩·佛洛伊德(Lucian Freud)、弗朗西斯·培根(Francis Bacon)、亨利·摩尔(Henry Moore)、翠西·艾敏(Tracey Emin)等创作的近现代活力作品。你可以参加免费的45分钟**主题游**(11:00,正午,14:00和15:00)以及15分钟的**焦点艺术讲座**(Art in Focus talks; 周二、周四和周六13:15)。(www.tate.org.uk; Millbank, SW1; 免费参观; 10:00~18:00,每月第一个周五至22:00; Pimlico)

丘吉尔作战室(Churchill War Rooms) 博物馆

2 见58页地图, D3

第二次世界大战期间,就是在这一地下军事总部内,温斯顿·丘吉尔(Winston Churchill)通过一台胶木电话与盟军合作,共同抵抗纳粹德国。战时内阁办公室(Cabinet War Rooms)保持着1945年的原貌,置身其中,你仍能感受到当时的紧张氛围以及顽强斗志。而运用了多媒体技术的**丘吉尔博物馆**(Churchill Museum)能让参观者从更引人入胜的角度了解这位爱抽雪茄、坚定不移的战时领袖。(www.iwm.org.uk; Clive Steps, King Charles St, SW1; 成人/儿童 £18/9; 9:30~18:00,最后进入时间17:00; Westminster)

白金汉宫卫兵换岗仪式(Changing of the Guard) 仪式

3 见58页地图, A4

这是来到伦敦必看的仪式——如果在拥挤不堪的人群中你真的有看到的话。守在白金汉宫前庭的老卫兵(王室禁卫军的近卫步兵)下岗,换上新卫兵。在半个多小时的时间里,游客们能看到——有时候前面隔了10人之多——穿着鲜红色制服、头戴熊皮帽的卫兵们喊着口号齐步走的场景。对于这一仪式,官方称为卫兵上岗(Guard Mounting),恕我们大胆直言,这个叫法更为有趣。(Buckingham Palace Rd, Buckingham Palace, SW1; St James's Park, Victoria)

圣詹姆斯公园(St James's Park) 公园

4 见58页地图, C4

圣詹姆斯公园占地面积仅23公顷,是伦敦皇家公园中最小却最美的。从这里能看到伦敦眼、威斯敏斯特、圣詹姆斯宫、卡尔顿府联排(Carlton Tce)和皇家骑兵卫队阅兵场的宜人景致,横跨中心湖泊的人行桥上是欣赏白金汉宫的完美之地,景美如画。各种鸭、鹅、天鹅等常见水禽类在湖中悠然自得，南边的石头是6只鹈鹕的歇脚处（每天下午2点30分喂食）。部分彩色花坛以约翰·纳西（John Nash）最初设计的灌木、花木混种花坛为原型。你可以租借帆布躺椅，悠闲地躺下来，更为舒心惬意。（www.royalparks.org.uk; The Mall, SW1; 帆布躺椅每小时/每日 £1.50/7; 5:00至午夜，帆布躺椅 3月至10月白天; St James's Park, Green Park）

皇家骑兵卫队阅兵场

（Horse Guards Parade） 古迹

5 见58页地图，D2

每天，皇家骑兵团（Household Cavalry）会在王宫车辆进出口举行换岗仪式，可谓白金汉宫卫兵换岗仪式的更易观看版。下午4点，下马卫兵换岗时，仪式相对不那么盛大。每年6月女王官方生日时，这里会举行军旗敬礼分列式阅兵（Trooping of the Colour）。（www.changing-the-guard.com/london-programme.html; Horse Guards Parade, 紧邻Whitehall, W1; 周一至周六 11:00，周日 10:00; Westminster, St James's Park）

威斯敏斯特天主教堂

（Westminster Cathedral） 教堂

6 见58页地图，B6

用条纹红砖和白石筑成的塔楼，显得别具一格，约翰·弗兰西斯·宾利（John Francis Bentley）设计的这座19世纪天主教堂是英格兰及威尔士天主教会的母堂，堪称新拜占庭式建筑的绝佳典范。尽管教堂于1896年开始建造，且7年后教徒开始聚集于此参加祈祷仪式，但由于缺乏资金，大部分内部装饰都没有完成，显得有些凄凉。（www.westminstercathedral.org.uk; Victoria St, SW1; 塔楼 成人/儿童 £6/3; 周一至周五 9:30~17:00，周六和周日 至18:00; Victoria）

国宴厅（Banqueting House） 宫殿

7 见58页地图，E2

荷尔拜因门（Holbein Gate）于1759年被拆除后，国宴厅是都铎王朝时期的白厅宫（Tudor Whitehall Palace，1532年）仅存的部分。当初，这座宫殿延白厅街一直延伸，占据了大半条街道，但1622年，宫殿被一场大火焚毁。国宴厅由伊尼戈·琼斯（Inigo Jones）于1622年设计，19世纪用波特兰石重新铺设，一度引发争议。它是英格兰首个纯文艺复兴风格的建筑，在当时整个英格兰找不到其他相似的建筑。而英国人对这一建筑的厌恶持续了一个多世纪之久。（020-3166 6155; www.hrp.

独家贴士

泰特之间的船运

便利且色彩丰富的**泰特观光游船**（Tate Boat; www.tate.org.uk/visit/tate-boat; 单程 成人/儿童 £6.50/3.25）往返于泰特不列颠美术馆和泰特现代美术馆之间，从上午10点17分至下午5点04分，每隔40分钟发船。

了解当地

唐宁街10号

（No 10 Downing Street）

英国首相的官邸是一座位于白厅街的乔治亚风格联排建筑（www.number10.gov.uk），独具魅力。除非获得允许递交请愿书，否则你至多只能走到官邸那扇位于白厅街上著名的后门（街道另一侧是国宴厅南）。

org.uk/banquetinghouse; Whitehall, SW1; 成人/儿童 £6.60/免费; ⏲10:00~17:00; ⊖Westminster）

圣詹姆斯宫（St James' s Palace） 宫殿

8 见58页地图，B2

圣詹姆斯宫都铎风格的门楼非常醒目，这是痴迷宫殿的亨利八世在1530年下令建造的建筑仅存的部分，从St James' s St出发，前往圣詹姆斯公园北侧，这段路是欣赏圣詹姆斯宫的最佳选择。这里作为英国国王和女王的官方居所有3个多世纪之久，建在昔日知名的麻风病院的原址上。圣詹姆斯宫不对公众开放，但你可以从外面领略其建筑风采。（www.royal.gov.uk; Cleveland Row, SW1; ⊖Green Park）

皇家艺术学院（Royal Academy of Arts） 画廊

9 见58页地图，B1

英国历史最悠久的艺术社团创立于1768年，整整一个世纪后，迁至伯林顿府（Burlington House）。这里收藏有过去以及现在学院院士及学生的草图、绘画、建筑设计、照片以及雕塑作品，例如乔舒亚·雷诺兹（Joshua Reynolds）、约翰·康斯特布尔、托马斯·庚斯博罗、J.M.W. 透纳、大卫·霍克尼（David Hockney）和诺曼·福斯特（Norman Foster）。（www.royalacademy.org.uk; Burlington House, Piccadilly, W1; 成人/儿童 £10/6，展览票价不等; ⏲周六至周四 10:00~18:00，周五至22:00; ⊖Green Park）

吃喝落脚点 在Gymkhana（见63页）尽情享受美味的印度菜肴。

格林公园（Green Park） 公园

10 见58页地图，A2

格林公园占地面积为19公顷，这里不像毗邻的圣詹姆斯公园那样修建精细。公园内栽有巨大的橡树，起伏的草坪，同时这里也不像邻居那般人满为患。格林公园曾经是决斗场，第二次世界大战期间，它和海德公园（Hyde Park）同被当作菜园。（www.royalparks.gov.uk; ⏲24小时; ⊖Green Park）

伯灵顿拱廊（Burlington Arcade） 历史建筑

11 见58页地图，B1

令人愉悦的伯灵顿拱廊建于1819年，位于皇家艺术学院所在地伯灵顿府旁。今天，这里是富人的步行购物街，其中要属伯灵顿执事（Burlington Bertie）最为出名，这些穿制服的警卫会在该地区巡逻，留意诸如奔跑、嚼口香糖、吹口哨、打伞或者其他不符合伯灵顿高端格调的行为。（www.burlington-arcade.co.uk; 51 Piccadilly, W1; 周一至周五 10:00~21:00，周六 9:00~18:30，周日 11:00~17:00; Green Park）

就餐

Vincent Rooms

新派欧洲菜 £

12 见58页地图，C6

想当威斯敏斯特金斯威学院（Westminster Kingsway College）学厨的实验对象吗？名厨杰米·奥利弗（Jamie Oliver）和安斯利·哈里奥特（Ainsley Harriott）都是在这里受训的。餐馆的服务十分殷勤，Brasserie和Escoffier Room的氛围胜于预期，食物（包括素食）美味精致——价格之低廉则令其他烹饪明星感到羞愧。（020-7802 8391; www.centrallondonvenues.co.uk/?page_ID=3; Westminster Kingsway College, Vincent Sq, SW1; 主菜 £8~12; 周一至周五正午至14:00，周三和周四 18:30~21:00; Victoria）

Cafe Murano

意大利菜 ££

13 见58页地图，B1

这家一流的餐馆，其环境可能略显严肃庄重（却很繁忙），但供应极其美味的意大利北部菜肴，因此没必要再为了迎合潮流而在环境摆设上下功夫。来到此地，你能品尝到心仪的美味，意式生牛肉片（beef carpaccio）、蟹肉扁意面（crab linguine）和羊肉酱几乎是你能找到的最完美的选择。需预订。（020-3371 5559; www.cafemurano.co.uk; 33 St James' s St, SW1; 主菜 £9~40，2/3道菜套餐 £18/22; 周一至周六正午至15:00和17:30~23:00; Green Park）

Gymkhana

印度菜 ££

14 见58页地图，A1

环境昏暗，十足的英式印度风情——吊扇、橡木铺就的天花板、具时代特色的板球照片以及狩猎战利品，但菜单设计生动明亮，选择富有创意。有专门的野味菜单，而想品尝多种风味美食的，可以尝试有7道菜的品尝套餐（£65）。酒吧营业到凌晨1点。（020-3011 5900; www.gymkhanalondon.com; 42 Albemarle St, W1; 主菜 £8~28，2/3道菜午餐 £25/30; 周一至周六正午至14:30和17:30~22:30; ; Green Park）

Inn the Park

英国菜 ££

15 见58页地图，C3

这一家妙不可言的木质咖啡馆兼餐馆位于圣詹姆斯公园内，由爱尔兰天才厨师奥利弗·佩顿（Oliver Peyton）经营，供应蛋糕、茶以及可口的英国美食，菜单每个月都会更换。露台能眺望公园的一座喷泉以及白厅街宏伟建筑，天气暖和的时候，是用餐的上选。（020-7451 9999; www.innthepark.com; St James' s Park,

SW1；主菜 £14.50~29；⏲8:00~21:00；📶；⊖Charing Cross，St James's Park）

饮品

Dukes Bar
鸡尾酒吧

16 见58页地图，B2

这家隐匿的经典酒吧充满着绅士氛围，身穿白夹克的调酒大师们精心调配各种佳酿，你能像王室成员那样品尝到极好的马提尼酒。伊安·弗莱明（Ian Fleming）曾来此饮酒，或许是为了练习007电影中那句经典台词"摇匀的，不要搅匀的"。（☎020-7491 4840；www.dukeshotel.com；35 St James's Pl，SW1；⏲周一至周六 14:00~23:00，周日 16:00~22:30；📶；⊖Green Park）

Rivoli Bar
鸡尾酒吧

17 见58页地图，A1

这家酒吧堪称装饰艺术风格的杰作，来这里品酒，你虽然不需要像菲茨杰拉德的小说《一颗值得夸耀的钻石》里那样奢靡，但腰包鼓一点总是有好处的。樟木、华丽的玻璃、金色穹顶构成了这颗迷人的酒吧瑰宝，供应很赞的鸡尾酒。另外不同于丽兹饭店的是，穿精致休闲装就可以进入Rivoli。（www.theritzlondon.com/rivoli-bar；Ritz，150 Piccadilly，W1；⏲周一至周六 11:30至午夜，周日正午至22:00；📶；⊖Green Park）

> **独家贴士**
>
> **威斯敏斯特的夜生活？**
>
> 入夜之后，威斯敏斯特和白厅街就会变得空荡荡的，十分冷清。这片地区几乎没有酒吧或餐馆。圣詹姆斯周边地区也是差不多的情况。若傍晚时分，你还在威斯敏斯特地区，可以往北去生机勃勃的苏荷区，那里有美妙的酒吧和餐馆，也可以选择考文特花园周边热闹的街巷。

娱乐

ICA Cinema
电影院

18 见58页地图，D2

当代艺术学院（Institute of Contemporary Arts，简称ICA）可谓独立电影爱好者心目中的珍宝——这里总是能播放其他地方没有的资料，例如最新的独立作品、下档影片、罕见的纪录片，还会通宵放映。规模都很小，但足够舒适。票价通常为£11（优惠票价£8）。（www.ica.org.uk；Nash House，The Mall，SW1；📶；⊖Charing Cross，Piccadilly Circus）

购物

Fortnum & Mason
百货店

19 见58页地图，B1

伦敦最古老的杂货店（迈入第4个世纪）拥有经典"蒂芙尼蓝"色调，拒绝向现代化屈服。工作人员依然穿着老式的燕尾服。诱人的食品厅摆放着茶点、果酱、特色茶等。(www.fortnumandmason.com; 181 Piccadilly, W1; ⏲周一至周六 10:00~21:00, 周日正午至18:00; ⊖Piccadilly Circus)

Hatchards

书籍

20 见58页地图, B1

伦敦最古老的书店，历史可以追溯到1797年，拥有3个英国王室认证。这家好得惊人的独立书店出售签名版书籍，且摆放设计巧妙，非常便于顾客浏览。底层有大量初版珍藏，也会定期组织文学活动。(187 Piccadilly, W1; ⏲周一至周六 9:30~19:00, 周日正午至18:00; ⊖Green Park, Piccadilly Circus)

Penhaligon's

饰品

21 见58页地图, A1

Penhaligon's地处极具历史意义的伯灵顿拱廊内，是典型的英式香水店。服务员会询问你喜欢的香味，带你浏览该店招牌的香水系列，帮助你发现新的香味。店里所有的产品都产自康沃尔(Cornwall)。(www.penhaligons.com; 16-17 Burlington Arcade, W1; ⏲周一至周五 10:00~18:00, 周六 至18:30, 周日 11:00~17:00; ⊖Piccadilly Circus, Green Park)

Dover Street Market

服装

22 见58页地图, A1

Dover Street Market展出了东京时尚宠儿川久保玲(Comme des Garçons)绚丽的设计，想寻找一件只在特殊场合穿着的衬衫，那就来这里。店共有4层，陈列方式匠心独具。(www.doverstreetmarket.com; 17-18 Dover St, W1; ⏲周一至周六 11:00~19:00, 周日正午至17:00; ⊖Green Park)

> 了解当地
>
> **悬疑劫案**
>
> **伯灵顿拱廊**(见62页)曾发生过一起富有戏剧性的劫案，那是在1964年6月，一辆Jaguar Mark 10沿狭窄的拱廊疾驶，从车里出来几个蒙面人，他们从Goldsmiths and Silversmiths Association shop那里抢劫了价值35,000英镑的珠宝。而那辆Jaguar——有史以来唯一驶过伯灵顿拱廊的车辆——在载上劫匪后，倒车离开拱廊，逃之夭夭。

Taylor of Old Bond Street

化妆品

23 见58页地图, B1

这家店从19世纪中叶开业至今，为"衣冠楚楚的绅士"提供各种剃须刀、修面刷和你能想象到的各种香味的刮胡皂——更不用提沐浴产品了。(www.tayloroldbondst.co.uk; 74 Jermyn St, SW1; ⏲周一至周六 8:30~18:00; ⊖Green Park, Piccadilly Circus)

探索

国家美术馆和考文特花园

西区中心——伦敦的地理、文化及社会的核心，国家美术馆和考文特花园及周边一带是观光聚集地。这是伦敦最繁忙的区域，厚重的历史、时尚的餐馆、一流的娱乐选择及酒馆在这里完美融合。如果你来伦敦是为了购物，就会感觉置身于极乐天堂。

一日游行程

从**国家美术馆**（见68页）开启这一天的游览，挑选你喜爱的艺术家的作品欣赏。**特拉法加广场**（Trafalgar Sq；左图；见74页）是歇脚的好地方，景色绝佳，**国家肖像美术馆**（National Portrait Gallery；见74页）内也有些非常棒的展览。你可以在3楼华丽的餐馆**Portrait**（见78页）解决午餐，非常方便。

用过午餐后，不妨散散步，沿着Strand往东走，在**考文特花园广场**（Covent Garden Piazza；见74页）周边购物，探索，观看街头艺人的表演。**伦敦交通博物馆**（London Transport Museum；见75页）很不错，尤其适合带孩子前来参观。

预订**Yauatcha**（见78页）的位子，品尝可口的点心，或者加入排队大军，等着去**Koya**（见77页）享用正宗的日式美味。餐后若想喝一杯，就去**LAB**（见79页）点鸡尾酒。不然就可以买张票去欣赏一出西区音乐剧、话剧或歌剧，为这一天画上圆满的句号。

想体验苏荷区当地人的生活，见70页。

顶级景点

国家美术馆（见68页）

当地生活

漫步苏荷区（见70页）

伦敦最佳

就餐

Koya（见77页）

Brasserie Zédel（见78页）

Palomar（见78页）

同性恋场所

Heaven（见81页）

Edge（见81页）

娱乐

皇家歌剧院（见81页）

Comedy Store（见81页）

Ronnie Scott's（见82页）

到达和离开

地铁 Piccadilly Circus、Leicester Sq和Covent Garden站（都是Piccadilly线），或者Leicester Sq、Charing Cross和Embankment站（都在Northern线）。

顶级景点

国家美术馆（National Gallery）

该馆展出了2000余幅西欧绘画作品，是世界上馆藏最为丰富的美术馆之一。不过最让人印象深刻的是该馆馆藏的高质量，而非数量。你能在这里找到艺术史上每一个重要时期的影响深远之作，从13世纪中叶到20世纪初期，包括列奥纳多·达·芬奇、米开朗基罗、提香（Titian）、凡·高和雷诺阿（Renoir）的作品。

见72页地图，E5

www.nationalgallery.org.uk

Trafalgar Sq, WC2

免费参观

周六至周四 10:00～18:00，周五 至21:00

Charing Cross

不要错过

塞恩斯伯里展厅（Sainsbury Wing）

塞恩斯伯里展厅（1260~1510年）收藏有大量精美的宗教画作，都是私人委托创作的，此外还有诸如波提切利（Botticelli）的《维纳斯和战神》（*Venus & Mars*）这样难能可贵的杰作。

西翼和北翼（West Wing & North Wing）

西翼展出了文艺复兴全盛时期（1510~1600年）的作品，包括米开朗基罗、柯勒乔、埃尔·格列柯和布伦齐诺。而鲁本斯、伦勃朗和卡拉瓦乔的创作则藏于北翼（1600~1700年）。这里有两幅伦勃朗的自画像，以及出自委拉斯凯兹之手的《镜前的维纳斯》（*Rokeby Venus*），十分迷人。

东翼（East Wing）

东翼（1700~1900年）拥有大量18世纪英国风景画家的佳作，例如庚斯博罗（Gainsborough）、康斯特布尔（Constable）和透纳（Turner），此外还有凡·高和莫奈创作的高雅的印象派和后印象派作品。

《雨、蒸汽和速度：西部大铁路》（*Rain, Steam & Speed: The Great Western Railway*）

4号展厅

这幅令人赞叹的油画作品由透纳于1844年创作，记录了当时影响整个世界的一刻：火车、速度，从艺术角度重新解读了光影、氛围和色彩。

《向日葵》（*Sunflowers*）

5号展厅

作为凡·高在1888年后期创作的数幅向日葵静物画之一，这幅杰作展现了诸多在当时极富创意的艺术技巧，色彩鲜艳，充满力量和信心。

☑ 独家贴士

- 每天上午11点30分和下午2点30分，此外每周五晚上7点，免费的1小时入门导览游从塞恩斯伯里展厅的咨询台出发。
- 选择周五傍晚来参观，美术馆一直开放到晚上9点。
- 美术馆为孩子安排了专门的参观路线和活动表。
- 强烈推荐全面详尽的语音导览（£4）。

吃喝落脚点

爱尔兰大厨奥利弗·佩顿经营的**National Dining Rooms**（☎020-7747 2525；www.peytonandbyrne.co.uk；1st fl, Sainsbury Wing, National Gallery, Trafalgar Sq, WC2；主菜£12.50~17.50；⏰周六至周四 10:00~17:30，周五 至20:30；⊖Charing Cross）供应高质量的英式美味，同时是一家全天候的面包房。位于国家肖像美术馆内的Portrait（见78页）也供应精美饮食，还能欣赏美景。

当地生活
漫步苏荷区

夜晚的苏荷区可能回归其真实的一面，但在白天，充满波希米亚风情、散发出书卷气的这片地区会给你带来别样惊喜，它活力四射，多元化，建筑精妙，创意非凡，魅力独具。从唐人街出发，一路穿过引人入胜的偏僻巷道、高雅的广场和街头集市，最后找一家该地区的招牌酒吧。

❶ 探索唐人街

Lisle St和Gerrard St位于莱斯特广场地铁站以北，构成了伦敦的华人社区中心，超市、烤鸭店和点心餐厅云集。伦敦的唐人街规模不如其他很多城市的唐人街，但充满浓郁的广式风情，生机勃勃。

❷ 在黄金广场放松

历史悠久的黄金广场（Golden Sq）——出现在查尔斯·狄更斯的小说

《尼古拉斯·尼克尔贝》(*The Life and Adventures of Nicholas Nickleby*)中——位于Brewer St以北，曾经是Windmill Fields区的一部分。这一可爱的17世纪广场很可能是由克里斯托弗·雷恩设计的。中心的花园是放松休闲的好地方。

3 逛卡纳比街购物步行街

卡纳比街(Carnaby St，以及由此延伸出去的街道)拥有漂亮的五彩立面，永远都是人流如织。这里各大品牌及时装精品店云集。

4 参观摄影师美术馆

摄影师美术馆(020-7087 9300；thephotographersgallery.org.uk；16-18 Ramillies St，W1；免费参观；周一至周三，周五和周六 10:00~18:00，周四至20:00，周日 11:30~18:00；Oxford Circus)可谓妙不可言。美术馆每年颁发具有相当声望的德意志交易所摄影奖。2016年，美国摄影师特雷弗·帕格伦(Trevor Paglen)凭借2015年在德国法兰克福艺术协会举办的关于监视和政治影响的展览(The Octopus)获得2016年德意志交易所摄影奖。

5 去贝里克街市场采购野餐所需

自19世纪40年代起，**贝里克街市场**(www.berwickstreetlondon.co.uk/market；Berwick St，W1；周一至周六 9:00~18:00；Piccadilly Circus，Oxford Circus)就在这个地方了，是准备野餐或者选购熟食的好去处。Berwick St也是英国著名摇滚乐队Oasis为专辑*Morning Glory*拍摄封面的地方，颇为有名。

6 在苏荷广场歇息

穿过小巧的St Anne's Ct来到Dean St(1851~1856年，卡尔·马克思及其家人就住在这条街的28号)。街的另一头是绿荫葱葱的苏荷广场，天气暖和时，人们会来到这里慵懒地晒太阳。广场建于1681年，最初被称为国王广场。

7 逛Foyles

在伦敦最具传奇色彩的书店**Foyles**(www.foyles.co.uk；107 Charing Cross Rd，WC2；周一至周六 9:30~21:00，周日 11:30~18:00；Tottenham Court Rd)，你甚至能找到最默默无闻的书。书店于2014年搬到现在的地址，探索其中是令人愉悦的体验。英国最大的外文书商**Grant & Cutler**(www.grantandcutler.com；4th fl，107 Charing Cross Rd，WC2；Oxford Circus)位于4楼，可爱的咖啡馆在5楼。

8 去French House畅饮葡萄酒

沿Old Compton St走到苏荷区最出名的波希米亚风情酒吧**French House**(www.frenchhousesoho.com；49 Dean St，W1；周一至周六正午至23:00，周日 至22:30；Leicester Sq)。第二次世界大战期间，这里是自由法国军队的聚会场所，据说戴高乐经常来此喝酒，而狄兰·托马斯(Dylan Thomas)、彼德·奥图(Peter O'Toole)和弗朗西斯·培根常常喝得烂醉如泥。

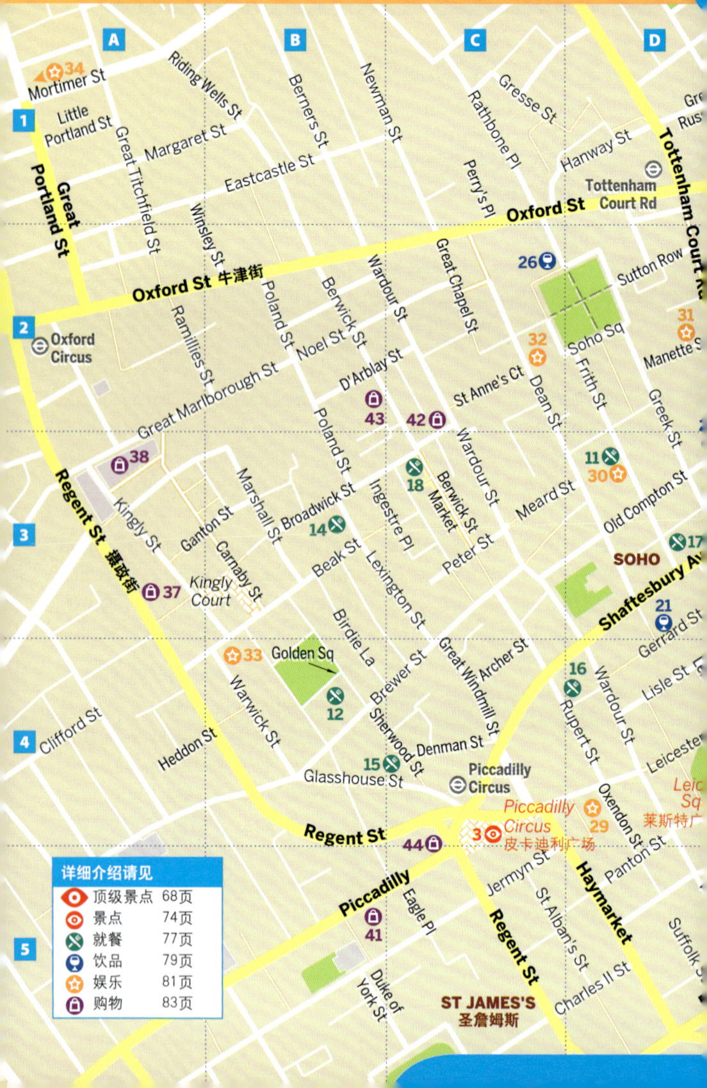

A
B
C
D
1
2
3
4
5
Mortimer St
Little Portland St
Great Portland St
Riding Wells St
Margaret St
Great Titchfield St
Berners St
Newman St
Eastcastle St
Winsley St
Gresse St
Rathbone Pl
Perry's Pl
Hanway St
Tottenham Court Rd
Tottenham Court Rd
Oxford St
Oxford St 牛津街
Oxford Circus
Ramillies St
Poland St
Berwick St
Wardour St
Great Chapel St
Sutton Row
Soho Sq
Manette St
Noel St
D'Arblay St
Great Marlborough St
St Anne's Ct
Dean St
Frith St
Greek St
Regent St 摄政街
Kingly St
Ganton St
Marshall St
Broadwick St
Ingestre Pl
Berwick St Market
Meard St
Old Compton St
Carnaby St
Kingly Court
Beak St
Lexington St
Peter St
SOHO
Shaftesbury Av
Gerrard St
Golden Sq
Birdie La
Great Windmill St
Archer St
Brewer St
Rupert St
Wardour St
Lisle St
Clifford St
Heddon St
Warwick St
Sherwood St
Denman St
Glasshouse St
Piccadilly Circus
Leicester
Leic Sq
莱斯特广
Piccadilly Circus
皮卡迪利广场
Oxendon St
Panton St
Regent St
Piccadilly
Eagle Pl
Jermyn St
St Alban's St
Haymarket
Suffolk
Duke of York St
Regent St
Charles II St
ST JAMES'S
圣詹姆斯
详细介绍请见
顶级景点 68页
景点 74页
就餐 77页
饮品 79页
娱乐 81页
购物 83页

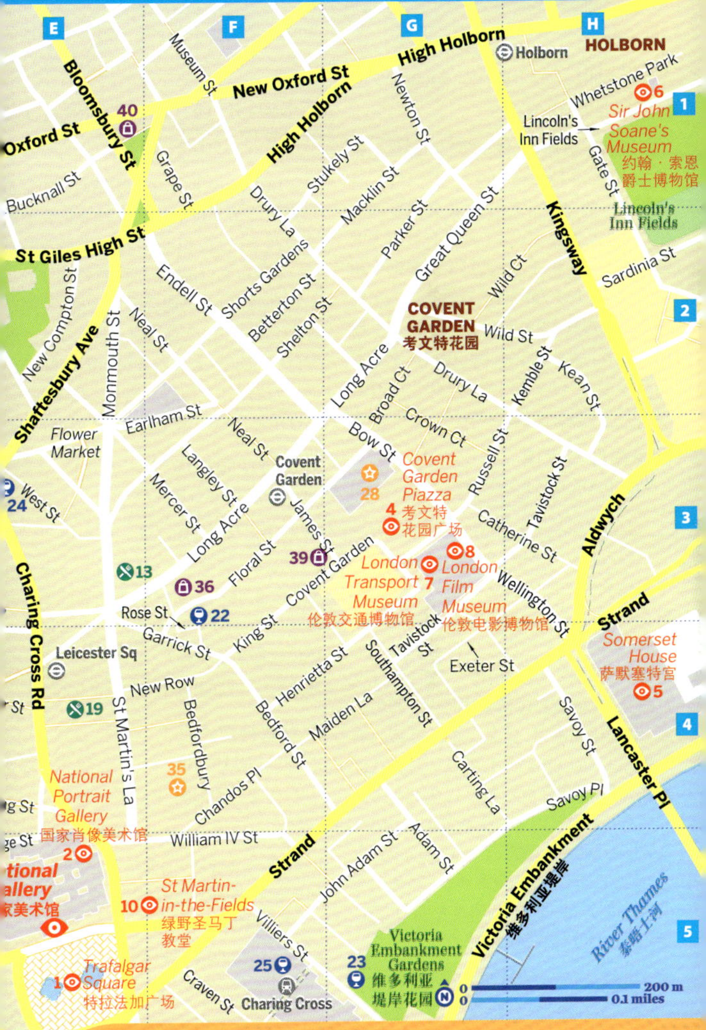
E
F
G
H
HOLBORN
Holborn
High Holborn
New Oxford St
Museum St
Oxford St
Bloomsbury St
40
Bucknall St
Grape St
High Holborn
Stukely St
Newton St
Whetstone Park
6
Sir John Soane's Museum
约翰·索恩爵士博物馆
Lincoln's Inn Fields
Gate St
Lincoln's Inn Fields
Kingsway
Sardinia St
Macklin St
Drury La
St Giles High St
Parker St
Great Queen St
Wild Ct
Shorts Gardens
Betterton St
Endell St
New Compton St
Shelton St
COVENT GARDEN
考文特花园
Wild St
Neal St
Monmouth St
Shaftesbury Ave
Long Acre
Broad Ct
Drury La
Kemble St
Kean St
Earlham St
Flower Market
Neal St
Crown Ct
Bow St
Russell St
Covent Garden
Covent Garden Piazza
28
4 考文特花园广场
Tavistock St
West St
24
Langley St
Mercer St
Long Acre
James St
Catherine St
Aldwych
Charing Cross Rd
13
36
Floral St
39
Covent Garden
London Transport Museum
7
伦敦交通博物馆
8
London Film Museum
伦敦电影博物馆
Wellington St
Rose St
22
Garrick St
King St
Tavistock St
Strand
Somerset House
萨默塞特宫
5
Leicester Sq
New Row
Henrietta St
Southampton St
Exeter St
St
19
St Martin's La
Bedfordbury
Bedford St
Maiden La
Savoy St
Lancaster Pl
National Portrait Gallery
国家肖像美术馆
35
Chandos Pl
Carting La
Savoy Pl
g St
ge St
William IV St
Strand
Adam St
John Adam St
2
tional allery
家美术馆
10
St Martin-in-the-Fields
绿野圣马丁教堂
Villiers St
Victoria Embankment
维多利亚堤岸
River Thames
泰晤士河
Victoria Embankment Gardens
维多利亚堤岸花园
23
25
Charing Cross
Craven St
1
Trafalgar Square
特拉法加广场
0 200 m
0 0.1 miles
1
2
3
4
5

景点

特拉法加广场（Trafalgar Square）广场

1 见72页地图，E5

从许多方面看，特拉法加广场都是伦敦的中心，各种集会和游行在此举行，每到新年，数以万计的狂欢者会拥聚到这里，当地人也会来这里，观看公共露天电影，参与圣诞欢庆，或进行不同政治主题的抗议。广场上最醒目的当属高达52米的**纳尔逊纪念柱**（Nelson's Column），周边环绕着很多壮丽的建筑，包括国家美术馆和绿野圣马丁教堂（St Martin-in-the-Fields）。（⊖Charing Cross）

国家肖像美术馆（National Portrait Gallery）画廊

2 见72页地图，E5

国家肖像美术馆之所以令人神往就在于其给人带来的熟悉感：很多情况下，无论是展览主题（王室、科学家、政治家、名人），还是艺术家（安迪·沃霍尔、安妮·莱博维茨、萨姆·泰勒·伍德），都是你听说过的。这里的亮点包括著名的钱多斯版威廉·莎士比亚画像，这是美术馆收藏的第一幅艺术作品（1856年），被认为是在这位剧作家在世时完成的唯一一幅画像。此外还有一幅小说家简·奥斯汀的素描，为其妹妹所画，令人动容。（www.npg.org.uk; St Martin's Pl, WC2; 免费参观；周六至周三 10:00~18:00，周四和周五 至21:00; ⊖Charing Cross, Leicester Sq）

吃喝落脚点 Portrait（见78页）位于美术馆3楼，供应可口的食物，还能欣赏美丽的风景。

皮卡迪利广场（Piccadilly Circus）广场

3 见72页地图，C4

19世纪20年代，约翰·纳西最初是希望将摄政街和皮卡迪利设计成伦敦最优雅的两条街道，但受到城市规划者的制约，未能如愿以偿。若纳西看到如今的皮卡迪利转盘，他可能会感到失望，但同时也会大吃一惊：交通混乱，充斥着各路游客，为闪烁的广告牌所环绕。喧嚣热闹，如同人们说的"就像皮卡迪利广场一样"，不过乐趣无穷。（⊖Piccadilly Circus）

考文特花园广场（Covent Garden Piazza）广场

4 见72页地图，G3

这一伦敦最早规划的广场如今成为游客专属地，他们蜂拥而至，在古雅的老拱廊街购物，逛逛多样的市场摊位和商铺，打赏扮成雕像的街头艺人，参观有趣的伦敦交通博物馆（见75页）。（⊖Covent Garden）

萨默塞特宫（Somerset House）历史建筑

5 见72页地图，H4

萨默塞特宫是由威廉·钱伯斯（William Chambers）于1775年为王室设计的，如今拥有两间一流的画廊。靠近Strand入口的是**考陶尔德画廊**（Courtauld Galler; www.courtauld.ac.uk; Somerset House, The Strand, WC2; 成人/儿童 周二至周

日 £7/免费，临时展览需额外付费£1.50；⏲10:00~18:00；⊖Charing Cross, Embankment或Temple），展出丰富的14世纪至20世纪艺术作品，包括鲁本斯、波提切利、塞尚（Cézanne）、德加（Degas）、雷诺阿（Renoir）、修拉（Seurat）、马奈（Manet）、莫奈（Manet）、莱热（Leger）及其他大师的创作。楼下的堤岸画廊（Embankment Galleries）专门举办临时展览（多数为摄影展）：根据主题不同，票价和开放时间也不一样。[www.somersethouse.org.uk; The Strand, WC2; ⏲画廊10:00~18:00，萨夫拉庭院（Safra Courtyard）7:30~23:00; ⊖Charing Cross, Embankment, Temple]

约翰·索恩爵士博物馆

（Sir John Soane's Museum） 博物馆

6 见72页地图，H1

这家小巧的博物馆是伦敦氛围最浓郁且最有意思的博物馆之一。建筑本身很漂亮迷人，曾是建筑师约翰·索恩爵士（1753~1837年）的住所，他留下了诸多令人感到惊艳的私人收藏和珍稀物品。博物馆体现了索恩爵士精致脱俗的品位。（www.soane.org; 13 Lincoln's Inn Fields, WC2; 免费参观；⏲周二至周六10:00~17:00和每月第一个周二 18:00~21:00; ⊖Holborn）

伦敦交通博物馆

（London Transport Museum） 博物馆

7 见72页地图，G3

这一令人愉快且信息量极大的博物馆聚焦伦敦是如何随着交通的改善而进一步发展的，陈列有各种展品，由马拉的公共汽车，早期出租车，可以亲自操控的地铁，了解Crossrail项目（一项高频铁路服务工程，连接雷丁和东伦敦、伦敦东南部以及埃塞克斯，计划2018年启用）的进展，不一而足。可以在博物馆商店选购创意纪念品，包括老地铁海报，以及带有伦敦地铁那句提醒“Mind the Gap（留意空隙）”字样的袜子。（www.ltmuseum.co.uk; Covent Garden Piazza, WC2; 成人/儿童 £16/免费；⏲周六至周四 10:00~18:00，周五 11:00~18:00; ⊖Covent Garden）

伦敦电影博物馆

（London Film Museum） 博物馆

8 见72页地图，G3

电影博物馆最近刚从泰晤士南岸的郡政厅（County Hall）迁至此地。最

当地生活

萨默塞特宫

冬季，萨默塞特宫的庭院被改造成溜冰场，广受欢迎，到了夏季，则成为演唱会和各式活动的举办地。**Film 4 Summer Screen**（8月初，大中庭就成为露天电影院，持续10晚）尤其受热捧，因此需提前预订。宫殿后面有一个阳光明媚的露台，还设有咖啡馆，能眺望堤岸。

具吸引力的当属其007特展(*Bond In Motion*),拥有官方最大规模的007车座驾收藏,包括邦德用过的水下Lotus Esprit(《007之海底城》)、标志性的阿斯顿·马丁DB5(Aston Martin DB5)、《金手指》中的劳斯莱斯幻影Ⅲ(Rolls Royce Phantom Ⅲ)以及蒂莫西·道尔顿(Timothy Dalton)用过的阿斯顿·马丁V8(《007之黎明生机》)。(www.londonfilmmuseum.com; 45 Wellington St, WC2; 成人/儿童 £14.50/9.50; ⌚10:00~17:00; ⊖Covent Garden)

莱斯特广场

(Leicester Square) 广场

9 见72页地图,D4

虽然莱斯特广场在19世纪颇为流行,但近几十年来,这里却和有碍社会公德的行为、猖獗的扒窃、高得离谱的电影票价联系在一起。1979年"不满之冬(Winter of Discontent)"大罢工期间,广场上堆满了垃圾,也因此得名"溃烂广场(Fester Square)"。莱斯特广场作为女王登基60周年庆典以及2012年奥运会庆祝活动的举办地之一,伦敦政府斥资1550万英镑对其进行整修,使之重新成为一个充满活力的广场。(⊖Leicester Sq)

绿野圣马丁教堂

(St Martin-in-the-Fields) 教堂

10 见72页地图,F5

这一"皇家教区教堂"融合了古典和巴洛克两种风格,极为讨喜。教堂由詹姆斯·吉布斯(James Gibbs)于1726年建成,

了解当地

第四个柱基

特拉法加广场四角有四个柱基,其中三个立有名人雕像,剩下的那一个原本打算摆放威廉四世(William Ⅳ)的雕像,但过去150年来,大部分时候都是空置着。1999年,皇家艺术学会(Royal Society of Arts)提出了**第四个柱基项目**(Fourth Plinth Project; www.london.gov.uk/fourthplinth),以展示当代艺术家的作品。令人难忘的作品包括蕾切尔·怀特里德(Rachel Whiteread)的《纪念碑》(*Monument*, 2001年)——一尊用树脂制成的上下颠倒的柱基复制品;安东尼·葛姆雷(Anthony Gormley)的《一个和其他》(*One & Other*, 2009年),将柱基留给个体,人人都可以使用。

市长办公室已经接管了第四个柱基项目,延续了以新奇的当代艺术为主题的展览。2013年7月,卡塔琳娜·弗里奇(Katharina Fritsch)创作的巨大的天蓝色小公鸡雕像在第四柱基揭幕亮相,这件作品名为《哈恩/公鸡》(*Hahn/Cock*)。2015年3月,汉斯·哈克(Hans Haacke)的《礼品马》(*Gift Horse*)取而代之,这是一匹只有骨骼、没有骑手的马。作品将展示18个月。

是新英格兰很多教堂参考的原型。它以举办一流的古典音乐会闻名，很多时候都是点烛照明，且与华人社区联系紧密（提供英语、普通话和粤语服务）。教堂通常会在下午1点关闭1小时。（☎ 020-7766 1100; www.stmartin-in-the-fields.org; Trafalgar Sq, WC2; ⏰ 周一、周二、周四和周五 8:30~18:00，周三 8:30~17:00，周六 9:30~18:00，周日 15:30~17:00; ⊖ Charing Cross）

就餐

Koya

面条 £

11 见72页地图，D3

这是家极棒的日式餐馆，若不想排队，就早点来或者干脆晚点来。伦敦人来这里品尝正宗的乌冬面（有热面和冷面，可以是汤面或提供冷拌酱），服务周到高效，且价格十分合理。鲭鱼乌冬面（saba udon noodles）放了大块大块的熏鲭鱼，摆上豆瓣菜，是一道令人身心愉悦的美味。（www.koya.co.uk; 49 Frith St, W1; 主菜 £7~15; ⏰ 正午至15:00和17:30~22:30; ⊖ Tottenham Court Rd, Leicester Sq）

Nordic Bakery

北欧菜 £

12 见72页地图，B4

想逃离苏荷区的喧嚣，在让人愉快的"秘密"广场南侧为深木嵌板环绕的空间内放松身心，这家餐馆是完美选择。午餐可以品尝北欧熏鱼三明治或者山羊奶酪和甜菜根沙拉，也可以来此喝下午茶或咖啡，搭配质朴自然的燕麦饼干。（www.nordicbakery.com; 14a Golden Sq, W1; 点心 £4~5; ⏰ 周一至周五 7:30~20:00，周六 8:30~20:00，周日 9:00~19:00; ⊖ Piccadilly Circus）

Dishoom

印度菜 £

13 见72页地图，E3

这家悠闲惬意的餐馆传承了快速消失的老式"孟买咖啡馆"，让其重新焕发生机。在融合现代和怀旧风格的环境（吊扇和宝莱坞照片）中，你会发现很多可口的美食，例如烤肉串（sheekh kabab）、羊肉炖扁豆、碎麦粒及大麦（haleem）、炸秋葵，此外还有米饭、石榴、酸橙等调制而成的小食bhel等。（☎ 020-7420 9320; www.dishoom.com; 12 Upper St Martin's Lane, WC2; 主菜 £5~16.50; ⏰ 周一至周四 8:00~23:00，周五 8:00至午夜，周六 9:00至午夜，周日 9:00~23:00; 📶; ⊖ Covent Garden）

Mildreds

素食 £

14 见72页地图，B3

这是中伦敦最具创意的素菜馆，每到中午，就人满为患，因此在光线极好的餐厅内，不用介意与他人拼桌。这里提供斯里兰卡甜土豆和腰果咖喱，南瓜乳酪小方饺，中东开胃小菜，分量十足、味道绝妙的异国风味沙拉，还有可口的炒菜。餐馆也有严格素食和无麸质食物可选。（www.mildreds.co.uk; 45 Lexington St, W1; 主菜 £8.20~10.50; ⏰ 周一至周六正午至23:00; 📶 🍷; ⊖ Oxford Circus, Piccadilly Circus）

Brasserie Zédel
法国菜 ££

15 见72页地图，C4

这家餐馆位于昔日皮卡迪利酒店经过翻修后的装饰艺术风格的舞厅内，菜式以加来（Calais）西部风味为主。你可以选择常见的热门菜肴，包括阿尔萨斯腌酸菜（choucroute alsacienne，泡菜配香肠和其他熟食，£14），普伊扁豆配油封鸭腿。套餐（2/3道菜£8.95/11.75）和当日特色菜（£12.95）性价比颇高。就餐环境极好。（020-7734 4888；www.brasseriezedel.com；20 Sherwood St，W1；主菜£8.75~30；周一至周六 11:30至午夜，周日 至23:00；；Piccadilly Circus）

Palomar
犹太菜 ££

16 见72页地图，D4

这一漂亮的餐馆供应新派耶路撒冷料理（各种改良口味），热闹非凡，氛围极具感染力。我们可以在废弃的仓库用餐，并对之念念不忘，一来再来。耶路撒冷式玉米粥配茄子和羊乳酪千层酥都非常可口，但分量很少，因此可以分享着吃。需要预订。（020-7439 8777；34 Rupert St，W1；主菜 £6.50~19；周一至周六正午至14:30和周日正午至15:30，周一至周三 17:30~23:00，周四至周六 17:30~23:30；；Piccadilly Circus）

Bar Shu
中国菜 ££

17 见72页地图，D3

这家餐馆让伦敦人见识到了川菜的热辣，相比其他川菜馆，这里更正宗。菜肴都浸泡在熏辣椒和至关重要的花椒中。服务可能略显生硬，但菜肴很美味，分量十足。（020-7287 6688；www.barshurestaurant.co.uk；28 Frith St，W1；主菜 £10~31；周日至周四正午至23:00，周五和周六 至23:30；Piccadilly Circus，Leicester Sq）

Yauatcha
中国菜 ££

18 见72页地图，C3

这家伦敦最诱人的茶餐厅为米其林一星级，分成两部分：楼上餐厅以令人舒心畅快的蓝色调为主，远离喧嚣的贝里克街市场，而楼下布置更精致，"星"光闪烁，氛围更加浓郁。两个餐厅都供应精美的点心以及不同种类的茶品。（020-7494 8888；www.yauatcha.com；15 Broadwick St，W1；菜肴 £4~30；周一至周六正午至23:30，周日 至22:30；Piccadilly Circus，Oxford Circus）

Portrait
新派欧洲菜 £££

这家地理位置绝佳的餐馆就位于国家肖像美术馆（见72页地图，E5）楼上——能俯瞰特拉法加广场和威斯敏斯特——在美术馆待了一个上午或下午之后，这里是放松休息的好地方。强烈推荐这里的早午餐（10:00~11:30）和下午茶（15:30~16:45）。建议提前预订。（020-7312 2490；www.npg.org.uk/visit/shop-eat-drink.php；3rd fl，National Portrait Gallery，St Martin's Pl，WC2；主菜 £17.50~26，2/3道菜套餐 £26.50/31.50；每日10:00~11:00，

J Sheekey

11:45~14:45和15:30~16:45，周四、周五和周六 17:30~20:15；Charing Cross）

J Sheekey

海鲜 £££

19 见72页地图，E4

这家精致得令人难以置信的餐馆是伦敦当地餐饮界的瑰宝，其历史可以追溯到19世纪末期。餐馆拥有4间素雅、简洁、宽敞的木嵌板房间，供应品种繁多的海鲜，烹饪方法简单却不失精致。牡蛎吧（oyster bar）是另一大亮点，很受剧院观众欢迎，他们喜欢在看演出之前以及演出之后光顾这里。三道菜的周末午间套餐价格为£28.75。（020-7240 2565；www.j-sheekey.co.uk；28-32 St Martin' s Ct，WC2；主菜 £16~44；每日正午至15:00，周一至周六 17:30至午夜，周日 18:00~23:00；；Leicester Sq）

饮品

LAB

鸡尾酒吧

20 见72页地图，D3

近20年来，伦敦调酒师学院（全称London Academy of Bartenders）一直是苏荷区最受欢迎的酒吧之一，所供应的鸡尾酒能跻身伦敦顶级行列。这里的酒单如同一小本书那么厚，不过不用担心，如果你没法抉择，就告诉调酒师你喜欢什么样的口味，他们会为你调制最适合的一款。（020-7437 7820；www.labbaruk.com；12 Old Compton St，W1；周一至周六

16:00至午夜，周日 至22:30；⊖Leicester Sq, Tottenham Court Rd）

Experimental Cocktail Club

鸡尾酒吧

21 见72页地图，D3

Experimental共有3层，是唐人街一家极好的鸡尾酒吧，大门不甚起眼，也没有标识（紧邻Four Seasons餐馆）。内部灯光柔和，镜子、裸露的砖墙和优雅的家具，一切与别致的鸡尾酒相得益彰：不同寻常的原创酒，极好年份的香槟和自制的果汁。不是非要提前预订，晚上11点后需要收取£5的服务费。（www.experimentalcocktailclublondon.com；13a Gerrard St, W1；周一至周六 18:00至次日3:00，周日 至午夜；；⊖Leicester Sq, Piccadilly Circus）

独家贴士

西区省钱妙计

伦敦，尤其是西区，是消费水准昂贵的目的地，不过要想精打细算，节省开支，还是有很多办法的。很多一流博物馆都可以免费参观，因此可以着重选择这些博物馆，而非更商业化的景点。西区小巧紧凑，不妨选择步行、乘坐公共汽车（比地铁便宜）或租一辆**桑坦德自行车**（Santander Cycle；0343 222 6666；www.tfl.gov.uk）。最后，外出要趁早——西区很多酒吧在晚上8点或9点前是欢乐时光。等到优惠结束后，就去酒馆畅饮啤酒，而不是更高档的鸡尾酒。

Lamb & Flag

小酒馆

22 见72页地图，F3

这一小酒馆隐藏于一条巷子（1679年12月，诗人约翰·德莱顿在此遭遇抢劫）内，虽然袖珍，但魅力无穷，历史悠久，至少可以追溯到1772年。无论是下雨，还是晴天，你都得费劲挤过在外面兴高采烈喝酒的人群才能进入酒馆。内部都是黄铜配件，木地板吱嘎作响。（www.lambandflagcoventgarden.co.uk；33 Rose St, WC2；周一至周四 11:00~23:00，周五和周六 至23:30，周日正午至22:30；⊖Covent Garden）

Gordon’s Wine Bar

酒吧

23 见72页地图，G5

因为过于成功，这家酒吧也因此成为了“受害者”：总是人满为患，除非在上班族大潮来临前（通常是下午6点左右）到这里，否则别想占到桌子。酒吧内部昏暗宽敞，法国及新世界的葡萄酒很不错，价格合理。你可以就着面包、奶酪和橄榄品尝。夏季，户外花园也会提供位子。（www.gordonswinebar.com；47 Villiers St, WC2；周一至周六 11:00~23:00，周日正午至22:00；⊖Embankment）

Ape & Bird

小酒馆

24 见72页地图，E3

这家极好的酒馆位于毗邻苏荷区和

中国城的剑桥广场(Cambridge Circus),供应品种繁多的精酿啤酒、烈酒和葡萄酒。酒馆围绕一个很大的黄铜吧台展开,充满艺术气息的怀旧墙面,裸露的管子,大窗旁整齐摆着用赤土陶罐栽种的香草植物。这里还供应口味一流的小食,楼上餐厅可以品尝到精美餐食,楼下的Dive吧则供应鸡尾酒。(www.apeandbird.com; 142 Shaftesbury Ave, WC2; ⌚周一至周六正午至23:30,周日 至22:30; ⊖Leicester Square)

Heaven

夜店,男同性恋酒吧

25 见72页地图,F5

这家位于查令十字车站拱顶下的同性恋夜店已经36岁了,始终广受欢迎,总是举办现场演奏会和俱乐部之夜。周一的爆米花之夜(混搭舞蹈派对,对所有人开放)是伦敦最棒的工作日夜店活动之一。著名的同性恋活动时间为周四(G-A-Y Porn Idol)、周五(G-A-Y Camp Attack)和周六(plain ol' G-A-Y)。(www.heavennightclub-london.com; Villiers St, WC2; ⌚周一、周四和周五23:00至次日5:00,周六 22:00至次日5:00; ⊖Embankment, Charing Cross)

Edge

男同性恋酒吧

26 见72页地图,C2

漂亮的四层建筑,能俯瞰苏荷广场,Edge是伦敦最大的同性恋酒吧,每天晚上都是人头攒动,热闹非凡。这里有穿着暴露的舞者和侍者、不错的音乐以及通常超级友善的氛围。由于邻近牛津街,这里也会有很多异性恋。这样更好。(www.edgesoho.co.uk; 11 Soho Sq, W1; ⌚周一至周四 16:00至次日1:00,周五和周六正午至次日3:00,周日 16:00~23:30; 📶; ⊖Tottenham Court Rd)

Ku Klub Lisle St

男同性恋酒吧

27 见72页地图,E3

内部装修时尚别致,地下室排满了各种活动(迪斯科、卡巴莱歌舞、DJ之夜等),这一位于Lisle St的同性恋连锁酒吧分店主要吸引年轻贪玩的人。周日是复古之夜。(www.ku-bar.co.uk; 30 Lisle St, WC2; ⌚周一至周六 10:00至次日3:00,周日 至午夜; ⊖Leicester Sq)

娱乐

皇家歌剧院 (Royal Opera House)

歌剧

28 见72页地图,G3

为了迎接千禧年,伦敦市政府斥资2.1亿英镑对皇家歌剧院进行了改建,为经典歌剧打造了极为美妙的演出环境。来这里度过一晚是奢侈的享受,你也得付出不菲的代价。尽管受到现代化的影响,但歌剧院最具魅力的依然是歌剧及古典芭蕾演出——都是精品,而且由世界级表演者主演。(☎020-7304 4000; www.roh.org.uk; Bow St, WC2; 门票 £7~250; ⊖Covent Garden)

Comedy Store

喜剧

29 见72页地图,D4

这是伦敦最早的(并且仍然是最好的

独家贴士

歌剧院的午后时光

皇家歌剧院周中的午后场通常比夜场表演要便宜得多，视野不佳的座位售价可低至£7。从上午10点开始出售的当日票（排队的前67位顾客每人只能买一张）售价在£8至£44之间，学生候补票售价£10。如若不然，任何演出的全价票最高可达£250。

之一）喜剧俱乐部。每周三和周日晚上演出的Comedy Store Players是伦敦最著名的即兴表演团队，杰出的Josie Lawrence也是成员之一。每周四、周五和周六则由Best in Stand Up带来伦敦最棒的喜剧巡演。（☎0844 871 7699；1a Oxendon St, SW1；£8~23.50；⊖Piccadilly Circus）

Ronnie Scott' s 爵士乐

30 ☆ 见72页地图，D3

罗尼·斯科特最初于1959年在Gerrard St一家中国赌场下面开了他的爵士乐俱乐部，6年后迁至现址，并被广泛认可为英国最棒的爵士俱乐部。晚上8点15分（周日为晚上8点）有演奏会，周五和周六晚上11点15分还会加演第二场，此外还有深夜秀，一直持续到次日凌晨2点。票价在£20和£50之间。（☎020-7439 0747；www.ronniescotts.co.uk；47 Frith St, W1；⏲周一至周六 19:00至次日3:00，周日 至午夜；⊖Leicester Sq, Tottenham Court Rd）

Borderline 现场音乐

31 ☆ 见72页地图，D2

穿过紧邻Orange Yard的Tex-Mex入口，走到地下室，你会发现这一能容纳275人的场地是如此拥挤不堪，远超其承受能力。看看表演单吧：艾德·希兰（Ed Sheeran）、REM、Blur、Counting Crows、PJ.哈维（PJ Harvey）、伦尼·克拉维茨（Lenny Kravitz）、珍珠果酱（Pearl Jam）以及很多不知名的独立乐队都曾在这里演出。观众呈多元化，但多为音乐记者和唱片公司的星探。（www.mamacolive.com/theborderline；Orange Yard，紧邻Manette St, W1；⊖Tottenham Court Rd）

苏荷剧院（Soho Theatre） 喜剧

32 ☆ 见72页地图，C2

苏荷剧院以为新生代天才喜剧作家和喜剧演员提供展示才华的机会而广受好评。而顶级独角喜剧演员和短喜剧成名演员也会来此演出，包括阿列克谢·塞利（Alexei Sayle）和演过布朗博士（Doctor Brown）的菲尔·博格斯。此外还有卡巴莱歌舞表演。（☎020-7478 0100；www.sohotheatre.com；21 Dean St, W1；门票£10~25；⊖Tottenham Court Rd）

Amused Moose Soho 喜剧

33 ☆ 见72页地图，B4

巡回表演的Amused Moose是伦敦最好的社团之一（Moonlighting只是他

们的演出场所之一），很受观众和喜剧同行的喜爱。或许是因为“不允许”起哄以及所有演出都不会拿前排观众开涮的“友好态度”的缘故吧。（☎售票处020-7287 3727；www.amusedmoose.com；Sanctum Hotel cinema，20 Warwick St，W1；⊖Piccadilly Circus，Oxford Circus）

威格摩音乐厅（Wigmore Hall） 古典音乐

34 ☆ 见72页地图，A1

这是伦敦最好最活跃（一年400场演出）的古典乐演出场馆，除了音效出色、新艺术派风格的大厅十分华美、演唱会演奏会类型繁多之外，演出始终保持一流水准也是原因。场馆建于1901年，至今仍然是世界上最顶级的室内乐表演场馆之一。（www.wigmore-hall.org.uk；36 Wigmore St，W1；⊖Bond St）

London Coliseum 歌剧

35 ☆ 见72页地图，F4

这是英国国家歌剧院（English National Opera，简称ENO）的总部所在地，以推动歌剧现代化及使歌剧更贴近大众而闻名，所有剧目都用英语演唱。建筑本身建于1904年，100年后经过精心修缮，令人印象深刻。英国国家芭蕾舞团（English National Ballet）会定期在此进行表演。票价在£12至£99之间。（☎020-7845 9300；www.eno.org；St Martin's Lane，WC2；⊖Leicester Sq）

购物

Stanford's 书籍、地图

36 🔒 见72页地图，F3

作为已经有160年历史的出售地图、旅行指南和文学书籍的卖家，这间旅行书店开山鼻祖本身就成了游客必访的目的地。欧内斯特·沙克尔顿（Ernest Shackleton）、戴维·利文斯通（David Livingstone），近来还有迈克尔·佩林（Michael Palin）和布拉德·皮特（Brad Pitt）都曾光顾这家书店。（www.stanfords.co.uk；12-14 Long Acre，WC2；⏲周一至周五9:00~20:00，周六 10:00~20:00，周日正午至18:00；⊖Leicester Sq，Covent Garden）

独家贴士

西区观影

莱斯特广场电影院票价极为昂贵，甚至到了令人愤慨的程度，因此不妨等到首轮放映结束后，前往**Prince Charles**（www.princecharlescinema.com；7 Leicester Pl，WC2；票价 £8~16；⊖Leicester Sq），这是伦敦市中心最便宜的电影院，非会员只需要支付£8至£10就可以看新片。此外，这里还会举办小型电影节，电影导演问答互动，放映经典老片，以及最出名的大合唱影片放映，例如《冰雪奇缘》（*Frozen*）、《音乐之声》（*The Sound of Music*）等。

Hamleys
玩具

37 见72页地图，A3

据说Hamleys是世界上最古老（有些人说也是最大）的玩具商店，自1881年起迁至摄政街这个地址。从底层——员工镇定自若地把玩着UFO和泡沫回飞镖——到5层的乐高世界和咖啡馆，就如同一个用玩具做成的大夹心蛋糕。（www.hamleys.com; 188-196 Regent St, W1; 周一至周五10:00~21:00，周六 9:30~21:00，周日正午至18:00; Oxford Circus）

Liberty
百货店

38 见72页地图，A3

Liberty的现代时尚与仿都铎王朝的老式氛围完美融合，令人难以抗拒。这里有巨大的化妆部和占据了一整层的配饰区，还有令人兴奋的女士内衣区，不过所有商品价格都不菲。经典的伦敦纪念品是Liberty的印花面料，尤其是用这种面料制成的围巾。（www.liberty.co.uk; Great Marlborough St, W1; 周一至周六10:00~20:00，周日正午至18:00; Oxford Circus）

Cambridge Satchel Company
饰品

39 见72页地图，F3

经典的英式皮质背包逐渐成为时尚的象征，手提包、手包、小巧的肩背书包、工作包、音乐包、袖珍肩包、两用肩包等。（www.cambridgesatchel.com; 31 James St, WC2; 周一至周六 10:00~19:00，周日 11:00~19:00; Covent Garden）

James Smith & Sons
饰品

40 见72页地图，E1

没有人能像这家店一样精心制作并储备如此高雅的雨伞和手杖。自1857年

了解当地

摄政街（Regent Street）

蜿蜒的摄政街成为一条分界线，将苏荷区的平民百姓与上流住宅区梅菲尔（Mayfair）的居民隔开。这条街是由约翰·纳西设计的，作为典仪道路，计划连接摄政王早已被拆除的居所和“荒凉”的摄政公园。建筑师原本打算将之建造成一条壮观大道，成为这一区域新格局的中心。只可惜，事与愿违——由于走的人太多，纳西不得不调整计划，缩减规模。

街道两旁有一些雅致的店面，看上去比其20世纪20年代（当时这条街经过了改造）的最初样貌要沧桑，但如今连锁商店占了大多数。摄政街最著名的零售店当属**Hamleys**（见本页）。这条街还以圣诞灯光秀闻名，每年11月下旬，这里就会变得灯光璀璨，漂亮迷人。

起，这家店就在此地营业，与英国的天气做斗争。还真多亏了伦敦人尽皆知的多雨天气，这里有望在今后取得更好的业绩。（www.james-smith.co.uk；53 New Oxford St，WC1；周一至周五 10:00~17:45，周六至17:15；Tottenham Court Rd）

Waterstones 书籍

41 见72页地图，B5

这一大型连锁书店规模为欧洲之最，工作人员学识渊博，定期会举办作者读书会和签名会。顶楼有一家很不错的酒吧兼餐馆**5th View**（020-7851 2433；www.5thview.co.uk；5th fl，Waterstone's Piccadilly；主菜 £9~15；周一至周六 9:00~22:00，周日正午至17:00），地下室设有一家咖啡馆。（www.waterstones.com；203-206 Piccadilly，W1；周一至周六 9:00~22:00，周日正午至18:00；Piccadilly Circus）

Agent Provocateur 服装

42 见72页地图，C2

这家店是由薇薇安·韦斯特伍德的儿子约瑟夫·科里创立的。出售各种女士内衣。（www.agentprovocateur.com；6 Broadwick St，W1；周一至周三、周五和周六 11:00~19:00，周四 11:00~20:00，周日正午至17:00；Oxford Circus）

Sister Ray 音乐

43 见72页地图，B2

如果你是BBC/BBC World电台已故伟大DJ约翰·皮尔（John Peel）的粉丝，那么这一主打创意、实验和独立音乐的商店正适合你。（www.sisterray.co.uk；75 Berwick St，W1；周一至周六 10:00~20:00，周日正午至18:00；Oxford Circus，Tottenham Court Rd）

EURASIA PRESS/GETTY IMAGES ©

Liberty

Sting 时装

44 见72页地图，C4

这一荷兰连锁店堪称“品牌大杂烩”：所出售的大多数服装都是在英国鲜为人知的欧洲品牌。（www.thesting.nl；55 Regent St，W1；周一至周六 10:00~22:00，周日正午至18:00；Piccadilly Circus）

探索

大英博物馆和布鲁姆斯伯里

散发着书香的布鲁姆斯伯里为伦敦市中心注入了悠闲和高雅的气息。大英博物馆、大英图书馆（British Library）、大学、出版社、文学酒吧、漂亮的乔治亚风格广场——布鲁姆斯伯里的文化氛围十分浓厚，且通俗易懂。你可以在大英博物馆待上一整天，但除此之外，这里还有很多诱人的选择，附近有极好的酒馆和餐馆。

一日游行程

大英博物馆（见88页）是英国最顶级的景点之一，因此务必早点来。要真正感受此处馆藏的丰富珍贵，你至少需要整个上午的时间，所以提前计划好，着重参观重要的藏品，包括帕特农神庙的大理石石雕（Parthenon Marbles）、罗塞塔石碑（Rosetta Stone）和Katebet木乃伊（Mummy of Katebet）。你也可以将永久性馆藏和临时展览分开来参观，这些展出都一如既往地保持高水准。

在**Lady Ottoline**（见100页）用完午餐后，漫步前往国王十字车站。**大英图书馆**（见96页）会让藏书者和图书馆爱好者大开眼界。建筑迷则应该去领略精美的**圣潘克拉斯车站和酒店**（St Pancras Station & Hotel；左图；见97页）的风采，欣赏这座维多利亚风格的建筑，沉浸于历史逸事中。

布鲁姆斯伯里有大量各国风味餐馆，十分具有吸引力，你可以在诸如**Hakkasan Hanway Place**（见100页）这样的餐馆享用晚餐。在这一街区历史悠久且散发文学魅力的酒吧间来一次串吧畅饮，或者到**Place**（见103页）欣赏先锋舞蹈表演。

想体验布鲁姆斯伯里当地人的生活，见92页。

顶级景点

大英博物馆（见88页）

当地生活

布鲁姆斯伯里文学漫步（见92页）

伦敦最佳

饮品

Bar Pepito（见101页）

Euston Tap（见101页）

小众景点

韦尔科姆收藏馆（见96页）

圣潘克拉斯车站和酒店（见97页）

贝德福德广场（见105页）

儿童旅行体验

大英博物馆（见88页）

波洛克玩具博物馆（见98页）

到达和离开

地铁 在Tottenham Court Rd（Northern和Central线）、Goodge St（Northern线）、Russell Sq（Piccadilly线）或Euston Sq（Circle、Hammersmith & City和Metropolitan线）这几个站下车。

公共汽车 前往大英博物馆和罗素广场，乘坐沿牛津街行驶的98路公共汽车，91路公共汽车往返于白厅/特拉法加广场和大英图书馆之间。

顶级景点

大英博物馆（British Museum）

大英博物馆平均每年吸引550万参观者。这里收藏之丰富令人兴奋，可谓集世界文化之大成，设有专门展示古文明的展厅，从埃及到西亚、中东、古罗马和古希腊、印度、非洲以及史前、罗马不列颠和中世纪的古迹精品。大英博物馆建于1753年，王室御医汉斯·斯隆（Hans Sloane）将收藏的珍稀古玩捐给国王，这些物品成为博物馆创始之初的藏品。此后博物馆通过精明的收购以及具有争议的帝国掠劫不断扩大其收藏规模。

见94页地图，C7

020-7323 8000

www.britishmuseum.org

Great Russell St, WC1

免费参观

周六至周四 10:00~17:30，周五 至20:30

Russell Sq, Tottenham Court Rd

不要错过

大中庭

大中庭是欧洲最大的有顶公共广场，玻璃钢筋屋顶是诺曼·福斯特爵士（Sir Norman Foster）于2000年设计建造的，其中央是举世闻名的**阅览室**，曾经是大英图书馆，从圣雄甘地到卡尔·马克思，历史上诸多智者都曾频频来此。

古埃及

大英博物馆馆藏中最受瞩目的是古埃及藏品，包括雕塑、精美的珠宝、纸莎草纸文稿、棺木和木乃伊，包括美丽迷人的**Katebet木乃伊**（Mummy of Katebet；63号展厅）。这其中最珍贵的恐怕要属**罗塞塔石碑**（Rosetta Stone；4号展厅），它是破译古埃及象形文字的关键。

帕特农神庙雕塑群

18号展厅

博物馆的另一大亮点是**帕特农神庙雕塑群**（又名帕特农神庙大理石石雕）。这些大理石作品被认为描述了大雅典娜女神节（Panathenaic Festival）期间，即雅典娜生日这天，队伍游行至神庙的场景，这是古希腊最隆重的活动之一。

马赛克面具特斯卡特利波卡

27号展厅

孩子们会爱上墨西哥厅，这里陈列有15世纪的阿兹特克马赛克面具特斯卡特利波卡[也可以称为烟镜颅骨（Skull of the Smoking Mirror）]，是一个装饰有青绿色马赛克的人类颅骨。它被认为代表了创造之神特斯卡特利波卡，是以真实的人类颅骨为基础制作的，饰有绿松石、褐煤、黄铁矿和贝壳。

☑ 独家贴士

- 全天共有15次围绕单个展厅展开的大开眼界之旅，可免费参加，时长30分钟至40分钟。
- 博物馆也开发出了很棒的多媒体iPad导览游（成人/儿童 £5/3.50），分6个主题游，时长均大约1小时，此外还有8条专门为孩子设计的游览线路，每条时长35分钟。
- 精华游（成人/儿童 £12/免费）安排在周五、周六和周日的上午11点30分以及下午2点。

吃喝落脚点

大英博物馆很大，所以参观途中你需要充电休息。附近的Abeno（见100页）供应可口的薄煎饼以及其他日式美味。

中国、南亚和东南亚

33号展厅

这一华丽的展厅展示了佛教及其他宗教信仰的深刻影响力，收藏有来自中国、泰国、柬埔寨及其他东方国家和文明的精品。清朝的镀金青铜曼荼罗（gilt bronze mandala）是一件极为精美的中国宗教用器，上有清晰的藏传佛教图案。

罗马和中世纪英国

40~51号展厅

在一众古埃及、希腊和罗马的精品中，看到来自英国及附近欧洲其他地区的珍宝，有些出乎意料。这里的很多展品可以追溯到罗马时期，当时罗马帝国的版图覆盖了绝大部分欧洲大陆。

萨顿胡船葬

41号展厅

这一精美的盎格鲁-撒克逊船葬遗迹来自萨福克（Suffolk，英格兰东部），历史可以追溯到7世纪，出土文物包括铸币以及一顶完整的带面罩头盔，令人赞叹。

林多人

50号展厅

1984年，人们在英格兰北部曼彻斯特附近的沼泽地发现了一具公元1世纪的人体遗骸。多亏了沼泽特有的环境，人体的内部器官、皮肤和头发得以完好保存，科学家也因此得以确认林多人死亡的原因：被一柄斧砸了脑袋后被勒死。

奥克瑟斯宝藏

52号展厅

宝藏有大约170件波斯帝国阿契美尼德王朝（Achaemenid Persian）的金属制品，华丽至极，大多产自公元前5世纪至公元前4世纪，发现于奥克瑟斯河边，可能曾经陈列于庙中。这些金属制品包括双轮战车模型、手镯、小雕塑、容器以及其他工艺精妙的金银器。

启蒙运动展厅

这个令人赞不绝口的新古典主义空间曾是国王图书馆（King's Library），引领参观者重温人类是如何对文明历史产生兴趣的，以及为了获取更多知识，在18世纪所诞生的生物学、考古学、语言学和地理学等学科（启蒙运动）。

临时展览

大英博物馆举办的展览是伦敦最炙手可热的，有很多展览（例如2007年的“秦始皇陵兵马俑”以及2014年的“维京人：生活及传奇”）的门票提前数周就一售而空。

大英博物馆 British Museum

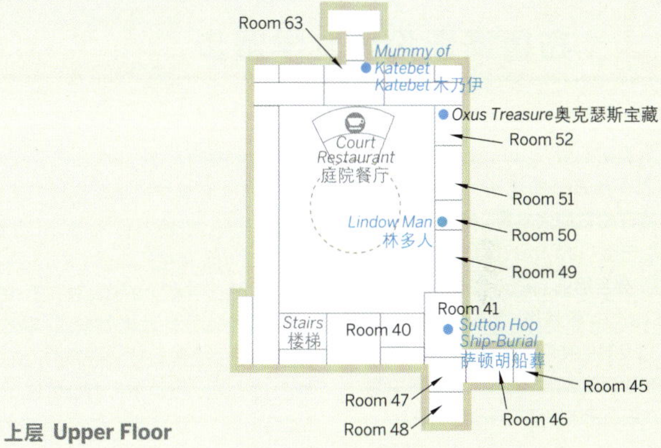

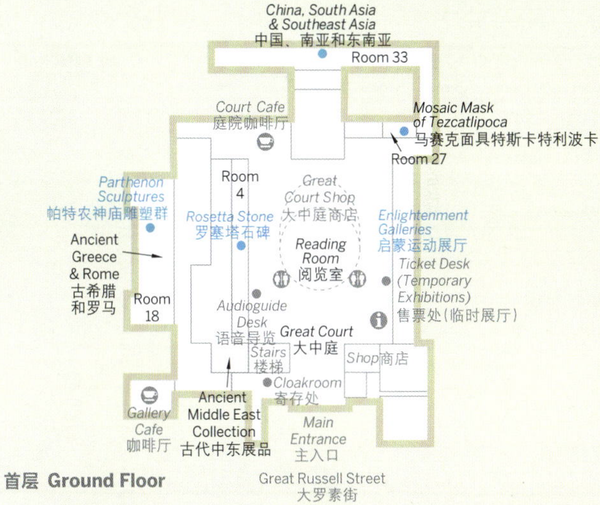

当地生活

布鲁姆斯伯里文学漫步

布鲁姆斯伯里（Bloomsbury）与文学圈有着千丝万缕的联系，这里也成为文人墨客在伦敦的大本营。查尔斯·狄更斯、J.M.巴里（JM Barrie）、叶芝（WB Yeats）、弗吉尼亚·伍尔芙、T.S.艾略特（TS Eliot）、希薇娅·普拉斯（Sylvia Plath）以及其他英语文学圈大名鼎鼎的人物都在布鲁姆斯伯里周边迷人的建筑及其漂亮的广场上留下了属于自己的印迹。

❶ 贝德福德广场（Bedford Square）

作为布鲁姆斯伯里创意遗产和建筑魅力的代表，贝德福德广场是伦敦保存最好的乔治亚风格广场，相当引人注目。布鲁姆斯伯里出版社的总部就在第50号。《曾经的囚徒》的作者安东尼·霍普·霍金斯爵士住在第41号，而拉斐尔前派兄弟会（Pre-Raphaelite Brotherhood）在1848年于广场一角的Gower St的7号成立。

❷ 漫步经过议事大楼

沿着学生云集的Malet St前行，能看到壮观肃穆的装饰艺术风格的议事大楼（Senate House），第二次世界大战期间，这里是英国情报部的总部，为乔治·奥威尔（George Orwell）于1948年出版的反乌托邦小说《1984》中的真相部提供了灵感。1939年至1942年，奥威尔的妻子艾琳在审查部工作。

❸ 在戈登广场歇脚

戈登广场（Gordon Sq）曾是私人广场，如今对公众开放，是休息的好地方。当阳光普照布鲁姆斯伯里时，当地人会坐在广场板凳上读书，聊天，吃三明治。

❹ 叶芝和沃本步道

爱尔兰诗人兼剧作家叶芝住在沃本步道（Woburn Walk）5号，这是一条优雅的小巷，位于圣潘克拉斯教堂南边。叶芝是推动爱尔兰本土遗产的凯尔特复兴（Celtic Revival）的领军人物，《钟楼》（*The Tower*）的作者，他出生于都柏林，但在伦敦度过了多年时光。

❺ 费伯-费伯出版社

费伯-费伯出版社（Faber & Faber）昔日的办事处就位于罗素广场西北角，有一块纪念美国诗人、剧作家及出版社首任编辑T.S.艾略特的匾牌。罗素广场中央的花园适合恢复体力，最好是选择树荫下的公园长凳。

❻ 参观殉道者圣乔治教堂

女王广场（Queen Sq）南端有一家古老的酒馆**Queen's Larder**（见94页地图，D6；www.queenslarder.co.uk；1 Queen Sq，WC1；⏲周一至周六 11:30~23:00，周日正午至22:30；⊖Russell Sq），在其对面立着18世纪的殉道者圣乔治教堂（St George the Martyr）。1956年6月16日，英国诗人特德·休斯和第一任妻子希薇娅·普拉斯就是在这里结婚的。

❼ 文学购物

伦敦书评书店（www.londonreviewbookshop.co.uk；14 Bury Pl，WC1；⏲周一至周六 10:00~18:30，周日正午至18:00；⊖Holborn）是伦敦最好的书店之一。它隶属于文学杂志《伦敦书评》（*London Review of Books*），出售各种类型的书籍和DVD。书虫可以花上数小时时间来浏览这里的书架，或者在咖啡馆阅读刚刚买到的书籍。

❽ 在Museum Tavern喝上一杯

卡尔·马克思过去经常光顾**Museum Tavern**（49 Great Russell St，WC1；⏲周一至周四 11:00~23:30，周五和周六至午夜，周日 10:00~22:00；⊖Holborn，Tottenham Court Rd），在大英博物馆阅览室待了一整天（忙于创立共产主义）之后，他会来这家小酒馆喝上一杯爽口的啤酒。

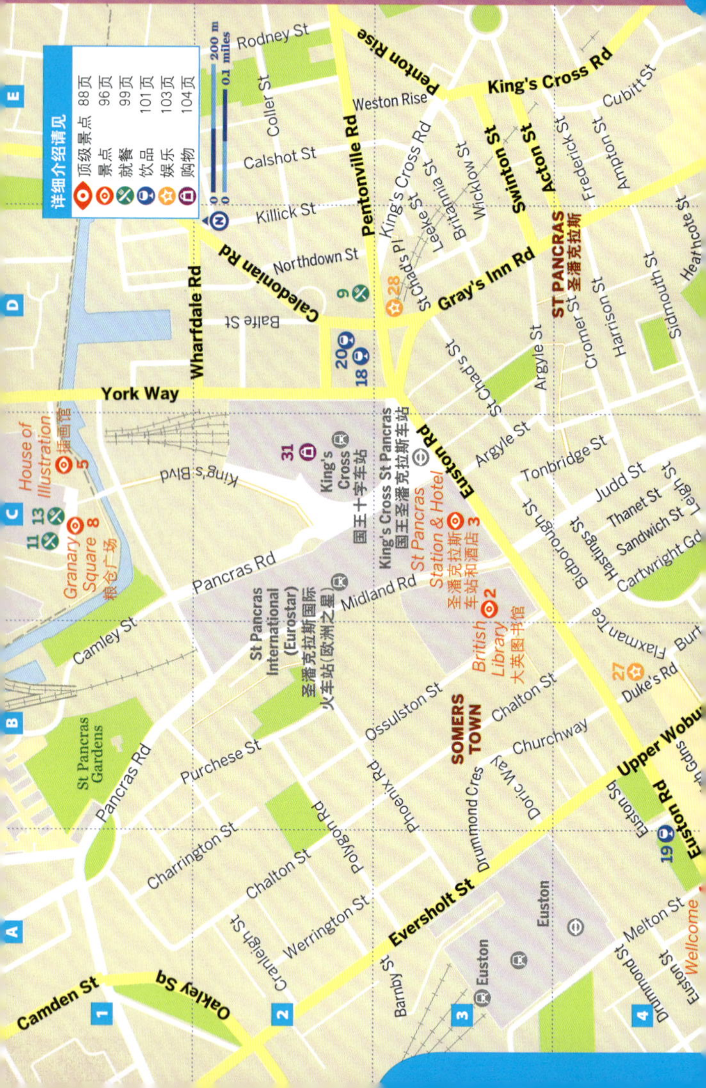
详细介绍请见
顶级景点 88页
景点 96页
就餐 99页
饮品 101页
娱乐 103页
购物 104页
0 200 m
0 0.1 miles
Rodney St
Collier St
Calshot St
Killick St
Northdown St
Weston Rise
Penton Rise
Pentonville Rd
King's Cross Rd
Leeke St
Britannia St
Wicklow St
Swinton St
Acton St
Frederick St
Cubitt St
Ampton St
Heathcote St
Sidmouth St
Harrison St
Cromer St
ST PANCRAS
圣潘克拉斯
King's Cross Rd
Gray's Inn Rd
St Chad's Pl
Caledonian Rd
Wharfdale Rd
Balfe St
York Way
King's Blvd
St Chad's St
Argyle St
Argyle St
Tonbridge St
Judd St
Thanet St
Sandwich St
Leigh St
Cartwright Gdns
Hastings St
Bidborough St
Euston Rd
King's Cross St Pancras
国王十字圣潘克拉斯车站
King's Cross
国王十字车站
St Pancras Station & Hotel
圣潘克拉斯车站和酒店
British Library
大英图书馆
House of Illustration
插画馆
Granary Square
粮仓广场
St Pancras International (Eurostar)
圣潘克拉斯国际火车站(欧洲之星)
Pancras Rd
Midland Rd
Camley St
St Pancras Gardens
Pancras Rd
Purchese St
Ossulston St
SOMERS TOWN
Chalton St
Churchway
Flaxman Tce
Duke's Rd
Burton
Upper Woburn
Euston Sq
Euston Rd
Charrington St
Chalton St
Polygon Rd
Phoenix Rd
Drummond Cres
Doric Way
Cranleigh St
Werrington St
Eversholt St
Euston
Euston
Barnby St
Melton St
Drummond St
Euston St
Wellcome
Camden St
Oakley Sq
A
B
C
D
E
1
2
3
4

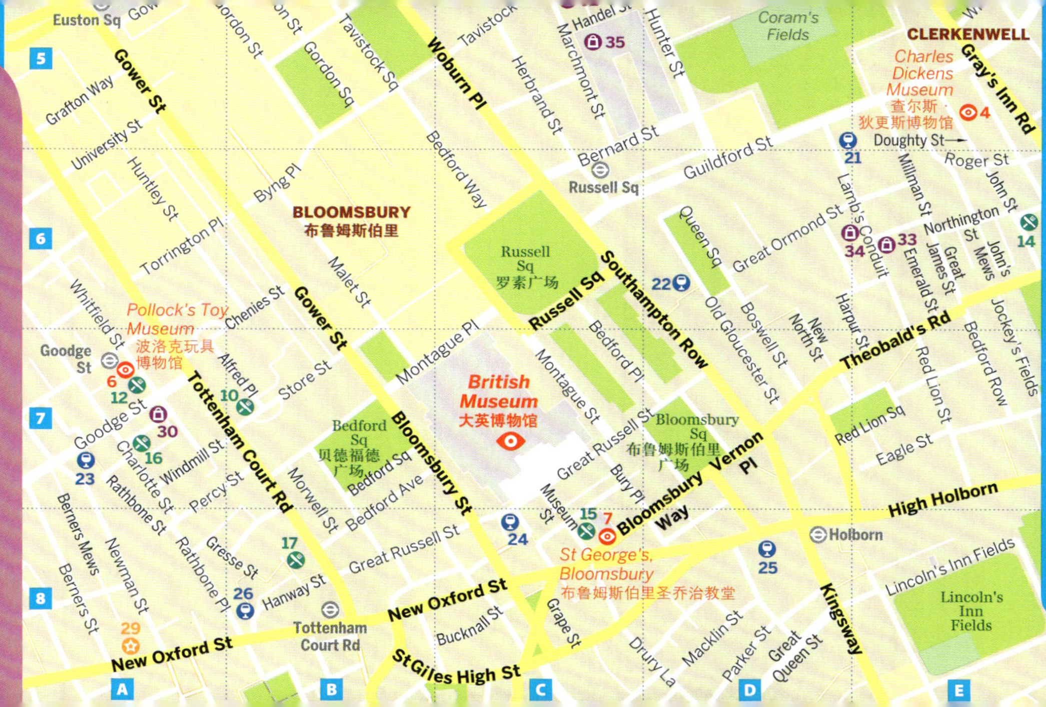
CLERKENWELL
Charles Dickens Museum
查尔斯·狄更斯博物馆
BLOOMSBURY
布鲁姆斯伯里
British Museum
大英博物馆
Pollock's Toy Museum
波洛克玩具博物馆
St George's, Bloomsbury
布鲁姆斯伯里圣乔治教堂
Russell Sq
罗素广场
Bedford Sq
贝德福德广场
Bloomsbury Sq
布鲁姆斯伯里广场
Coram's Fields
Lincoln's Inn Fields
Euston Sq
Gower St
Grafton Way
University St
Huntley St
Torrington Pl
Whitfield St
Goodge St
Chenies St
Alfred Pl
Store St
Tottenham Court Rd
Charlotte St
Windmill St
Percy St
Rathbone St
Rathbone Pl
Gresse St
Hanway St
Berners Mews
Berners St
Newman St
New Oxford St
St Giles High St
Bucknall St
Grape St
Drury La
Macklin St
Parker St
Great Queen St
Kingsway
Holborn
High Holborn
Lincoln's Inn Fields
Bloomsbury Way
Vernon Pl
Bloomsbury St
Great Russell St
Museum St
Bury Pl
Bedford Ave
Morwell St
Montague Pl
Montague St
Malet St
Byng Pl
Bedford Way
Woburn Pl
Tavistock Sq
Gordon Sq
Gordon St
Tavistock
Herbrand St
Marchmont St
Handel St
Hunter St
Bernard St
Russell Sq
Guildford St
Southampton Row
Bedford Pl
Queen Sq
Great Ormond St
Old Gloucester St
Boswell St
New North St
Harpur St
Lamb's Conduit
Theobald's Rd
Red Lion Sq
Red Lion St
Eagle St
Bedford Row
Jockey's Fields
Emerald St
Great James St
John's Mews
Northington St
Millman St
John St
Roger St
Doughty St
Gray's Inn Rd
1 2 3 4 5 6 7 8 10 12 14 15 16 17 21 22 23 24 25 26 29 30 33 34 35
A B C D E
5 6 7 8

景点

韦尔科姆收藏馆（Wellcome Collection）

博物馆

1 见94页地图，A4

这一聪慧的博物馆聚焦艺术、科学和医学之间的联系，出乎意料地引人入胜。馆内设有互动展览，你可以扫描自己的脸部，看其在不同医学条件的影响下，根据统计学平均数值，伸展成古怪的现代雕塑。这里还有令人毛骨悚然的展出，例如真正的人体躯干横截面，放大的寄生虫（跳蚤、体虱、疥疮），比例到了骇人的程度。（www.wellcomecollection.org; 183 Euston Rd, NW1; 免费参观；周二、周三和周五至周日 10:00~18:00，周四 至22:00; Euston Sq）

大英图书馆（British Library）

图书馆

2 见94页地图，C3

低矮的红砖露台，面朝立有超大艾萨克·牛顿爵士像的大广场，科林·圣约翰·威尔逊（Colin St John Wilson）的大英图书馆位于一幢有人爱有人恨的建筑内（查尔斯王子一度将之与秘密警察学院联系起来）。图书馆于1998年完工，收藏有一些最珍贵的书作，包括《圣经》的西乃抄本（*Codex Sinaiticus*，首部完整版《新约》），列奥纳多·达·芬奇的笔记本以及一本《自由大宪章》（*Magna Carta*，1215年）。

了解当地

国王十字地区的复兴

国王十字一度是伦敦地图上的盲点，充其量不过是途中经过的一个地方，而非目的地。这一地区曾是伦敦的红灯区，当大英图书馆新馆于1998年初次开放时，其厕所内经常会发现瘾君子。

让我们将时间转盘拨快至一二十年后，国王十字地区发生了翻天覆地的变化。两个车站：国王十字和圣潘克拉斯在这场革新中扮演了先锋的角色：先是圣潘克拉斯在2007年成为欧洲之星在英国的终点站，而后2011年文艺复兴风格的圣潘克拉斯酒店开业。

昔日的“丑小鸭”国王十字车站如今变成美丽的天鹅，在壮观、如同华盖般弯曲的顶棚下是全新的出发大厅，双拱砖墙里面经过修缮后，恢复了其维多利亚式的风采。曾经扩建后充斥着难看的扩充物的前院，如今立着亨利·摩尔（Henry Moore）的雕像，还是固定的食品集市承办地。

与此同时，车站后面的区域经过改建后，成为令人心仪的房地产区。2013年早期，谷歌宣布将其在英国的总部迁至此地，耗资高达10亿英镑（不过这一计划一推再推，工程安排在2017年开始）。

了解当地

大英图书馆

1998年，大英图书馆迁至国王十字车站和尤斯顿车站（Euston station）之间的新址。这一工程耗资5亿英镑，是当时英国最昂贵的建筑，却没有得到一致的好评。科林·圣约翰·威尔逊设计的红砖直线外立面在查尔斯王子眼中，却与"秘密警察大楼"相似，它也许不符合所有人的品位，可即便是那些不喜欢建筑外观的人也会被其内部的壮丽、酷劲和宽敞所吸引。

你看到的不过是冰山一角。在你脚下，5层的地下室共有长达625公里的书架（每年增加12公里）。博物馆目前拥有1.8亿件馆藏，包括1400万册图书，92万种期刊和报纸，6000万件专利说明，800万张邮票和300万份录音资料。

（www.bl.uk; 96 Euston Rd, NW1; 免费参观; ⏲画廊周一、周五和周六 9:30~18:00，周二至周四 至20:00，周日 11:00~17:00; 📶; ⊖King's Cross St Pancras）

吃喝落脚点 在Euston Tap（见101页）细细品味精选的精酿啤酒。

圣潘克拉斯车站和酒店

（St Pancras Station & Hotel） 历史建筑

3 见94页地图，C3

哥特风的圣潘克拉斯恢宏气派，令人叹为观止，很难相信建于1873年的Midland Grand Hotel潦倒多年，在20世纪60年代甚至面临被拆除的危机。如今这里拥有一家五星级酒店，67套豪华公寓，同时也是欧洲之星的终点站，整个建筑重新焕发辉煌。团队游很棒，能带你重温这一建筑的历史，从其最初作为南部铁路线（Midlands Railway line）的南方终点站开始。（☎020-8241 6921; Euston Rd, NW1; 团队游每人 £20; ⏲团队游周六和周日 10:30、正午、14:00和15:30; ⊖King's Cross St Pancras）

查尔斯·狄更斯博物馆

（Charles Dickens Museum） 博物馆

4 见94页地图，E5

斥资350万英镑的翻新工程使得这一位于漂亮4层楼的博物馆比过去更宽敞更好，这里是狄更斯这位伟大的维多利亚时期小说家在伦敦唯一保存下来的住所。新开放的参观点包括地下室具有年代感的厨房，阁楼的儿童室。而Doughty St 49号是博物馆新区，在极大程度上增加了展出空间。（www.dickensmuseum.com; 48 Doughty St, WC1; 成人/儿童 £8/4; ⏲10:00~17:00，最后进入时间为16:00; ⊖Chancery Lane, Russell Sq）

插画馆（House of Illustration） 画廊

5 见94页地图，C1

这一由慈善机构经营的新画廊位

于粮仓广场（Granary Sq），展览主题不断更新，主打插画——从卡通及书刊插图到广告及科学绘图，涵盖范围广泛。（www.houseofillustration.org.uk; 2 Granary Sq, N1C; 成人/儿童 £7/5; ⌚周二至周日 10:00~18:00; ⊖King's Cross St Pancras）

波洛克玩具博物馆

（Pollock's Toy Museum） 博物馆

6 见94页地图，A7

这家博物馆不仅面向孩子，也吸引成年人，既让人毛骨悚然，也使人流连忘返。你可以穿过摆满了精美木质玩具和不同游戏道具的商店，爬上摇摇晃晃的狭窄楼梯，开启探索之旅。这里展出了来自拉丁美洲、非洲、印度和欧洲的机械玩具、木偶和框架娃娃。（☎020-7636 3452; www.pollockstoys.com; 1 Scala St, 从41 Whitfield St, W1进入; 成人/儿童 £6/3; ⌚周一至周六 10:00~17:00; ⊖Goodge St）

布鲁姆斯伯里圣乔治教堂

（St George's, Bloomsbury） 教堂

7 见94页地图，C8

这一由尼古拉斯·霍克斯穆尔（Nicholas Hawksmoor）设计的教堂（1730年）经过了精心修葺。教堂因带有科林斯式柱头的古典柱廊和受摩索拉斯王陵墓（Mausoleum of Halicarnassus）启发建造的尖顶（出现在威廉·荷加斯的讽刺画《金酒小巷》中）而闻名。尖顶上立有身穿罗马服饰的国王乔治一世的雕像，底部则是奔跑的狮子和独角兽。提前打电话询问，因为教堂靠志愿者服务，可能会关闭。（☎020-7242 1979; www.stgeorgesbloomsbury.org.uk; Bloomsbury Way, WC1; ⌚教堂每日 13:00~16:00，祈祷周日10:30; ⊖Holborn, Tottenham Court Rd）

粮仓广场（Granary Square） 广场

8 见94页地图，C1

粮仓广场位于国王十字车站以北摄政

了解当地

100件文物讲历史

2010年，大英博物馆在BBC广播4台开启一档优秀的节目“100件文物讲历史”（*A History of the World in 100 Objects*）。这一系列由时任大英博物馆馆长尼尔·麦克格瑞格（Neil MacGregor，他在2015年退休）主持，通过博物馆收藏的100件物品回顾了200万年的历史。每一期节目长15分钟，描述一件物品，与其相关的事件以及重要性分析。你可以在www.bbc.co.uk/podcasts/series/ahow下载这一系列的播客音频。尼尔·麦克格瑞格还围绕此话题写了一本书，名为《100件文物讲历史》，由企鹅出版社出版。

运河一个急转弯旁，地处一项面积达27公顷的改建工程的中心位置，这里曾经遍布废弃的货仓。这里最让人难忘的特色是用1080道独立亮灯的水喷头组成的喷泉，水喷头会依次喷射水柱起舞。你甚至可以下载手机应用程序（www.kingscross.co.uk/granarysquirt），从而在夜晚遥控喷泉，用其来玩电脑游戏。（www.kingscross.co.uk; Stable St, N1; ⊖King's Cross St Pancras）

就餐

Foodilic
咖啡馆 £

9 见94页地图，D2

柜台里摆满了诱人的沙拉、乳蛋饼和千层酥，令顾客难以抉择，但价格合理，你可以大快朵颐。咖啡馆座位有限，后堂摆着6张蘑菇状的粗重木桌。这大概就是淳朴的时尚吧？（www.foodilic.com; 260 Pentonville Rd, N1; 主菜£3.50~7.50; 周一至周六 7:00~21:00; ; ⊖King's Cross St Pancras）

Busaba Eathai
泰国菜 £

10 见94页地图，B7

这家极受欢迎的袖珍连锁店位于Store St的分店不如西区其他分店那么忙碌，但保留了令连锁店大获成功的所有特色。内部装饰呈时尚的亚式风格，有宽大的木质共享桌，还有价廉物美的泰式菜肴，例如泰式炒面，绿咖喱和红咖喱，香气四溢的面汤。（020-7299 7900; www.busaba.com; 22 Store St, WC1; 主菜£7.90~14.50; 周一至周四正午至23:00，周五和周六 至23:30，周日 至22:00; ; ⊖Goodge St）

Grain Store
各国风味 ££

11 见94页地图，C1

布鲁诺·鲁伯特（Bruno Loubet）在粮仓广场开设的这家餐馆明亮通风，新鲜的应季蔬菜是招牌，也有肉类，不过不是藏在绿叶之下，就是掺在土豆泥中，增加口感。创意菜单融合了各地风味，菜肴健康美味。（020-7324 4466; www.grainstore.com; 1-3 Stable St, N1C; 周末早午餐 £6~17，午餐 £11~17，晚餐 £15~17; 周一至周六正午至14:30和18:00~22:30，周日 11:00~15:45; ; ⊖King's Cross St Pancras）

Dabbous
新派欧洲菜 ££

12 见94页地图，A7

这家备受赞誉的小餐馆，是深受人们喜爱的新大厨奥利·达布斯（Ollie Dabbous）开的，因此想要来此享用晚餐或午餐（4道菜£28），需要提前预订。融合口味令人愉悦——荞麦鱿鱼、芒果猪肉、薰衣草大黄——初次看到，或许会觉得与周围利落工业风的装饰形成鲜明反差。但所有一切都相得益彰。预订很有必要。（020-7323 1544; www.dabbous.co.uk; 39 Whitfield St, W1; 午间/晚间套餐 £35/56; 周二至周六正午至15:00和17:30~23:30; ; ⊖Goodge St）

Caravan

各国风味 ££

13 见94页地图，C1

Caravan位于高耸的粮仓大楼（Granary Building）内，十分宽敞，装饰以工业风格为主，想品尝来自世界各地的美味来这里就不会错。你可以选择小分量的共享中东小菜/西班牙小吃，多点几种，也可以选择主菜分量。（020-7101 7661；www.caravankingscross.co.uk；1 Granary Sq，N1C；主菜 £10~17；周一至周五 8:00~22:30，周六 10:00~23:30，周日 10:00~16:00；；King's Cross St Pancras）

Lady Ottoline

美食酒吧 ££

14 见94页地图，E6

有时候，布鲁姆斯伯里就仿佛是一片美食荒地，但这家热闹的美食酒吧（以布鲁姆斯伯里团体的一位赞助人的名字命名）是个令人惊喜的例外。你可以在楼下喧嚣的酒吧就餐，但楼上舒适的餐厅更具吸引力。受食客热捧的有啤酒酥皮炸鱼和薯条，猪肉苹果酒派，味道都很赞。（020-7831 0008；www.theladyottoline.com；11a Northington St，WC1；主菜 £11.50~18；周一至周六正午至23:00，周日 至17:00；Chancery Lane）

> **当地生活**
>
> **上网和休息**
>
> 大英图书馆内提供免费无线上网，也因此成为学生常去的地方，不过游客也可以在图书馆里3家很不错的咖啡馆和餐馆中选择一家，休息的同时上上网。

Abeno

日本菜 ££

15 见94页地图，C8

这家日式餐馆专做大阪烧（okonomiyaki），这是一种来自大阪的美味煎饼，卷心菜、鸡蛋、面粉和你选择的食材（超过24种，从肉片、蔬菜到鸡蛋、面条和奶酪）混在一起，放在餐桌的加热板上烹制。这里还供应更为大众熟悉的铁板烧和炒面。（020-7405 3211；www.abeno.co.uk；47 Museum St，WC1；主菜 £7.95~25.80；正午至22:00；Tottenham Court Rd）

Pied-à-Terre

法国菜 £££

16 见94页地图，A7

这家小巧雅致、名为落脚点的米其林星级法式餐馆自1991年起就为食客带来美好体验，一直广受欢迎。菜单非常棒，获过奖的大厨马库斯·伊夫斯（Marcus Eaves）烹制的佳肴十分精致。（020-7636 1178；www.pied-a-terre.co.uk；34 Charlotte St，W1；2道菜 £27.50，10道菜品尝套餐 £105；周一至周五 12:15~14:30和周一至周六18:00~23:00；；Goodge St）

Hakkasan Hanway Place

中国菜 £££

17 见94页地图，B8

这家位于地下室的米其林星级餐馆

隐藏于陋巷之内，成功地集名声、漂亮的设计、令人赞不绝口的鸡尾酒和精美的中餐于一体。夜店风格的昏暗灯光使得这里成为约会或与朋友小聚的好地方（吧台供应极富创意的鸡尾酒）。提前较长时间预订，或者来这里享用午餐（3道菜£35，晚上6点至7点也会供应）。（☎020-7927 7000；www.hakkasan.com；8 Hanway Place，W1；主菜 £13.50~100；⏰周一至周五正午至15:00，周六和周日 至16:00，周日至周三 17:30~23:00，周四至周六 17:30至次日0:15；📶；Ⓜ Tottenham Court Rd）

饮品

Bar Pepito

葡萄酒吧

18 见94页地图，D2

这家小而幽静的安达卢西亚酒吧主打雪利酒和西班牙小吃tapas。新手也不用担心：店员随时为你提供建议。他们还是食物搭配方面的专家（顶级火腿配不同的奶酪）。若想将这里的精华“一网打尽”，可以尝试品尝套餐，有3种精选的雪利酒，搭配点心。（www.barpepito.co.uk；3 Varnishers Yard，The Regent’s Quarter，N1；⏰周一至周六 5:00至午夜；Ⓜ King’s Cross St Pancras）

Euston Tap

酒吧

19 见94页地图，B4

这一专业的酒吧和Cider Tap可谓双子店，位于通往尤斯顿车站途中的一幢醒目的石建筑内。精酿啤酒爱好者可以在8大桶不同的浓啤酒、20小桶不同的啤酒和150种瓶装啤酒中选择。喝苹果酒的人则聚集在过道上。你可以席地而坐，或者坐在楼上的螺旋楼梯上。（☎020-3137 8837；www.eustontap.com；190 Euston Rd，NW1；⏰正午至23:00；Ⓜ Euston）

Drink, Shop & Do

酒吧

20 见94页地图，D2

这间古怪的小酒吧可不容小觑。店如其名，适合不同人的口味：酒吧、咖啡馆、活动中心、礼品店，甚至还有迪斯科。酒吧信奉的理念是畅饮（茶或金酒）、音乐和活动一样都不能少——从跳舞到搭建乐高机器人，皆是如此。（☎020-7278 4335；www.drinkshopdo.com；9 Caledonian Rd，N1；⏰周一至周四 10:30至午夜，周五 10:30至次日2:00，周六 9:00至次日2:00，周日 10:30~22:00；📶；Ⓜ King’s Cross St Pancras）

Lamb

小酒馆

21 见94页地图，D5

Lamb中间桃花心木制成的吧台配有漂亮的维多利亚式屏风（也被称为“势利小人屏风”，因为他们能让有钱人独自喝酒），自1729年起就成为当地人的最爱。近3个世纪后，这家酒馆的受欢迎程度依然不减，因此早点来占据个小隔间，品尝精选的Young’s牌苦啤酒，感受轻松友好的氛围。（www.thelamblondon.com；94 Lamb’s Conduit St，WC1；⏰周一至周三正午至23:00，周四至周六 至午夜，周日 至

22:30；⊖ Russell Sq）

Queen's Larder 小酒馆

22 见94页地图，D6

这家小酒馆位于罗素广场东南方一个迷人的广场上，之所以得此名是因为"疯"王乔治三世的妻子夏洛特王后（Queen Charlotte）曾经租下酒馆地窖的一部分用来储存特别的食物，以便她的丈夫在附近接受治疗时吃。酒馆很小，但非常舒适，室外有为热情拥趸准备的板凳，楼上有个餐厅。（www.queenslarder.co.uk；1 Queen Sq，WC1；周一至周六11:30~23:00，周日正午至22:30；⊖ Russell Sq）

London Cocktail Club 鸡尾酒吧

23 见94页地图，A7

除了鸡尾酒，还是鸡尾酒。这家略显破败（"媚俗朋克风"）的地下酒吧的工作人员会通过摇晃、搅动、混合和烟熏（没错，烟熏）这些方式来为你调配最具创意、最斑斓和简洁明了的鸡尾酒。可以尝试烟熏苹果马提尼或墨鱼汁酸味鸡尾酒。放轻松，你在这里停留的时间肯定比预期长得多。（www.londoncocktailclub.co.uk；61 Goodge St，W1；周一至周四 16:30~23:30，周五和周六 至午夜；⊖ Goodge St）

Tea and Tattle 茶室

24 见94页地图，C8

这家有6张桌子的茶室位于一家书店的地下室。是逛完对面的大英博物馆后，休息调整的好地方。在这里可以享用下午茶、三明治、蛋糕和奶油果酱司康饼。（07722-192703；www.apandtea.co.uk；41 Great Russel St，WC1；下午茶 £15；周一至周五 9:00~18:30，周六正午至16:00；⊖ Tottenham Court Rd）

Booking Office Bar & Restaurant 酒吧

如这家酒吧的名字所说的，这里曾经是圣潘克拉斯火车站的售票处（3 见94页地图，C3），后来被改造成一流的酒吧，拥有高得令人眩晕的天花板，价格同样不菲。鸡尾酒单从建筑中汲取灵感，采用大量颇受欢迎的带有维多利亚风情的原料，例如茶、橘皮、接骨木甜性烈酒和金酒。（www.bookingofficebar.com；St Pancras Renaissance London Hotel，Euston Rd，NW1；周一至周四 6:30~22:00，周五 至次日3:00，周六和周日 11:00至午夜；⊖ King's Cross St Pancras）

Princess Louise 小酒馆

25 见94页地图，D8

这家19世纪后期的维多利亚风格酒馆装饰引人注目，包括色泽鲜艳的精美瓷砖、蚀刻镜子、石膏装饰图案，中间还有个绝妙的马蹄形吧台。老式的维多利亚风格木质隔间给予酒客充分的私密空间。啤酒只有Sam Smith这个牌子，但一品脱售价还不到£3，无怪乎很多人选择来此度过整个晚上。（http://princes

Princess Louise

slouisepub.co.uk; 208 High Holborn, WC1; ⏲周一至周五 11:00~23:00, 周六 正午至23:00, 周日 正午至18:45; ⊖Holborn)

Bradley's Spanish Bar 小酒馆

26 🍷 见94页地图, B8

Bradley's的环境依稀让人感受到西班牙风情, 但在选择酒方面, 要正宗得多: Estrella、Cruzcampo、tinto de verano(红葡萄酒搭配朗姆酒和柠檬汽水)以及龙舌兰sangrita。挤在这一地下酒吧低矮的天花板下(周一至周六下午5点开始营业), 听着古老唱片点唱机播放摇滚乐。(www.bradleysspanishbar.co.uk; 42-44 Hanway St, W1; ⏲周一至周四 正午至23:30, 周五和周六正午至午夜, 周日15:00~22:30; ⊖Tottenham Court Rd)

娱乐

Place 舞蹈

27 ☆ 见94页地图, B4

这里是英国现代舞蹈的发源地, 为伦敦最令人兴奋的文化场馆之一, 现在仍专注于具有挑战性和试验性的舞蹈作品。在维多利亚晚期风情的立面内, 你会发现一个拥有300个座位的剧场, 充满着艺术及创意的咖啡馆氛围, 此外还有十几个培训练习室。Place每年会颁发Place Prize奖, 奖励杰出的新生代舞蹈天才。票价通常£15起。(www.theplace.org.uk; 17 Duke's Rd, WC1; ⊖Euston Sq)

Scala 现场音乐

28 见94页地图，D3

Scala开于20世纪20年代，在当时是一家环境宜人的黄金年代电影院，但在70年代衰退成播放色情片的地狱，直到21世纪前十年，才以夜店和现场音乐表演场馆的面貌重获新生。想欣赏一场安静的演奏会，或者找一个不错的跳舞场地，组织不同主题的夜店之夜，这里是伦敦最好的选择之一。（020-7833 2022；www.scala-london.co.uk；275 Pentonville Rd，N1；King's Cross St Pancras）

100 Club 现场音乐

29 见94页地图，A8

这一富有传奇色彩的演出场所通常以爵士乐演出为主，但也会承办摇摆乐和摇滚乐演出。克里斯·巴伯、BB King和滚石乐队都曾在此演出，这里还是朋克革命以及20世纪90年代独立音乐的中心。偶尔会有大牌和昔日老牌乐队。（020-7636 0933；www.the100club.co.uk；100 Oxford St，W1；门票 £8~20；登录网站查询演出时间；Oxford Circus，Tottenham Court Rd）

购物

Bang Bang Clothing Exchange 二手店

30 见94页地图，A7

想处理掉已经厌倦了的精品设计服装、流行服饰或二手衣物？Bang Bang提供二手衣物的交换、购买和出售服务。想想看：亚历山大·麦昆设计的礼服，搭配Topshop的鞋子和20世纪50年代的珠宝。（www.bangbangclothingexchange.com；21 Goodge St，W1；周一至周五 10:00~18:30，周六 11:00~18:00；Goodge St）

Harry Potter Shop at Platform 9¾ 儿童用品

31 见94页地图，C2

虽然找不到对角巷，但如果你家的小巫师们需要魔杖，不妨幻影移形直接来国王十字车站。这家店还出售霍格沃茨各学院主题的套头衫和其他周边产品。（www.harrypotterplatform934.com；King's Cross Station，N1；8:00~22:00；King's Cross St Pancras）

Gay's the Word 书籍

32 见94页地图，C5

35年来，这一伦敦同性恋机构一直出售别处所没有的书籍，有同性恋群体可能会感兴趣的书籍杂志还有二手书。“同志”社群氛围浓厚。（www.gaystheword.co.uk；66 Marmont St，WC1；周一至周六 10:00~18:30，周日 14:00~18:00；Russell Sq）

Darkroom 珠宝

33 见94页地图，E6

这里（房间是挺暗的）陈列并出售款式时尚、设计大胆、经过精心挑选的

了解当地

布鲁姆斯伯里的广场

罗素广场（⊖Russell Square）位于布鲁姆斯伯里正中心。广场最初由汉弗莱·雷普顿（Humphrey Repton）于1800年设计，曾经灌木丛生显得过于昏暗，直到2002年树木经过修剪、整理并增添一座高10米的喷泉后，广场得以旧貌换新颜，给人留下深刻印象。

布鲁姆斯伯里文学区的中心则是**戈登广场**（⊖Russell Sq，Euston Sq），不少文人巨匠在不同时期都曾居住于此，伯特兰·罗素（Bertrand Russell）住在57号，利顿·斯特拉奇（Lytton Strachey）住在51号，凡妮莎（Vanessa Bell）和克莱夫·贝尔（Clive Bell）夫妇、约翰·梅纳德·凯恩斯（John Maynard Keynes）以及伍尔芙一家住过46号，多拉·卡灵顿（Dora Carrington）和莉迪娅·洛普科娃（Lydia Lopokova，梅纳德·凯恩斯的未婚妻）先后在41号居住。其中多数建筑如今为伦敦大学所有，都用蓝色匾牌标注。

迷人的**贝德福德广场**（⊖Tottenham Court Rd）是布鲁姆斯伯里唯一完好保存的乔治亚风格广场。

珠宝、饰品和手提包。（www.darkroomlondon.com; 52 Lamb's Conduit St, WC1; 周一至周五 11:00~19:00，周六 至18:00，周日正午至17:00; ⊖Holborn, Russell Sq）

Folk 时装

34 见94页地图，D6

简洁、休闲且时尚，用色大胆，有着手工制作的质感。（www.folkclothing.com; 49 & 53 Lamb's Conduit St, WC1; 周一至周五 11:00~19:00，周六 10:00~18:00，周日正午至17:00; ⊖Holborn）

Skoob Books 书籍

35 见94页地图，C5

Skoob（意为"待焚毁的一堆书"）是伦敦最大的二手书店，近200平方米，摆放着大约55,000册书。（020-7278 8760; www.skoob.com; 66 The Brunswick，紧邻Marmont St，WC1; 周一至周六 10:30~20:00，周日 至18:00; ⊖Russell Sq）

圣保罗和金融城

金融城面积不大，观光景点却不少，令人难以取舍。重量级景点——伦敦塔和圣保罗大教堂——不可不看，但游览这些地方之余不妨深入探索金融城更鲜为人知的精彩之处和更安静的角落。沿途有很多教堂是不错的安静歇脚处。

一日游行程

赶在大批人流将**伦敦塔**（见112页）围困起来之前来此。探索**伦敦塔桥**（见118页）——前一天先登录网站查询塔桥是否会被升起——并在**Wine Library**（见122页）预订午餐席位。

前往**圣保罗大教堂**（见108页）之前，可以先参观下**万圣教堂**（All Hallows by the Tower；见119页），途中会经过**伦敦大火纪念碑**（Monument；见118页）。游览圣保罗大教堂，登上壮观穹顶的最高处，景色美不胜收。如果还有时间，不妨去**伦敦博物馆**（Museum of London；见118页）。

想放松下，可以去**Sky Pod**（见122页）品味鸡尾酒，顺便欣赏美景。回到地面后，在**St John**（见121页）享用晚餐，最后在伦敦最古老的酒馆之一，例如**Ye Olde Mitre**（见124页），为一天的行程画上句号。注意：有些酒馆周末可能不营业。你也可以选择Shoreditch，想在伦敦度过一个有趣且令人难忘的夜晚，这也是个好去处。

顶级景点

圣保罗大教堂（见108页）

伦敦塔（见112页）

伦敦最佳

饮品

Sky Pod（见122页）

Fabric（见123页）

Ye Olde Mitre（见124页）

建筑

圣玛丽斧街30号（见119页）

万圣教堂（见119页）

风景

Duck & Waffle（见121页）

伦敦大火纪念碑（见118页）

到达和离开

地铁 最便利的车站是St Paul's（Central线）和Bank（Central、Northern和Waterloo & City线，以及DLR）。Blackfriars（Circle和District线）、Farringdon（Circle、Metropolitan和Hammersmith & City线）和Tower Hill（Circle和District线）也可以到达。

公共汽车 8路、15路、11路和26路公共汽车都可以到达。

顶级景点

圣保罗大教堂（St Paul's Cathedral）

圣保罗大教堂屹立于路德门山（Ludgate Hill）上，地理位置绝佳，1400余年来这里一直是信徒朝圣之地，亦是伦敦最宏伟的建筑之一。对伦敦人而言，尽管“一平方英里（Square Mile，金融城的别称）”有很多远高于大教堂的摩天大楼，但教堂巨大的穹顶依然是伦敦天际轮廓线的重要组成部分，是坚韧和自豪的象征，它已经矗立了300多年。从内部欣赏克里斯托弗·雷恩爵士设计的这一杰作，登上教堂最高点，伦敦全景一览无余，令人振奋。

见116页地图，D3

020-7246 8350

www.stpauls.co.uk

St Paul's Churchyard，EC4

成人/儿童 £18/8

周一至周六 8:30~16:30

St Paul's

不要错过

穹顶

伦敦最大的教堂穹顶——其实是由三个穹顶组成，一个套一个——使得圣保罗成为雷恩爵士最用心的杰作。登顶需要攀528级台阶，不过这段行程分为3段。注意，一旦开始攀登就没有回头路了。

回音廊和石廊

登上257级台阶后，便来到了穹顶第一层，这里有一条环绕穹顶底部的内部步道，**回音廊**（Whispering Gallery）。之所以叫这个名字，是因为如果你低声靠近墙壁说话，声音会被传到相距32米的对面。再登119级台阶就来到**石廊**（Stone Gallery），这是一个外部观景台，由于柱子林立以及其他安全措施的存在，无法欣赏到好景致。

金廊

余下的152级铁质台阶通往金廊，这段路比前两段更为陡峭、狭窄，但你肯定会觉得不虚此行。这里距离地面85米，你能欣赏到令人叹为观止的360度城市全景。

墓志铭和惠灵顿公爵纪念碑

穹顶正下方是雷恩儿子为父亲写的**墓志铭**：读者，如果你在寻找他的纪念碑，请环顾四周（Lector, si monumentum requiris, circumspice）。在北部走道，你会发现气势宏大的**惠灵顿公爵纪念碑**（1912年），这块碑花了整整54年才完工。铁公爵的爱马哥本哈根（Copenhagen）最初面朝另一个方向，只因马匹臀部朝向圣坛被认为不妥，后来经过了修正。

☑ 独家贴士

▶参加90分钟的免费团队游，或者根据45分钟的iPod讲解游览（有12种语言），也是免费的。

▶向服务台询问简短介绍讲座相关事宜。

▶这里有专门面向家庭参观者的互动导览，设置了游戏和小测验。

吃喝落脚点

Restaurant at St Paul's（020-7248 2469；www.restaurantatstpauls.co.uk；Crypt, St Paul's Cathedral, EC4；2/3道菜午餐£21.50/25.95，茶£15.95起；早餐周四和周五9:00~11:00，午餐正午至14:15，下午茶周一至周六15:00~16:15；St Paul's）供应性价比颇高的午餐。

Crypt Café（Crypt, St Paul's Cathedral, EC4；菜肴£5.65~8.25；周一至周六 9:00~17:00，周日 10:00~16:00；St Paul's）供应便餐，非常方便。

《世界之光》

北耳堂礼拜堂内有拉斐尔前派画家霍尔曼·亨特(Holman Hunt)的代表作《世界之光》。这幅画描绘了基督正在敲一扇杂草蔓生的门，门只能从里面打开，画作具有象征意义。

唱诗班席位

继续往东走就能来到大教堂中心，即壮观的唱诗班席位(quire，或称为高坛)和**主祭坛**(high altar)所在地，前者的天花板及拱顶铺满了绿、蓝、红和金色的马赛克。居于两侧的唱诗班席位拥有由格林林·吉本斯(Grinling Gibbons)雕刻的图案，精美异常。同样华丽的还有将过道与祭坛隔开的装饰性锻铁门，出自让·第戎(Jean Tijou)之手。

美国人纪念堂

祭坛上方是巨大的镀金橡木华盖，沿祭坛走，便能来到美国人纪念堂，这里纪念的是第二次世界大战期间牺牲的28,000名驻英美军。

地下室

北耳堂和南耳堂东边，顺着台阶往下走，便来到了地下室和**大英帝国勋章礼拜堂**(OBE Chapel)，后者面向大英帝国勋章获得者举办祷告仪式。这里有纪念弗洛伦斯·南丁格尔(Florence Nightingale)、基钦纳勋爵(Lord Kitchener)以及其他名人的碑牌。惠灵顿公爵、克里斯托弗·雷恩和纳尔逊将军都长眠于此，后者躺在黑色的石棺内。

任何人都可以免费使用地下室的设

圣保罗大教堂 St Paul's Cathedral

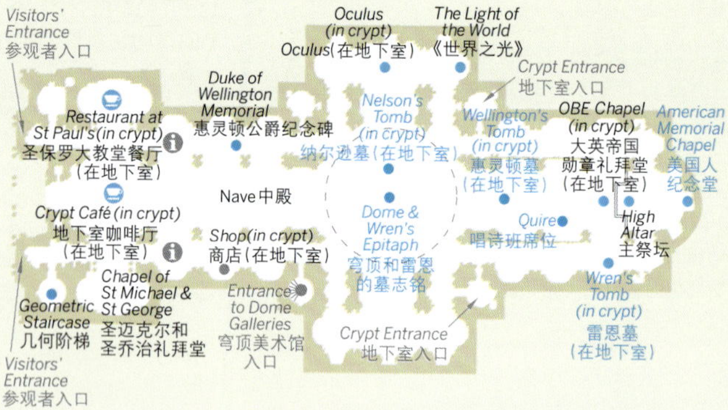

施，入口就是北耳堂下面的一扇边门。没有门票，你也可以进入咖啡馆、餐馆和商店，使用厕所，天气不好的时候来此躲避，又或者只是来地下室吃顿盒装午餐。

Oculus

位于昔日宝库内的Oculus于2010年开放，在墙上投射4部短片（需要领取免费的多媒体导览才能听到声效）。如果对登上穹顶不感兴趣，你可以来到这里，在底层享受视听体验。

伦敦人民纪念碑

（Monument to the People of London）

北耳堂外面有一座向英国人民致以敬意的简洁纪念碑，纪念了第二次世界大战期间伦敦丧生的32,000位平民（以及50,000位重伤者）。

坦普尔栅门（Temple Bar）

面朝教堂入口阶梯，左侧是坦普尔栅门，这是伦敦城最早的大门之一。中世纪的石拱门曾横跨舰队街（Fleet St），有一头狮身鹰首兽作为标志，但在1878年被迁至米德尔塞克斯郡（Middlesex）。2004年，主祷文广场（Paternoster Sq）经历改造，而经修复的坦普尔栅门也得以重返伦敦。

了解当地

修葺工程

作为2011年300周年庆典的一部分，圣保罗大教堂经历了一次长达十余年之久的修葺，该项目投资高达4000万英镑，目的是清除大教堂内外的污垢——过程很慢，必须极为细心，被比作小心翼翼地敷上一层面膜，然后再撕去。当你面朝西大门（Great West Door，只在特殊场合开放）时，会看到右边有一块用玻璃覆盖起来的未经修复的墙面，是数个世纪以来教堂墙面所遭受污染且未能成功修复的例子。

团队游

免费团队游（1.5小时）是探索大教堂的最好方式之一，并且你可以进入几何阶梯（Geometric Staircase）、圣迈克尔和圣乔治礼拜堂（Chapel of St Michael and St George）。通常一天有4次团队游览。

顶级景点

伦敦塔（Tower of London）

作为伦敦当仁不让的核心，而其冷酷又血腥的历史和它自身一样拥有很大的吸引力，是伦敦最重要的景点之一。伦敦塔最早建于征服者威廉统治时期（William the Conqueror；1066~1687年），实际上是一座城堡，在历史上扮演过宫殿、天文台、仓库和铸币厂这些角色。当然，它最为著名的还是那段令人毛骨悚然的作为监狱和行刑地的过去。尽管票价一直在上涨，参观人流也始终处于上升之势，伦敦塔依然是不容错过的地方。

见116页地图，H5

0844 482 7777

www.hrp.org.uk/toweroflondon

Tower Hill，EC3

成人/儿童 £22/10，语音导览 £4/3

Tower Hill

不要错过

王冠宝石(Crown Jewels)

滑铁卢营房(Waterloo Barracks)如今是陈列王冠宝石的地方,据说这里珍藏的宝物总价值高达200亿英镑。站在自动人行道上,你会看到数顶王冠,包括帝国王冠(Imperial State Crown),装饰有钻石(2868颗)、蓝宝石、绿宝石、红宝石和珍珠,以及已故的伊丽莎白太后戴过的白金王冠,这件宝物以镶嵌的106克拉的"光之山"(Koh-i-Noor)钻石闻名。

白塔(White Tower)

白塔建于1078年,是最早的伦敦"塔",最初建造的目的是作为宫殿和堡垒使用。以现代标准看,白塔并不高,但在中世纪,它足以令周围的简陋农舍相形见绌。白塔内部设有**圣约翰礼拜堂**(St John's Chapel),至今仍保留了几处诺曼建筑的遗迹,包括壁炉和厕所。

皇家军械库(Royal Armouries)

皇家军械库位于白塔内,令人赞叹不已,收藏有大炮、枪支以及士兵和马匹的盔甲,包括亨利八世穿过的盔甲,是在这位君主过了40岁后打造的,还有为冈特的约翰(John of Gaunt)制作的高达2米的盔甲,在它旁边有一套为詹姆斯一世的小儿子,日后的查理一世所设计的儿童盔甲。

塔内绿地断头台遗址(Tower Green Scaffold Site)

在这里被处决的王室及贵族人员包括安妮·博林(Anne Boleyn)、凯瑟琳·霍华德(Catherine Howard)、玛格丽特·波尔(Margaret Pole,索尔兹伯里伯爵夫人)以及年仅16岁的九日女王简·格雷(Lady Jane Grey)。现在遗址上立有艺术家布莱恩·卡特林

☑ 独家贴士

- 参加伦敦塔卫士带领的团队游。
- 尽可能早来,避开客流高峰,这样才能看到珍宝馆珍藏的宝物。
- 网上预订更便宜——可以提前7天订票。
- 若有疑问,可以向伦敦塔卫士提出,他们很乐意给予帮助。
- 开放时间为3月至10月的周二至周六9:00~17:30,周日和周一10:00~17:30,11月至次年2月的周二至周六9:00~16:30,周日和周一10:00~16:30。

吃喝落脚点

拥有红砖墙的**New Armouries Cafe**位于内院东南角,供应热餐食和三明治。

在附近的Wine Library(见122页)享用葡萄酒和美食,若是想在午间用餐,需提前预订。

(Brian Catling)制作的纪念雕像，并刻有一首纪念诗。断头台遗址左侧是**博尚塔**(Beauchamp Tower)，那些身份显要的囚徒留下了凄惨的语句。

受缚的圣彼得皇家礼拜堂(Chapel Royal of St Peter ad Vincula)

受缚的圣彼得皇家礼拜堂是少有的教会都铎风格建筑典范，也是那些在外面断头台上丢了脑袋的人的埋骨之处，最著名的是安妮·博林、凯瑟琳·霍华德和简·格雷。教堂内部（只对参加团队游的游客开放，也可以在常规开放时间第一个以及最后一个小时进入）设有与伦敦塔相关的历史杰出人物的纪念碑。

血腥塔(Bloody Tower)

血腥塔这一名字源自"塔中王子"，爱德华五世(Edward V)及其弟弟曾被关押在此，后来被杀害。他们的叔叔理查三世(Richard Ⅲ)被普遍认为是罪魁祸首，塔中设有展览，你也可以将票投给你认为的元凶。这里还有关于伊丽莎白时代冒险者沃尔特·雷利爵士(Sir Walter Raleigh)的展览，伊丽莎白一世时期，他曾3次入狱，都被关在这里。

中世纪宫殿(Medieval Palace)

在**圣托马斯塔**(St Thomas' Tower)内，门厅和卧室与爱德华一世可能见过的样子一样。而在这座塔对面是**韦克菲尔德塔**(Wakefield Tower)，是由亨利八世于1220年至1240年建造的，如今摆放有复制的王座和大枝形烛台，装饰迷人，让人仿佛回到爱德华一世时期。

弓箭塔(Bowyer Tower)

弓箭塔位于滑铁卢营房后面，是爱德华四世(Edward IV)的兄弟及对手、克莱伦斯公爵乔治被囚禁之地。长久以来，一直有这样的传说但从未得到过证明，即乔治被淹死在一桶烈性白葡萄甜酒（马德拉白葡萄酒）中。

东墙步道(East Wall Walk)

伦敦塔厚重的内墙是亨利二世在1220年下令增建的。它连接**盐塔**(Salt Tower)、**宽箭塔**(Broad Arrow Tower)和**守卫塔**(Constable Tower)，止于**马丁塔**(Martin Tower)。内墙设有关于最早加冕标志的展览。1671年，托马斯·布拉德上校(Colonel Thomas Blood)伪装成神职人员，试图偷走藏在这里的王冠珠宝。

钟塔(Bell Tower)

钟塔内设有宵禁钟，曾是托马斯·莫尔(Thomas More)的关押地。1534年，这位政治家、《乌托邦》(*Utopia*)一书的作者被囚禁在此，后来他由于拒绝承认亨利八世取代教皇成为英国国教会最高领袖，被处以死刑。

团队游

伦敦塔卫士是城堡的官方守卫，夜间则负责看守珍宝馆，不过他们的主要任务是团队游向导（以及摆好姿势，供好奇的异国游客拍照）。这些团队游往往非常有趣，信息量极大，从上午10点至下午3点30分（冬季为下午2点30分），每隔30分钟从中塔(Middle Tower)出发。

了解当地
伦敦塔

伦敦塔卫士（Yeoman Warders）

从15世纪后期开始，伦敦塔卫士就一直守卫着这座堡垒，数量最多时可达到40人（目前有37人）。只有在英国武装部队（British Armed Forces）任一部门服役至少22年才有资格担任伦敦塔卫士。他们居住在城墙内，被亲昵地称为“吃牛肉的人（Beefeater）”，但他们并不喜欢这个昵称。“Beefeater”的起源已经无从知晓，不过人们普遍认为是因为在过去，这些卫士能吃到更大分量的牛肉的缘故，在当时，牛肉可是奢侈食物。目前，伦敦塔内只有一位女性卫士，她叫莫伊拉·卡梅伦（Moira Cameron），2007年成为史上首位担任该职位的女性。

乌鸦

传说查理二世下令伦敦塔内必须有乌鸦，若乌鸦离开，那么王国就会分崩离析。伦敦塔内通常至少有6只乌鸦，它们的翅膀被夹住，以安抚迷信者。

伦敦塔仪式（Ceremonies at the Tower）

700余年来，伦敦塔每日都会举行复杂的大门上锁仪式，从未间断过。这一仪式于晚上9点53分准点开始，到10点全部结束。即便是在伦敦闪电战期间，一枚炸弹击中了伦敦塔，这一仪式也只是推迟了30分钟而已。晚上9点30分开始入场，是免费的，但你得遵循与仪式相衬的古老进程，寄信申请入场券，往往供不应求。具体细节参见网站。

更容易的选择是每天早上9点举行的伦敦塔官方开锁仪式。钥匙由一名卫兵护送，开门则由一名伦敦塔卫士完成。观看这个仪式的人相对较少，是不错的选择，不过遇上周日或周一，你得等到10点方能进入。

光之山钻石（Koh-i-Noor Diamond）

发现于14世纪的光之山钻石带有神秘色彩，围绕它有不少传说，印度和阿富汗政府都曾宣称钻石属于他们。据说它能赋予主人巨大的力量，不过男性主人注定会死得很惨。

A
B
C
D
1
2
3
4
5
Rosebery Ave
Farringdon Rd
Clerkenwell Rd
Goswell Rd
Golden La
Turnmill St
St John St
Beech St
Barbican
11
14
Cowcross St
Farringdon
21
Smithfield Market
Long La
Aldersgate St
Gray's Inn Rd
Leather La
Hatton Garden
Kirby St
Greville St
Charterhouse St
West Smithfield
Little Britain
22
Chancery La
HOLBORN
霍尔本
Holborn
Farringdon St
Hosier La
Giltspur St
1
London Wall
Museum of London
伦敦博物馆
29
St Andrew St
Snow Hill
St Bartholomew's Hospital
Fetter La
Holborn Viaduct
Angel St
Gresham St
Wood St
New Fetter La
Newgate St
Foster La
18
Chancery La
St Bride St
Limeburner La
Old Bailey St
St Paul's
Cheapside
27
Shoe La
St Paul's Cathedral
Fleet St
Ludgate Hill
圣保罗大教堂
24
Bread St
City Thameslink
St Paul's Churchyard
Fleet St
Bouverie St
Whitefriars St
Salisbury Ct
New Bridge St
Carter La
Cannon St
Tudor St
Queen Victoria St
Temple Ave
Puddle Dock
Blackfriars
Upper Thames St
Temple
Victoria Embankment
White Lion Hill
维多利亚堤岸
Millennium Bridge
千禧桥
Blackfriars Bridge
黑衣修士桥
Southwark Bridge
萨瑟克桥
Bankside
Park St
0 500 m
0 0.25 miles
详细介绍请见
顶级景点 108页
景点 118页
就餐 120页
饮品 122页
娱乐 125页
购物 125页

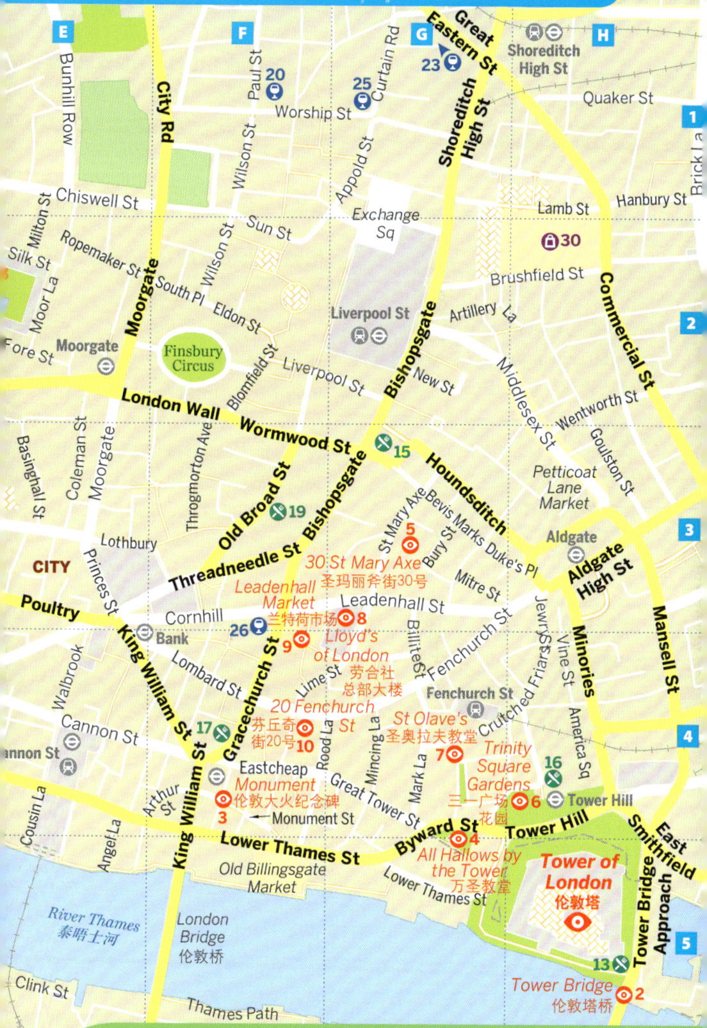
E
F
G
H
1
2
3
4
5
Bunhill Row
City Rd
Paul St
20
25
Curtain Rd
Worship St
Great Eastern St
23
Shoreditch High St
Quaker St
Shoreditch High St
Wilson St
Appold St
Chiswell St
Milton St
Exchange Sq
Lamb St
Hanbury St
Brick La
Sun St
Ropemaker St
Silk St
Wilson St
30
Moor La
South Pl
Eldon St
Brushfield St
Moorgate
Liverpool St
Artillery La
Commercial St
Fore St
Moorgate
Finsbury Circus
Blomfield St
Liverpool St
Bishopsgate
New St
Middlesex St
London Wall
Wentworth St
Wormwood St
15
Goulston St
Coleman St
Basinghall St
Moorgate
Throgmorton Ave
Old Broad St
19
Bishopsgate
Houndsditch
Petticoat Lane Market
St Mary Axe
Bevis Marks
Lothbury
5
Bury St
Duke's Pl
Aldgate
CITY
Threadneedle St
30 St Mary Axe
圣玛丽斧街30号
Aldgate High St
Princes St
Leadenhall Market
Mitre St
Mansell St
Poultry
Leadenhall St
Cornhill
兰特荷市场
8
26
Bank
9
Lloyd's of London
劳合社总部大楼
Billiter St
Fenchurch St
Jewry St
Vine St
Minories
King William St
Lombard St
Gracechurch St
Lime St
Walbrook
Fenchurch St
Crutched Friars
America Sq
20 Fenchurch St
芬丘奇街20号
10
St Olave's
圣奥拉夫教堂
Cannon St
17
Rood La
Mincing La
Mark La
7
Trinity Square Gardens
三一广场花园
16
Cannon St
Eastcheap
Monument
伦敦大火纪念碑
3
Great Tower St
6
Tower Hill
Arthur St
Monument St
Cousin La
Angel La
King William St
Lower Thames St
Byward St
4
Tower Hill
East Smithfield
All Hallows by the Tower
万圣教堂
Tower of London
伦敦塔
Old Billingsgate Market
Lower Thames St
Tower Bridge Approach
River Thames
泰晤士河
London Bridge
伦敦桥
13
Tower Bridge
伦敦塔桥
2
Clink St
Thames Path

景点

伦敦博物馆

（Museum of London） 博物馆

1 见116页地图，D2

这是伦敦最好的博物馆之一，能引领你回顾这座城市不同的发展阶段，从罗马殖民地和盎格鲁-撒克逊时期到21世纪的大都市，共有22个展厅，引人入胜。博物馆内有大量互动展览，更注重体验而不仅仅是学习。（www.museumoflondon.org.uk; 150 London Wall, EC2; 免费参观; 10:00~18:00; Barbican）

伦敦塔桥（Tower Bridge） 桥梁

2 见116页地图，H5

优雅的伦敦塔桥建于1894年，当时伦敦是个繁荣的港口，因此桥面被设计成可以打开，以便船只通过。如今，电动开启装置取代了原先的蒸汽和水力发动机。北部塔楼有电梯直通**伦敦塔桥展览馆**（Tower Bridge Exhibition; 020-7403 3761; www.towerbridge.org.uk; Tower Bridge, SE1; 成人/儿童 £9/3.90，含纪念碑 £10.50/4.70; 4月至9月 10:00~18:00，10月至次年3月 9:30~17:30; Tower Hill）

伦敦大火纪念碑（Monument） 塔

3 见116页地图，F4

克里斯托弗·雷恩爵士于1677年设计建造的这根巨型纪念柱是为了纪念1666年发生的伦敦大火，也被简称为“纪念碑”。这场灾难在伦敦历史上的影响极大。巨大的多利斯式圆柱是用波特兰石制成的，宽4.5米，高60.6米——正是其与Pudding Lane面包房的确切距离，据说大火就是从那里烧起来的。（www.themonument.info; Fish Street Hill, EC3; 成

了解当地

伦敦大火

由于几乎所有建筑都是用木头建造的，数百年来伦敦一直存在火灾隐患，但直到1666年9月2日，熊熊大火才蔓延开来，起火点是旧城布丁巷（Pudding Lane）的一家面包房。

起初火势并不大——市长压根没放在心上，以为很容易就能灭火，所以他安心上床继续睡觉——但罕见的9月高温加上起风，加速了火势的蔓延。失控的大火持续燃烧了数日，将伦敦大约80%的城区夷为平地。虽然只有8人身亡（至少官方数据是如此），但伦敦大多数中世纪、都铎风格以及詹姆斯一世时期的建筑都化为了灰烬。大火最终被熄灭（止于伦敦边缘的Fetter巷），但所到之处皆是焦土一片。这场灾难所造成的破坏可谓空前——89座教堂和超过13,000间房屋被烧毁，数以万计的人无家可归。很多伦敦人选择去乡村或前往新世界另谋生路。

人/儿童£4/2，含伦敦塔桥展览馆£10.50/4.70；⏲4月至9月 9:00~18:00，10月至次年3月 至17:30；⊖Monument）

万圣教堂

（All Hallows by the Tower） 教堂

4 ◎ 见116页地图，G5

万圣教堂的历史可以追溯到公元675年，在伦敦大火中得以幸存，只是在1940年被德军炸弹击中过。一定要来参观教堂本身，最棒的部分在氛围浓郁的教堂地下室，你会发现2世纪的罗马瓷砖铺成的路面以及7世纪撒克逊教堂遗留下来的墙面。（☎020-7481 2928；www.ahbtt.org.uk；Byward St，EC3；⏲周一、周二、周四和周五 8:00~17:00，周三 至19:00，周六和周日 10:00~17:00；⊖Tower Hill）

圣玛丽斧街30号

（30 St Mary Axe） 知名建筑

5 ◎ 见116页地图，G3

圣玛丽斧街30号因其古怪的形状被戏称为"腌黄瓜（the Gherkin）"，是伦敦最具特色的摩天大楼，尽管比邻近的国民西敏大厦（NatWest Tower）略矮，却是伦敦天际线中最为醒目的建筑。"腌黄瓜"由杰出设计师诺曼·福斯特设计，建于2003年，其未来派的外观成为现代伦敦的象征，同大本钟和伦敦眼一样具有极高的辨识度。（www.30stmaryaxe.info；30 St Mary Axe，EC3；⊖Aldgate）

三一广场花园

（Trinity Square Gardens） 花园

6 ◎ 见116页地图，H4

三一广场花园位于塔山（Tower Hill）地铁站西面，曾经是**塔山断头台**（Tower Hill scaffold）所在地，经考证有125人在此丢了性命，最后一次行刑是在1747年。如今这里是个安宁之所，周围环绕着很多重要建筑以及罗马时期殖民地所遗留下来的城墙。（⊖Tower Hill）

圣奥拉弗教堂（St Olave's）

教堂

7 ◎ 见116页地图，G4

圣奥拉弗教堂隐匿于僻静的Seething巷尽头，建于15世纪中叶，是少数从伦敦大火中幸存下来的教堂之一。1941年教堂遭到轰炸，后于20世纪50年代修复。日记作家塞缪尔·佩皮斯（Samuel Pepys）是这一教区的居民，死后葬于此——可以留意南墙的匾牌。因为东门上方有头骨，狄更斯称这里为"阴冷恐怖之所（St Ghastly Grim）"。（☎020-7488 4318；www.sanctuaryinthecity.net；8 Hart St，EC3；⏲周一至周五 9:00~17:00；⊖Tower Hill）

劳合社总部大楼

（Lloyd's of London） 知名建筑

8 ◎ 见116页地图，G3

从航天员生命到玛丽亚·凯莉（Mariah Carey）的美腿和汤姆·琼斯（Tom Jones）的胸毛，世界上最好的保险经纪人在这幢大楼内为任何东西上保险。而

当地生活

双城记

虽然有35万人在金融城内工作，但事实上，只有8000人住在这里。要真正感受这里近乎狂热的勤奋和喧嚣，最好选择工作日来，你会发现一切都开着。到了夜晚，这里就会迅速变得冷静空旷，工作的人们都回郊区了。周末的金融城则散发出别样的魅力，很多街道都空无一人，餐馆商店都闭门谢客。不过新的景点，例如One New Change（见125页）的购物中心以及标志性摩天大楼顶层的酒吧和餐馆，正在改变这一景象。

大楼外的人们会驻足凝视这一建于1986年的后现代主义建筑的不锈钢外部管道和阶梯。它由巴黎蓬皮杜中心的设计建筑师理查德·罗杰斯（Richard Rogers）设计。（www.lloyds.com/lloyds/about-us/the-lloyds-building; 1 Lime St, EC3; ⊖Aldgate, Monument）

兰特荷市场（Leadenhall Market） 市场

9 见116页地图，F4

置身这一紧邻Gracechurch St的带顶棚购物中心，会让你感觉仿佛时光倒流。从罗马时代开始这里就是个市场，但保存下来的只有鹅卵石以及19世纪后期维多利亚风格的铁制品。兰特荷市场就如同《哈利·波特与魔法石》（*Harry Potter and the Philosopher's Stone*）中的对角巷。这里有一家眼镜店曾出现在《哈利·波特与火焰杯》（*Harry Potter and the Goblet of Fire*）中，是巫师聚集的破釜酒吧的入口。（www.leadenhallmarket.co.uk; Whittington Ave, EC3; ⏲周一至周五10:00~18:00; ⊖Bank, Monument）

芬丘奇街20号

（20 Fenchurch St） 知名建筑

10 见116页地图，F4

这是伦敦第五高的建筑，但在2014年春天落成开放时，并没有获得认同。其特立独行的形状被称为"对讲机"，引起很多伦敦人的不满。并且大楼窗户反射的刺眼光线对停在下面的不少汽车的车身造成了破坏。不过自从顶楼3层的**Sky Garden**开业之后，其啤酒屋、餐馆、环境葱郁的Sky Pod（见122页）咖啡馆兼酒吧，以及360度全景，使得人们原谅了这一建筑所有的不足。你可以免费入内参观，不过除非已经预订了餐馆座位，否则你只能提前很长时间预订。（Walkie Talkie; ☎0333-772 0020; www.skygarden.london; 20 Fenchurch St, EC3; ⊖Monument）

就餐

Polpo 意大利菜 £

11 见116页地图，C2

这一甜美小巧的餐馆位于半步行街Cowcross St，在这里能享受明媚的阳光。餐馆供应质朴的威尼斯风味肉丸、比萨、烤肉和鱼类菜肴。菜的分量比普通的小吃多一点，但少于常规主菜——因此成为享用一顿轻食，或与朋友一同品尝的完美选择。（☎020-7250 0034；www.polpo.co.uk；3 Cowcross St，EC1M；菜肴£6~10；⏲周一至周六 正午至23:00，周日至16:00；⊖Farringdon）

Café Below
咖啡馆 £

12 见116页地图，D3

这家氛围极棒的咖啡馆兼餐馆位于伦敦最著名教堂之一的地下室，供应性价比极高的美味佳肴，例如煎海鲷配chermoula酱（北非辣酱）、帕尔马干酪茄子。除了肉类菜肴外，这里还有很多素食选择。夏季，阴凉的庭院也会摆上餐桌。（☎020-7329 0789；www.cafebelow.co.uk；St Mary-le-Bow，Cheapside，EC2；主菜 £8.75~11.25，3道菜套餐晚餐 £20；⏲周一和周二 7:30~14:30，周三至周五 至21:15；🌶；⊖Mansion House，St Paul's）

Perkin Reveller
法式啤酒馆 ££

13 见116页地图，H5

这一极简主义风格的餐饮新去处位于泰晤士河畔，伦敦塔东南面，就在伦敦塔桥脚下，堪称一流——事实上餐馆的酒吧就在伦敦塔桥下呈拱形展开。食物——大多数为经典的英式菜肴（莫克姆湾罐装虾、炸鱼和薯条、高端馅饼）——与绝佳的地理位置很相配。（☎020-3166 6949；www.perkinreveller.co.uk；The Wharf，Tower of London，EC3；主菜 £15.50~25.50；⏲周一至周六 10:00~21:00，周日 至17:00；⊖Tower Hill）

St John
英国菜 ££

14 见116页地图，C2

粉刷过的砖墙，高高的天花板，简洁的木家具，这样的环境能让食客更专注享用St John著名的"从头吃到尾"菜肴。分量很大，展示了英国过往的烹饪精华。别错过招牌菜烤骨髓和欧芹沙拉。（☎020-7251 0848；www.stjohnrestaurant.com；26 St John St，EC1M；主菜 £17~20；⏲周一至周五正午至15:00和18:00~23:00，周六 18:00~23:00，周日 13:00~15:00；⊖Farringdon）

Duck & Waffle
法式啤酒馆 ££

15 见116页地图，G3

若你喜欢24小时不间断享用美食，来这里不会错。Duck & Waffle位于苍鹭大厦（Heron Tower）顶层，从利物浦街车站（Liverpool St Station）出来可到达，

独家贴士

金融城就餐

周末金融城内几乎没有地方营业，有时候，工作日晚上也会出现这样的情景。如果找不到填饱肚子的地方，可以去One New Change（见125页），那里的餐饮机构一周营业7天。预算有限的游客或许会被部分餐馆的昂贵价格所吓到——也可以选择勒顿豪集市（见120页）的可爱摊档，花更少的钱同样能吃到美食。

白天供应欧洲和英国菜（贝类、烤鸡、如绿鳕肉丸这样与众不同的海鲜菜式），有大、小份之分，晚上则有华夫饼，鸡尾酒全天供应。（☎020-3640 7310；www.duckandwaffle.com；40th fl, Heron Tower, 110 Bishopsgate, EC2；主菜 £10~19；⏲24小时；⊖Liverpool St）

Wine Library

新派欧洲菜 ££

16 见116页地图，H4

这一带拱顶的地下餐馆位于伦敦塔对面，是享用一顿简单且搭配美酒的午餐的好地方。酒水种类丰富，你可以以零售价买一瓶葡萄酒（不加价，开瓶费£8），搭配一盘可口的馅饼、奶酪和沙拉。午餐建议预订。（☎020-7481 0415；www.winelibrary.co.uk；43 Trinity Sq, EC3；套餐£18；⏲周一 11:30~15:00，周二至周五 至20:00；⊖Tower Hill）

Folly

各国风味 ££

17 见116页地图，F4

爱死这家"秘密花园"似的咖啡馆、餐馆兼酒吧了，共有两层，摆满了绿色植物（有真的，也有人造的），设有野餐风格的座位。名字起得很巧妙，Folly提供内容完整的菜单，主推汉堡和牛排，而甜点也很容易让人欲罢不能。还有选择丰富的葡萄酒和香槟，很赞。（☎0845 468 0102；www.thefollybar.com；41 Gracechurch St, EC3；主菜 £9~25；⏲周一至周五 7:30至深夜，周六和周日 10:00至深夜；⊖Monument）

White Swan

美食酒吧 ££

18 见116页地图，A3

从街上看，White Swan就是一家普通的金融城酒吧，但事实上它很有特色——时髦的地下酒吧供应各种美味的酒吧食物，而你会在动物图片和狩猎战利品的注视下享用，这其中包括一只天鹅，楼上的餐厅供应以肉类为主的经典英国菜（2/3道菜套餐£29/34）。（☎020-7242 9696；www.thewhiteswanlondon.com；108 New Fetter Lane, EC4；主菜 £14~24；⏲周一至周五 正午至15:00和18:00~22:00；⊖Chancery Lane）

City Social

新派英国菜 £££

19 见116页地图，F3

若你想给某人（甚至是自己）留下深刻印象，那就带他、她以及/或者你自己来到这家位于42塔（Tower 42）第24层、令人愉悦的餐馆吧。你可以欣赏到金融城美景（即便是卫生间也能看风景），还有艺术风格的装潢。主厨餐桌（chef's table）可容纳10人以及出自杰森·阿瑟顿（Jason Atherton）之手的米其林星级菜肴。（☎020-7877 7703；http://citysociallondon.com；Tower 42, 25 Old Broad Dt, EC2；主菜 £18~38；⏲周一至周六正午至15:00和18:00~23:30；⊖Liverpool St）

饮品

Sky Pod

酒吧、咖啡馆

金融城最棒的地方之一当属"对讲机"（10 见116页地图，F4）第35层Sky

Sky Pod

Garden的Sky Pod。从这里欣赏到的景色可谓现象级的，尤其是在露天的南露台——花园绿意盎然，是唯一不会被这幢独特建筑挡住的地方。（☎0333-772 0020; http://skygarden.london/sky-pod-bar; 20 Fenchurch St, EC3; ⏰周一至周五 7:00至次日2:00，周六 8:00至次日2:00，周日 9:00~21:00; ⊖Monument）

Worship St Whistling Shop

鸡尾酒吧

20 见116页地图，F1

酒吧的名字是一句维多利亚时期的俚语，指的是出售违禁酒的地方。这一地下酒吧的大师级调酒师不断探索鸡尾酒化学和芳香科学的极限。很多原料都是设在酒吧内的实验室里的旋转式汽化器制作出来的。（☎020-7247 0015; www.whistlingshop.com; 63 Worship St, EC2A; ⏰周一至周四 17:00至午夜，周五和周六 至次日2:00; ⊖Old St）

Fabric

夜店

21 见116页地图，C2

Fabric是伦敦第二著名的夜店（仅次于Ministry of Sound），位于史密斯菲尔德肉市对面一幢巨大的经过改建的冷库内，共有3层。周五的Fabric Live伴随着鼓声、贝斯声和dubstep乐，而周六的Fabric at Fabric以及周日的Wet Your Self则主打House、高科技舞曲和电子乐。(www.fabriclondon.com; 77a Charterhouse St, EC1M; 门票 £14~26; 周五至周日 23:00起; Farringdon)

Ye Olde Mitre

小酒馆

22 见116页地图, B2

这家令人愉悦的舒适小酒馆历史悠久，建于1546年。酒馆隐藏于紧邻哈顿花园(Hatton Garden)的一条小巷内(留意左手边的标志：一道低拱上的Fullers商标)，供应种类繁多的啤酒。这里不播放音乐，因此房间里只回荡着友好的交谈闲聊声。(www.yeoldemitreholborn.co.uk; 1 Ely Ct, EC1N; 周一至周五 11:00~23:00; ; Farringdon)

Book Club

酒吧

23 见116页地图, G1

昔日是维多利亚式仓库，这家创意酒吧活力十足。除了喝酒和热烈的乒乓球和桌球较量外，这里还会举办DJ之夜和各种古怪的活动[人体素描、电臀舞课程、烂电影俱乐部(Crap Film Club)]。(020-7684 8618; www.wearetbc.com; 100 Leonard St, EC2A; 周一至三 8:00至午夜，周四和周五 8:00至次日2:00，周六10:00至次日2:00，周日 10:00至午夜; ; Old St)

Madison

鸡尾酒吧

24 见116页地图, D3

Madison居于One New Change顶层，可以从正面欣赏圣保罗大教堂，拥有你所见过的最大的公共户外屋顶露台之一。一侧是餐馆兼酒吧，另一侧则是我们更心仪的鸡尾酒吧。(020-3693 5160; www.madisonlondon.net; Roof Terrace, One New Change, EC4; 周一至周三 8:00至午夜，周四至周六 至次日2:00，周日9:00~21:00; St Paul's)

Queen of Hoxton

酒吧

25 见116页地图, G1

这一工业风酒吧设有游戏室、地下室，还会组织不同主题的音乐之夜。不过最吸引人的还是开阔的屋顶酒吧，鲜花烂漫，如梦如幻的灯光，甚至还有一间圆顶棚屋。这里能眺望伦敦城美景，还有一个很受欢迎的户外电影俱乐部(www.rooftopfilmclub.com)。(www.queenofhoxton.com; 1 Curtain Rd, EC2A; 周一至周三 17:00至午夜，周四至周六 至次日2:00; ; Liverpool St)

Counting House

小酒馆

26 见116页地图, F3

这一备受赞誉的酒馆位于昔日国民西敏寺银行(Nat West Bank)的总部(建于1893年)内，拥有半球形天窗和漂亮的主吧台，让人感觉十分舒服。酒馆有品种繁多、口味正宗的麦芽酒和特色馅饼，深受金融人士的欢迎。(www.the-counting-house.com; 50 Cornhill, EC3; 周一至周五 11:00~23:00; ; Bank, Monument)

Ye Olde Cheshire Cheese 小酒馆

27 见116页地图，B3

入口在紧邻舰队街的一条狭窄小巷内。在其漫长的历史中，包括约翰逊博士、萨克雷和狄更斯在内，当地人都喜欢来此喝酒。尽管（也可能是因为）如此，这里给人感觉有点像博物馆。来这里喝上一杯是很值得的。（020-7353 6170；Wine Office Court, 145 Fleet St, EC4；周一至周五 11:30~23:00，周六正午至23:00；Chancery Lane）

娱乐

巴比肯艺术中心（Barbican） 表演艺术

28 见116页地图，E2

巴比肯艺术中心是杰出的伦敦交响乐团（London Symphony Orchestra）及知名度相对较小的BBC交响乐团的总部所在地，同时也会举办大量其他顶级音乐家的演出活动。舞蹈演可谓一大亮点。（0845 121 6823，售票处 周一至周六10:00~20:00，周日11:00起；www.barbican.org.uk；Silk St, EC2；Barbican）

购物

Silver Vaults 工艺品

29 见116页地图，A3

这里有30家店铺，堪称世界上同一屋檐下规模最大的银器收藏。从成套的餐具到画框和大量珠宝，令人眼花缭乱。（020-7242 3844；http://silvervaultslondon.com；53-63 Chancery Lane, WC2；周一至周五 9:00~17:30，周六 至13:00；Chancery Lane）

老斯皮塔福德市场 市场

30 见116页地图，H2

始于1638年，至今它仍然是伦敦最好的集市之一。周四适合挑选古玩，周五则以独立时尚为主。周日市场规模最大。市场里还有很多食物摊档。（www.oldspitalfieldsmarket.com；Commercial St, E1；10:00~17:00；Shoreditch High St）

当地生活

免费美景

One New Change（www.onenewchange.com；1 New Change, EC4M；周一至周三和周五 10:00~19:00，周四 至20:00，周六 至18:00，周日正午至18:00；St Paul's, Blackfriars）的6层有一处视野极为开阔的观景台，你能近距离领略圣保罗大教堂以及伦敦的风采。留出一两个小时，在Madison（见124页）喝一杯。

当地生活

周日游东区

东区拥有丰富多彩的历史，集多种文化于一体。一拨又一拨移民（法国新教徒、犹太人、孟加拉人）在这一地区留下了属于他们的印迹，加上东区遗留下来的文化遗产和21世纪的嬉皮现象，使得这里充满了令人难以置信的活力。最好选在周日逛东区，各大市场都开业。任何时候来都不会失望。

到达和离开

地面车站有Hoxton和白教堂站（Whitechapel）。

乘坐Central、Circle和Metropolitan线到利物浦街站；Hammersmith & City和District线到白教堂站。

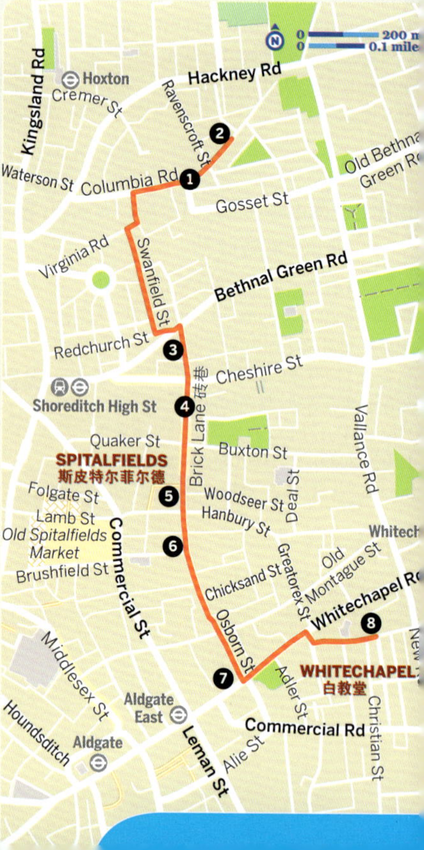

❶ 哥伦比亚路鲜花市场感受花香

每周举办的**集市**(www.columbiaroad.info; Columbia Rd, E2; ⌚周日 8:00~15:00; ⊖Hoxton)出售各种鲜花和植物，品种繁多，令人眼花缭乱。聆听正宗伦敦东区小贩风趣叫卖(“我们的鲜花很便宜，买去插在丈母娘的坟头上吧”)。人很多，早点来。

❷ 咖啡时间

Royal Oak(www.royaloaklondon.com; 73 Columbia Rd, E2; ⌚周一至周五16:00~23:00，周六和周日正午至23:00; ⊖Hoxton)是一家可爱的酒吧，还经营一家咖啡馆。周日上午来杯咖啡吧。

❸ 吃个面包圈

砖巷(Brick Lane)曾经是东区的犹太中心。如今多数犹太社区都搬到其他区域，但这一简朴的**面包房**(159 Brick Lane, E2; 面包圈 £1~4.20; ⌚24小时; ⊖Shoreditch High St)依然坚守，出售相当便宜的自制面包圈，生意十分兴隆。

❹ 砖巷市场(Brick Lane Market)

这条街以连串(普通)的咖喱屋和规模盛大的**周日市场**(www.visitbricklane.org; Brick Lane, E1; ⌚周日 9:00~17:00; ⊖Shoreditch High St)闻名。从二手物品到古玩，廉价时装和食品摊，你能找到一切。

❺ 老杜鲁门啤酒厂

(Old Truman Brewery)

杜鲁门黑鹰啤酒厂建于17世纪，到了19世纪50年代，发展成为世界上最大的啤酒厂。如今这一建筑群是先锋集市的承办地，包括时尚气息浓郁的**周日跳蚤市场**(www.sundayupmarket.co.uk; Old Truman Brewery, 91 Brick Lane, E1; ⌚周日 10:00~17:00; ⊖Shoreditch High St)，是年轻时装设计师展现自己才华的地方。

❻ 砖巷大清真寺

没有建筑比这座**清真寺**(Brick Lane Great Mosque, Brick Lane Jamme Masjid; www.bricklanejammemasjid.co.uk; 59 Brick Lane, E1; ⊖Shoreditch High St, Liverpool St)更能代表涌入斯皮塔福德的不同移民热潮了。最初是胡格诺派的法国教堂，接着是卫理公会教派的礼拜堂和犹太难民祈祷的犹太教堂，最后，从1976年开始，这里变成了清真寺。

❼ 白教堂美术馆欣赏艺术

这一具有开拓性的**美术馆**(☎020-7522 7888; www.whitechapelgallery.org; 77-82 Whitechapel High St, E1; 免费参观; ⌚周二、周三和周五至周日 11:00~18:00，周四至21:00; ⊖Aldgate East)致力于举办当代艺术展，以展出成名及新生代艺术家的作品闻名，包括毕加索和弗里达·卡罗。

泰特现代美术馆和南岸

南岸已经从无人问津的荒地变成了伦敦必看的地区之一。景点沿泰晤士河畔一字排开，从伦敦眼开始，接着是文化区南岸中心，然后是一流的泰特现代美术馆、千禧桥、莎士比亚环球剧院、河畔酒吧、一座大教堂以及伦敦最受热捧的食品市场之一。

一日游行程

提前预订**伦敦眼**（左图；见137页）的门票，这样更便捷。乘坐伦敦眼环绕一周，慢悠悠地在空中度过一段惬意时光，俯瞰伦敦全景（天气晴好时）。乘坐公共汽车前往**帝国战争博物馆**（Imperial War Museum；见136页），那里完好保存了堑壕战、大屠杀以及闪电战期间伦敦的相关资料。

在**Anchor & Hope**（见140页）享用午餐，接着前往**泰特现代美术馆**（见130页）。如果你喜欢现代艺术，可能就会不知不觉地在那里度过一整个下午。站在优雅的**千禧桥**（见136页）上，用相机记录下远处的圣保罗大教堂。**莎士比亚环球剧院**（见136页）是河畔地标建筑之一，不妨考虑参加这里的团队游。

在博罗市场的**Wine Pantry**（见142页）品尝英国葡萄酒（分起泡酒和非起泡酒），也可以去**Oblix**（见142页）一边品鸡尾酒，一边欣赏现场音乐演出和无与伦比的好景致，然后去**Arabica Bar & Kitchen**（见140页）大快朵颐精致的小食。戏剧爱好者应该提前预订**国家剧院**（见143页）或**Old Vic**（见145页）的演出门票。

顶级景点

泰特现代美术馆（见130页）

伦敦最佳

观景点

伦敦眼（见137页）

碎片大厦（见138页）

Oblix（见142页）

Skylon（见140页）

就餐

Arabica Bar & Kitchen（见140页）

Union Street Cafe（见141页）

娱乐

莎士比亚环球剧院（见144页）

国家剧院（见143页）

南岸中心（见144页）

到达和离开

地铁 Jubilee线可以到达滑铁卢、萨瑟克（Southwark）和伦敦桥。Northern线[以及国家铁路（National Rail）]也可以到达伦敦桥和滑铁卢。

公共汽车 河畔RV1路沿南岸和河岸区（Bankside）行驶，连接所有主要景点。

顶级景点

泰特现代美术馆（Tate Modern）

泰特开馆已经15年有余，公众对这一大获成功的现代美术馆的热情始终不减。事实上，艺术拥趸对泰特现代美术馆是如此地喜爱，以至于从2000年开放以来，已经有超过6000万参观者涌入这一昔日的发电厂。为了应对超乎寻常的客流量，泰特正在进行扩建，增加了新的地下展厅（曾经的储油罐内）和地上展馆（后面建造的11层大楼）。扩建后的展览空间已经于2016年揭幕。

见134页地图，D2

www.tate.org.uk

Queen' s Walk，SE1

周日至周四 10:00～18:00，周五和周六 至22:00

免费参观

Blackfriars，Southwark，London Bridge

不要错过

建筑

长达200米的泰特现代美术馆是一处壮观的景点。这一空置的河岸区发电厂（Bankside Power Station）于2000年被改建成美术馆——共用了420万块砖——堪称一件杰出的设计品。改建工程中有3处堪称神来之笔：保留发电厂中央99米高的烟囱；在屋顶上增建了两层的玻璃空间；原本幽深的涡轮大厅（Turbine Hall）变成了巧妙的入口。

涡轮大厅

当你顺着紧邻Holland St（主入口）的坡道往下走时，率先映入眼帘的是如洞穴般、面积达3300平方米的涡轮大厅。这里最初摆放着发电厂硕大无比的发电机。如今涡轮大厅变成令人惊叹的空间，展出过一些美术馆名声最响的临时展品，例如卡斯特·奥莱（Carsten Höller）那如同游乐场一般的滑梯《试验场地》（*Test Site*），多莉斯·沙尔塞朵（Doris Salcedo）巨大的谜一般的裂缝《切口》（*Shibboleth*）。

永久性收藏

2层、3层和4层

泰特现代美术馆的永久性收藏根据主题和年代分类陈列。超过6万件作品是不间断轮流展出的，如果你是专门为某件作品而来的，可能会失望而归，但对于美术馆常客而言，这样的安排是很令人兴奋的。馆长会举办关于乔治·布拉克（Georges Braque）、彼埃·蒙德里安（Piet Mondrian）、安迪·沃霍尔、马克·罗斯科（Mark Rothko）以及其他很多艺术家的讲座。你也可以登录内容详尽的网站查询某件作品是否展出以及具体的陈列位置（也可以询问工作人员）。

☑ 独家贴士

- 免费导览游的出发时间为每天上午11点、正午、下午2点和3点。
- 语音导览（5种语言）价格为£4——包括全馆50件艺术作品的解说，并为成人或儿童提供推荐游览线路。
- 每周五和周六，泰特现代美术馆闭馆时间会延后（直到晚上10点）。
- 乘船可以前往泰特不列颠美术馆（见61页）。
- 使用美术馆的免费无线网络，下载有趣的官方手机应用程序。

吃喝落脚点

想品尝可口且性价比高的意大利美食，就去Union Street Cafe（见141页）吃午餐。晚餐要贵些。

周五和周六可以前往附近的博罗市场（见136页），在众多美食摊档中选择一家，享用一顿户外午餐。

亮点

你可能在书籍和明信片中看到过所有这些艺术杰作，但亲眼看到它们会有截然不同的感受。留意马蒂斯（Matisse）标志性的拼贴画《蜗牛》（*The Snail*），毕加索与众不同的《哭泣的女人》（*Weeping Woman*），罗伊·利希滕斯坦（Roy Lichtenstein）的卡通画*Whaam!*，还有萨尔瓦多·达利的超现实主义作品《龙虾电话》（*Lobster Telephone*）。

诗歌与梦；轨迹的创造

（Poetry & Dream; Making Traces）

2层

“诗歌与梦”展厅让参观者沉浸在伊夫·唐吉（Yves Tanguy）、马克斯·恩斯特（Max Ernst）、萨尔瓦多·达利及其他艺术家营造的超现实主义、如梦如幻的思维空间中。该展厅旨在向参观者展示当代艺术是如何从过去汲取灵感，反过来又打开新视角的。

在“轨迹的创造”展厅中，参观者会通过动态展示——描绘了创作的过程——了解艺术家。该展览围绕马克·罗斯科的《西格兰姆》（*Seagram*）壁画展开。

抽象和艺术的进化

（Evolution of Abstraction & Art）

4层

这一层聚焦从20世纪初期开始的抽象艺术进化，包括立体派、几何抽象主义和极简主义。“**结构和清晰**（Structure &

了解当地

泰特艺术

2001年，瑞士建筑师赫尔佐格和德梅隆（Herzog & De Meuron）凭借对空置河岸区发电厂（建于1947年至1963年，1981年由于石油价格不菲被关闭）的改造赢得了极具声望的普利兹克建筑奖（Pritzker Prize）。这一将发电厂改造成如今标志性美术馆的工程将空间与建筑的创意使用展现得淋漓尽致。

如今，对美术馆的改造还在继续，在现有建筑的后面新近增加了一座标新立异的11层几何建筑。这一扩展建筑仍然是由赫尔佐格和德梅隆设计，同样用砖砌成，但被巧妙地设计成格子框架结构，到了夜晚，内部灯光就能透出来。已经于2016年揭幕。

2012年7月，泰特现代美术馆临时开放了两个曾经用来储存作为发电厂能源的石油的大型储油罐。等到扩建工程完工后，这些储油罐会重新开放，届时将是永久性的，它们将成为具有开拓性的艺术空间（圆形、保留原貌、工业风格），致力于为艺术迷带来现场艺术、表演和电影设施。

扩建工程能赋予泰特现代美术馆机会展示更多其令人难忘的藏品。美术馆也希望为现场艺术表演和大型创作提供更多空间。

泰特现代美术馆扩建工程

Clarity)”展出了马蒂斯、布拉克和毕加索(《坐着的裸体女人》, *Seated Nude*)等早期革新者的作品。“**能量和过程**(Energy & Process)”则以自20世纪60年代兴起的具有革命性的意大利艺术运动贫穷艺术(Arte Povera)为主。

特别展览

3层

特别展览(收取入场费,通常£12至£16)是泰特现代美术馆最具吸引力的展览之一,包括爱德华·霍普(Edward Hopper)、弗里达·卡罗、罗伊·利希滕斯坦、奥古斯特·斯特林堡(August Strindberg)、纳粹主义(Nazism)、“堕落”艺术和胡安·米罗(Joan Miró)的回顾展。2016年的亮点包括乔治娅·奥·吉弗(Georgia O' Keeffe)和罗伯特·劳森伯格(Robert Rauschenberg)。

景色

泰特现代美术馆就位于泰晤士河畔,位置绝佳,能眺望北岸的圣保罗大教堂,景美如画。这里已经成为伦敦的地标建筑,因此最好留出时间,从Espresso Bar的阳台(3层)去领略风采,或者去6层的全景吧台边品尝鸡尾酒边欣赏靓景。

A
B
C
D
1
2
3
4
5
Strand
Aldwych
Strand
Temple
Victoria Embankment
维多利亚堤岸
Blackfriars
Puddle Dock
Blackfriars Bridge
黑衣修士桥
River Thames
泰晤士河
Waterloo Bridge
滑铁卢桥
Festival Pier
节日码头
Hungerford Bridge
亨格福德桥
London Eye Millennium Pier
伦敦眼千禧码头
Jubilee Gardens
London Eye
伦敦眼
London Dungeon
伦敦地牢
Westminster Bridge
威斯敏斯特桥
Waterloo Rd
Upper Ground
Stamford St
Hatfields St
Southwark St
Holland
Coin St
Belvedere Rd
SOUTHWARK
萨瑟克
Meymott St
Waterloo East
Joan St
Exton St
Wootton St
Southwark
Great Suffolk
Union
Great Suffolk
SOUTH BANK
南岸
Waterloo
York Rd
Cornwall Rd
The Cut
Ufford St
Blackfriars Rd
Surrey Row
Leake St
Lower Marsh
BOROUGH
巴罗
Webber
Lancaster St
Westminster Bridge Rd
Carlisle La
Baylis Rd
Pearman St
Lambeth North
Borough
St George's Rd
Kennington Rd
Lambeth Rd
Imperial War Museum
帝国战争博物馆
Garden Row
London Rd
LAMBETH
朗伯斯
West Square Gardens
Brook Dr
Elep & C
Mo
泰特现代
4
5
7
12
14
15
16
22
25
26
27
28
29
30
32
详细介绍请见
顶级景点 130页
景点 136页
就餐 139页
饮品 141页
娱乐 143页
购物 145页

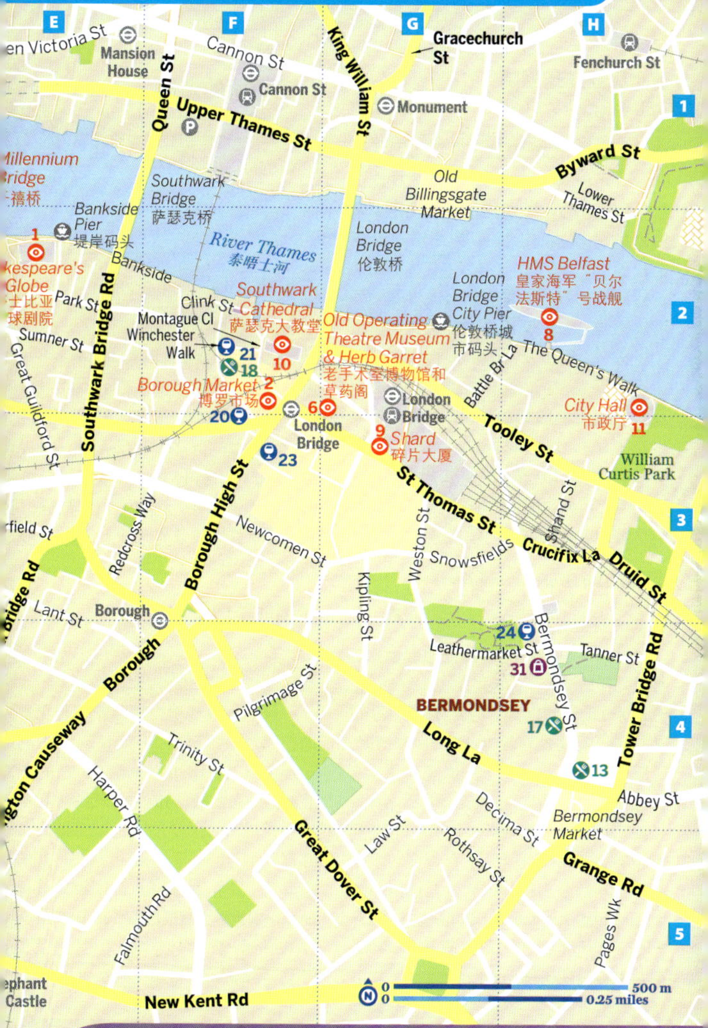
E
F
G
H
1
2
3
4
5
Victoria St
Mansion House
Cannon St
Cannon St
Queen St
Upper Thames St
King William St
Gracechurch St
Monument
Fenchurch St
Byward St
Millennium Bridge
Southwark Bridge
萨瑟克桥
Bankside Pier
堤岸码头
Bankside
River Thames
泰晤士河
Old Billingsgate Market
Lower Thames St
London Bridge
伦敦桥
London Bridge City Pier
伦敦桥城市码头
HMS Belfast
皇家海军"贝尔法斯特"号战舰
8
1
Shakespeare's Globe
Park St
Clink St
Southwark Cathedral
萨瑟克大教堂
10
Montague Cl
Winchester Walk
21
18
Old Operating Theatre Museum & Herb Garret
老手术室博物馆和草药阁
Sumner St
Southwark Bridge Rd
Great Guildford St
Borough Market
博罗市场
2
20
6
London Bridge
London Bridge
Battle Br La
The Queen's Walk
City Hall
市政厅
11
9
Shard
碎片大厦
23
Tooley St
St Thomas St
William Curtis Park
Borough High St
Newcomen St
Redcross Way
Weston St
Snowsfields
Shand St
Crucifix La
Druid St
Kipling St
Lant St
Borough
Borough
24
Bermondsey St
Leathermarket St
31
Tanner St
Tower Bridge Rd
BERMONDSEY
Pilgrimage St
17
Long La
13
Trinity St
Harper Rd
Abbey St
Bermondsey Market
Decima St
Rothsay St
Law St
Great Dover St
Grange Rd
Falmouth Rd
Pages Wk
Elephant Castle
New Kent Rd
0
500 m
0
0.25 miles

景点

莎士比亚环球剧院（Shakespeare's Globe） 历史建筑

1 见134页地图，E2

不同于其他上演莎士比亚戏剧的场馆，新建的环球剧院尽可能还原了最初剧院的样貌，这意味着让场馆暴露在伦敦变幻莫测的天空下，任由700名"持站票的观众"被伦敦众人皆知的瓢泼大雨浇透。参观环球剧院包含团队游（每隔半小时出发，通常是在上午），还能进入展览空间，设有关于莎士比亚以及17世纪剧院的相关展览，引人入胜。（www.shakespearesglobe.com；21 New Globe Walk，SE1；成人/儿童 £13.50/8；9:00～17:30；；Blackfriars，Southwark或London Bridge）

博罗市场（Borough Market） 市场

2 见134页地图，F2

这一"伦敦食橱"自13世纪起就以这样或那样的形式存在于此，过去15年时间，它迎来了令人难以置信的复苏。市场里总是挤满了美食爱好者、资深美食家、睁大了眼睛的游客以及为下一次晚宴派对寻找灵感的伦敦当地人，以至于早已名声在外的市场本身就成为了一个景点。博罗市场主打高端新鲜食材，也有很多外卖食品摊档和数量多得惊人的蛋糕铺！（www.boroughmarket.org.uk；8 Southwark St，SE1；周三和周四 10:00～17:00，周五 至18:00，周六 8:00～17:00；London Bridge）

了解当地

千禧桥的烦恼

2000年6月，千禧桥揭幕，但仅仅3天后，就因为产生令人担忧的共振被关闭。经过18个月的整修（代价昂贵）后，问题才得以解决。

千禧桥（Millennium Bridge） 桥梁

3 见134页地图，E1

优雅的千禧桥横跨泰晤士河南北岸，南端就位于泰特现代美术馆正面，北端则连接圣保罗大教堂下方彼得山（Peter's Hill）的台阶。由诺曼·福斯特爵士和安东尼·卡罗（Antony Caro）联手设计的低矮结构相当惊艳，尤其当夜幕降临时，桥上的光学纤维被点亮时最为壮观。（St Paul's，Blackfriars）

帝国战争博物馆（Imperial War Museum） 博物馆

4 见134页地图，C5

这座颇具吸引力的博物馆位于曾经的伯利恒皇家医院（Bethlehem Royal Hospital，是一所精神病院）所在地，正对着两门令人胆战的16英寸口径舰炮。虽然博物馆展出的主要是20世纪英国或英联邦部队参与的军事行动，但从更广阔的视角呈现了战争。馆藏亮点是使用先进技术的**第一次世界大战展厅**（First World War Galleries），于2014年，即战争爆发一百周年开放。（www.iwm.org.uk；Lambeth Rd，SE1；免

费参观; 10:00~18:00; Lambeth North)

伦敦地牢

(London Dungeon) 历史建筑

5 见134页地图, A4

看来大孩子很喜欢伦敦地牢, 每到学校放假和周末时, 这里排起的吓人的长队便是证明。阴森恐怖的音乐, 鬼魅般的乘船游, 令人毛骨悚然的刽子手行刑之旅, 假血, 还有打扮成拷打者和血腥罪犯(包括开膛手杰克和理发师陶德)的演员们。小心互动项目。(www.thedungeons.com/london; County Hall, Westminster Bridge Rd, SE1; 成人/儿童 £25.95/20.95; 10:00~17:00, 周六和周日 至18:00; Waterloo, Westminster)

老手术室博物馆和草药阁

(Old Operating Theatre Museum & Herb Garret) 博物馆

6 见134页地图, G2

沿**圣托马斯教堂**(St Thomas Church, 建于1703年)塔楼内的阶梯盘旋而上的32级阶梯才能进入这座独一无二的博物馆, 尽管它并不一定真的是英国最古老的手术室。阁楼于1956年被重新发现后, 圣托马斯医院(St Thomas's Hospital)的药剂师曾将草药储存于此。博物馆回顾了可怕的19世纪医学——手术中还没用到乙醚、氯仿和抗菌剂。(www.thegarret.org.uk; 9a St Thomas St, SE1; 成人/儿童 £6.50/3.50; 10:30~17:00; London Bridge)

伦敦眼(London Eye)

观景点

7 见134页地图, A3

伦敦眼耸立于这样一座相对平坦的城市之上, 高135米, 天气晴好时, 能360度欣赏方圆25英里的美景。交互式平板提供了关于组成伦敦天际线的地标建筑的详尽信息(6种语言)。伦敦眼的转动优雅而缓慢, 绕一周需30分钟。高峰时期(7月、8月及学校放假期间), 恐怕排队的时间要长于乘坐时间。线上购票可以节省时间, 也更便宜。(0871 781 3000; www.londoneye.com; 成人/儿童 £21.50/15.50; 10:00~20:00; Waterloo)

皇家海军"贝尔法斯特"号战舰(HMS Belfast)

船舶

8 见134页地图, H2

对于各个年龄段喜欢海军的"孩子"而言, 贝尔法斯特号战舰仿佛一块磁石。这艘巨大的轻型巡洋舰——于1938年下水——

> **独家贴士**
>
> ### 漫步南岸
>
> 颇具看点的景点沿着泰晤士河岸由西至东排开, 相隔不远, 因此步行是最好的游览方式。想将南岸的主要景点"一网打尽", 顺着银禧步道(Silver Jubilee Walk)和沿河岸延伸的泰晤士小径(Thames Path)南岸段漫步即可, 途中你可以绕道去购物、吃饭或者喝一杯。

当地生活

Lower Marsh

这片位于滑铁卢车站后面的区域曾经是“丑小鸭”，但重生仙子来了，撒了点魔法粉，将它变成了创意中心。**黎克街涂鸦隧道**(Leake Street Graffiti Tunnel; Leake St; 免费参观; ⊖Waterloo)可以看到正在创作的艺术家，从著名涂鸦艺术家班克西(Banksy)开始(从Lower Marsh St或York St进入)。也可以和他们一起去可爱的**Four Corners Cafe**(www.four-corners-cafe.com; 12 Lower Marsh, SE1; ⏲周一至周五 7:30~18:30，周六 9:00~17:00; 📶; ⊖Waterloo)。

曾在第二次世界大战期间服役，帮助击沉了德军战舰沙恩霍斯特号(Scharnhorst)，在诺曼底登陆日炮轰过诺曼底海岸，后来还参加过朝鲜战争。贝尔法斯特号口径6英寸的火炮能击中14英里远的目标。战舰上设立的展览能让你深入了解舰上的生活，包括和平时期以及参战期间。(www.iwm.org.uk/visits/hms-belfast; Queen's Walk, SE1; 成人/儿童 £14.50/7.25; ⏲3月至10月 10:00~18:00，11月至次年2月 至17:00; ⊖London Bridge)

碎片大厦(Shard) 知名建筑

9 见134页地图，G3

形似碎片的碎片大厦高耸入云，矗立于伦敦天际线，很快就成为了这座城市的标志之一。位于68层、69层和72层的观景平台对公众开放，占据244米高的有利位置，如你所期待的那样，能欣赏到无与伦比的美景。不过所要付出的代价也不菲——至少需要提前一天在网上预订，能节省£5。(www.theviewfromtheshard.com; 32 London Bridge St, SE1; 成人/儿童 £29.95/23.95; ⏲10:00~22:00; ⊖London Bridge)

萨瑟克大教堂
(Southwark Cathedral) 教堂

10 见134页地图，F2

这一规模相对较小的大教堂现存最古老的部分是西南门旁部分年代久远的连拱饰以及一道尖拱，都可以追溯到最初诺曼时期教堂。这座教堂位于东端唱诗班席位的后部，包括4座礼拜堂，曾是13世纪小修道院Priory of St Mary Overie的一部分。不过大教堂绝大部分呈维多利亚风格。内部设有大量纪念碑，包括一座莎士比亚纪念碑。每周二、周四和周五下午5点30分、每周六下午4点以及每周日下午3点会进行晚祷。(☎020 7367 6700; cathedral.southwark.anglican.org; Montague Close, SE1; ⏲周一至周五 8:00~18:00，周六和周日 9:00~18:00; ⊖London Bridge)

市政厅(City Hall) 知名建筑

11 见134页地图，H2

圆球状的市政厅是伦敦市长的办公地，由福斯特建筑事务所设计，于2002年揭幕。建筑高45米，为玻璃幕墙所覆盖，被比作各种物品——洋葱、黑武士达斯·维德的头盔、土鳖，还有"玻璃生殖腺"。天气暖和时，市政厅外的圆形凹地就成为各种免费娱乐活动的举办场所，从音乐到戏剧，应有尽有。市政厅也会定期举办关于伦敦的免费展览。(www.london.gov.uk/city-hall; Queen's Walk, SE1; 周一至周五8:30~17:30; London Bridge)

就餐

Konditor & Cook
面包房 £

12 见134页地图，C3

这一雅致的蛋糕店兼面包房供应美味的蛋糕——薰衣草柑橘，柠檬杏仁，覆盆子蛋白霜，饼干以及热乎乎的橄榄油、坚果和香料烤面包。这里也供应外带热食，如乳蛋饼或意大利烩饭，非常受当地上班族的欢迎（网站会公布当日菜单）。(www.konditorandcook.com; 22 Cornwall Rd, SE1; 蛋糕 £2~3, 热食 £3.25~5.15; 周一至周五 7:30~19:00, 周六 8:30~18:00, 周日 11:00~17:00; ; Waterloo)

Watch House
咖啡馆 £

13 见134页地图，H4

如果说Watch House只有三明治，那对这家一流的咖啡馆可不公平。这里的三明治确实非常美味（用当地一位面包师烤制的欧式面包制成），但也供应味道叹赞的咖啡，还有为甜食爱好者准备的美味。咖啡馆面积虽小，但环境宜人：是由19世纪的看守所改建而成，当年守卫在这里留意隔壁墓地出没的盗墓贼。(www.watchhousecoffee.com; 193 Bermondsey St, SE1; 主菜 £4.95起; 周一至周五7:00~18:00, 周六 8:00~18:00, 周日 9:00~17:00; ; Borough)

Baltic
东欧菜 ££

14 见134页地图，D3

环境明亮通风，餐厅有高高的天花板、玻璃屋顶及木梁，Baltic能让你体验一次盘中之旅：莳萝和甜菜根，饺子和薄煎饼，腌菜和熏菜，原料丰盛的炖菜和炖肉。从波兰到格鲁吉亚风味，口味正宗，摆盘精美。葡萄酒和伏特加品种也很多。(020-7928 1111; www.balticrestaurant.co.uk; 74

当地生活

馅饼和土豆泥

对伦敦人在这座城市变得时尚且多元化之前吃什么感到好奇的人应该找一家传统的馅饼与土豆泥店。M Manze (www.manze.co.uk; 87 Tower Bridge Rd, SE1; 主菜 £2.95~6.65; 周一至周四 11:00~14:00, 周五和周六 10:00~14:30; Borough) 就是代表之一，其历史可以追溯到1902年。老式瓷砖，传统的工人菜单：馅饼与土豆泥（£3.70）或馅饼与烈酒（£2.95）。你可以选择鳗鱼冻或炖鳗鱼（£4.65）。

Blackfriars Rd, SE1; 主菜 £10.50~19; ⌚周二至周日正午至15:00和17:30~23:15, 周一17:30~23:15; ⊖Southwark)

Skylon

新派欧洲菜 ££

15 见134页地图, A2

这家一级棒的餐馆位于皇家节日音乐厅(Royal Festival Hall)内, 大吧台(见141页)将餐馆分成烧烤区和精品餐厅两个部分。装饰呈20世纪50年代先锋派风格: 柔和的色调, 具有时代感的椅子(在当时很时髦, 现在更加时尚), 大落地窗能让你欣赏到泰晤士河和金融城的美丽风景。建议提前预订。(☎020-7654 7800; www.skylon-restaurant.co.uk; 3rd fl, Royal Festival Hall, Southbank Centre, Belvedere Rd, SE1; 烧烤区 2/3道菜套餐 £18/21, 餐厅 2/3道菜套餐 £42/48; ⌚烧烤区周一至周六正午至23:00和周日正午至22:30, 餐厅周一至周六正午至14:30和17:30~22:30和周日正午至16:00; 📶; ⊖Waterloo)

> **独家贴士**
>
> **博罗市场免费试吃**
>
> 贪小便宜者、寻找脸颊美味的人和饥饿难忍的人应该来**博罗市场**(见136页)朝圣: 从可口的小食到异国美味——在各个摊档上可以尝到很多免费试吃品。如果免费试吃还不够尽兴, 可以在众多外带摊档中选择一家, 打包大快朵颐。

Anchor & Hope

美食酒吧 ££

16 见134页地图, C3

Anchor & Hope是萨瑟克美食圈不可或缺的一分子, 这是家典型的美食酒吧: 优雅却不要求正式着装, 菜肴味道绝佳(偏英式口味的欧洲菜)。烹制7小时的盐渍羊肩肉, 野兔配凤尾鱼、杏仁和芝麻菜, 糖渍大黄意式奶冻。(www.anchorandhopepub.co.uk; 36 The Cut, SE1; 主菜 £12~20; ⌚周二至周六正午至14:30, 周一至周六 18:00~22:30, 周日 12:30~15:00; ⊖Southwark)

Zucca

意大利菜 ££

17 见134页地图, H4

清新、极简主义的餐厅为凸窗所环绕, 开放式厨房, 员工几乎都是意大利人, 供应当代意式美味。意大利面都是当日新鲜制作, 菜单很简短, 是有意为之, 以确保食材的新鲜度。(☎020-7378 6809; www.zuccalondon.com; 184 Bermondsey St, SE1; 主菜 £12~19; ⌚周二至周日正午至15:00, 周二至周六 18:00~22:00; ✍; ⊖London Bridge)

Arabica Bar & Kitchen

中东菜 £££

18 见134页地图, F2

如今, 中东菜肴卷土重来, 被奉为经典。但Arabica Bar & Kitchen让人感觉耳目一新: 现代化的明亮装饰, 食物精致, 分量不算多, 注重分享(每人可以吃两到三道小份菜肴)。不足就是这种方式使得最后买单时得花不少钱。(☎020-3011 5151;

Skylon

www.arabicabarandkitchen.com; 3 Rochester Walk, Borough Market, SE1; 菜肴 £4~14; ⏲周一至周三 11:00~23:00, 周四至周六 8:30~23:00; ; ⊖London Bridge)

Union Street Cafe 意大利菜 £££

19 见134页地图, D3

这一食堂风格的小餐馆由英国顶级厨师戈登·拉姆齐(Gordon Ramsay)所开,绝不会轻慢客人。餐厅散发着时尚的工业气息,员工都很可爱。美味菜肴包括经典的意式开胃菜、意大利面、肉类以及很多不寻常的意式菜。尤其值得一提的是这里的周日早午餐:价格£12,孩子免费,可畅饮普罗塞克起泡酒(prosecco)。太棒了!(☎020-7592 7977; www.gordonramsay.com/union-street-cafe; 47-51 Great Suffolk St, SE1; 主菜 £11~25, 1/2道菜午间套餐 £12/19; ⏲周一至周五 12:00~15:00和18:00~23:00, 周六 12:00~16:00和18:00~22:30, 周日 12:00~17:00; ; ⊖Southwark)

饮品

Skylon 酒吧

迷人的20世纪50年代风情装饰,令人叹为观止的美景,来Skylon(15见134页地图, A2)喝一杯或享用一顿美餐,会成为令人难忘的经历。要欣赏泰晤士河景致,你得早点来占据好位置。至于饮品方面,开口点吧:从最棒的应季鸡尾酒到各种混合饮品,以及令人眼花缭乱的威士忌,应有尽有。(www.skylon-restaurant.co.uk; Royal Festival Hall, Southbank Centre, Belvedere Rd, SE1; 周一至周六正午至次日1:00，周日 至22:30; Waterloo)

Wine Pantry

葡萄酒吧

20 见134页地图，F3

Wine Pantry是典型的英式酒吧，并深以为傲，支持英国国内葡萄酒厂商，供应品种繁多的葡萄酒，包括Nyetimber、Bolney和Ridgeview。你可以买一杯葡萄酒(£5~£7)，选择靠博罗市场(见136页)的桌子坐下。可以自带小食或者买一瓶外带。(www.winepantry.co.uk; 1 Stoney St, SE1; 品鉴 £5; 周四至周五 12:00~20:00，周六11:00~19:00; London Bridge)

Oblix

酒吧

Oblix位于碎片大厦(9 见134页地图，G3)32层，能俯瞰迷人的伦敦全景。你可以来这里喝杯咖啡(£3.50)，或者品尝几杯鸡尾酒(£10起)，同时欣赏到与碎片大厦官方观景廊内一样的风景(价格更低，还能喝饮品)。每天晚上7点起，这里还有现场音乐演出。(www.oblixrestaurant.com; Level 32, The Shard, 31 St Thomas St, SE1; 正午至23:00; London Bridge)

Rake

小酒馆

21 见134页地图，F2

任何时候，Rake都能供应130多种来自各国的精酿啤酒。酒馆内设有10个啤酒龙头，精酿啤酒、散装鲜啤酒、贮藏啤酒和苹果酒(按1/3品脱计量)品种定期更换。地方很小，始终很忙碌，外面竹饰平台格外受欢迎。(020-7407 0557; www.utobeer.co.uk; 14 Winchester Walk, SE1; 周一至周六正午至23:00，周日 至22:00; London Bridge)

当地生活

伯蒙西的周六

每到周六，伦敦人喜欢聚集到伯蒙西(Bermondsey)，理由有二。首先是**莫特比街市场**(Maltby Street Market; www.maltby.st; Maltby St, SE1; 周六 9:00~16:00，周日 11:00~16:00; London Bridge)，这个市场规模不大，却十分热闹，在铁路拱桥下有各种食物摊档和富有创意的酒吧。其次是“伯蒙西啤酒一英里(Bermondsey Beer Mile)”，在1英里的范围内，有7家酿制精酿啤酒的小啤酒厂。包括**萨瑟克酿酒公司**(Southwark Brewing Company; www.southwarkbrewing.co.uk; 46 Druid St, SE1; 周六 11:00~17:00; London Bridge)和**Anspach & Hobday**(www.anspachandhobday.com; 118 Druid St, SE1; 周五17:00~21:30，周六 11:00~18:00，周日正午至17:00; London Bridge)在内，多数都在周六对公众开放。

Scootercaffe
咖啡馆、酒吧

22 见134页地图，B4

这一时尚的咖啡馆兼酒吧位于新近繁荣起来的Lower Marsh路上，成名已久，曾经是滑板车维修店，窗口摆有一辆Piatti滑板车。这里供应味道极好的热巧克力、咖啡和颓废派鸡尾酒。和其他店不一样，你可以带外卖食物。后面小巧的露台是晒太阳的好地方。(132 Lower Marsh, SE1; 周一至周五 8:30~23:00，周六 10:00至午夜，周日 10:00~23:00; ; Waterloo)

George Inn
小酒馆

23 见134页地图，F3

这一出众的老酒吧是伦敦仅存的带走廊的旅店，其历史可追溯到1677年（此前一年被大火焚毁，随后重建），狄更斯小说《小杜丽》(*Little Dorrit*)中也有提及。酒吧位于昔日Tabard Inn所在地，在乔叟的《坎特伯雷故事集》(*Canterbury Tales*)中，朝圣者在启程前往肯特郡坎特伯雷之前，都聚集在Tabard Inn（应该是为接下去的行程蓄力做准备吧）。(020-7407 2056; www.nationaltrust.org.uk/george-inn; 77 Borough High St, SE1; 11:00~23:00; London Bridge)

Woolpack
小酒馆

24 见134页地图，H4

这一可爱的自由小酒馆（不属于任何酒厂）吸引了大批客人：英式食物很不错，装饰迷人（楼下是深木嵌板，楼上则贴有华丽的维多利亚风格墙纸），花园很宽敞，会直播足球和英式橄榄球比赛。(www.woolpackbar.com; 98 Bermondsey St, SE1; 周一至周五 11:00~23:00，周六 9:30~23:30，周日 9:30~22:30; London Bridge)

King's Arms
小酒馆

25 见134页地图，C3

这一迷人的街区酒馆位于滑铁卢一条斜坡街道的角落处，环境清幽，客流不多时，是放松的好去处，前身是殡仪馆。宽敞的传统吧台区供应各种浓啤酒和苦味酒。此外，这里还有间温室，装饰有当地人感兴趣的各种旧屋杂货，还供应美味的泰国餐。(020-7207 0784; www.thekingsarmslondon.co.uk; 25 Roupell St, SE1; 周一至周五 11:00~23:00，周六正午至23:00，周日正午至22:30; Waterloo, Southwark)

娱乐

国家剧院 (National Theatre)
剧院

26 见134页地图，B2

英格兰的旗舰剧院分三个剧场[奥利维尔(Olivier)、利泰尔顿(Lyttelton)和多夫曼(Dorfman)]，上演各种古典和当代戏剧，参演的都是顶级演员。他的接替者鲁弗斯·诺里斯(Rufus Norris)于2015年4月上任。(020-7452 3000; www.nationaltheatre.org.uk; South Bank, SE1; Waterloo)

了解当地

“诗意”的莎士比亚时代风格环球剧院

最初的环球剧院——因其呈圆形且中间没有顶棚，被称为“Wooden O（意为木圈）”——建于1599年。1613年，在一出关于亨利八世的戏剧表演中，剧院着火，短短两小时不到的时间里，就被彻底焚毁（舞台上一门炮点着了茅草覆盖的屋顶）。很快，一座用瓷砖铺设的新剧院落成，但在1642年，剧院被清教徒关闭，他们视剧院为恶魔的工坊。两年后，剧院被拆除。

新的环球剧院是由美国电影导演、演员萨姆·沃纳梅克（Sam Wanamaker）设计，本意就是尽可能还原最初剧院的样貌——用600根橡木桩精心搭建而成（整个建筑没有用到一颗钉子或螺丝），特别的都铎风格烧结砖，以及来自诺福克郡（Norfolk）的芦苇草。即便是所使用的水泥，也和莎士比亚时期一样，包含羊毛、石灰和沙子。剧院被暴露在伦敦变幻莫测的天空以及呼啸而过的飞机下，即便是遇上伦敦人尽皆知的瓢泼大雨，仍会有700名“持站票的观众”没有任何遮蔽。

莎士比亚环球剧院

（Shakespeare's Globe） 剧院

如果你爱莎士比亚和戏剧，那么环球剧院（1 见134页地图，E2）会让你流连忘返。这一真正的莎士比亚剧院采用木头建造，呈圆形，中央舞台区域没有屋顶。尽管舞台周围阶梯式排列的木质长椅带有顶棚，但很多人（可容纳700人）会像17世纪的“站票持有者”那样，站在舞台前面欣赏演出。（020-7401 9919；www.shakespearesglobe.com；21 New Globe Walk，SE1；坐票£10~43，站票£5；Blackfriars，London Bridge）

Young Vic 剧院

27 见134页地图，C3

这一与众不同的剧院除了挖掘并展示有才华的新人外，也注重让人们在观看戏剧表演之余获得更多感受。Young Vic的演员、导演和剧本来自世界各地，很多题材聚焦当代政治或文化问题，例如死刑、种族歧视或贪污腐败，通常在表演中融入舞蹈和音乐。（020-7922 2922；www.youngvic.org；66 The Cut，SE1；Southwark，Waterloo）

南岸中心

（Southbank Centre） 演出场所

28 见134页地图，B2

南岸中心的**皇家节日音乐厅**（0844 875 0073；www.southbankcentre.co.uk；Southbank Centre，Belvedere Rd，SE1；门票£6~60；；Waterloo）为圆形剧场，可容纳3000人，是欣赏世界级和古典音乐艺术家演出的最佳场所之一。音效一流，节目安排无可挑剔。大得惊人的门厅还会经常上演免费的演奏会。(☎0844 875 0073; www.southbankcentre.co.uk; Belvedere Rd, SE1; ⊖Waterloo)

Old Vic 剧院

29 ★ 见134页地图，C3

2003年，美国演员凯文·史派西(Kevin Spacey)成为这一伦敦著名剧院的负责人，让其重获新生。2015年4月，史派西卸任。继任者是马修·沃楚斯(Matthew Warchus，执导过音乐剧《玛蒂尔达》和电影《骄傲》)。他致力于推动剧院演出的多元化，为观众带来更多的表演。(☎0844 871 7628; www.oldvictheatre.com; The Cut, SE1; ⊖Waterloo)

购物

Southbank Centre Shop 家居用品

30 见134页地图，A3

想购买古怪的伦敦书籍、从20世纪50年代汲取灵感的家居用品、版画原作和给孩子的创意礼物，就来这里吧。该商店可谓包罗万象，你肯定能找到独特的礼品或能带回家的纪念品。(www.southbankcentre.co.uk; Festival Tce, SE1; ⏲周一至周五 10:00~21:00，周六 至20:00，周日正午至20:00; ⊖Waterloo)

Lovely & British 礼品

31 见134页地图，H4

顾名思义，这家精致的伯蒙西精品店售卖出自英国设计师之手的印刷品、珠宝以及家具，并引以为傲。商品既有复古经典款，亦有潮流时尚款，价格十分合理。(☎020-7378 6570; www.facebook.com/LovelyandBritish; 132a Bermondsey St, SE1; ⏲周一 10:00~15:00，周二 11:30~18:00，周三至周五 10:00~18:00，周六 10:00~17:30，周日 11:00~16:00; ⊖London Bridge)

南岸旧书市场 (South Bank Book Market) 市场

32 见134页地图，A2

南岸旧书市场售卖版画和二手书，每天开业，地点就在滑铁卢桥的桥拱下。从小说到童书、漫画和经典佳作，应有尽有。(Riverside Walk, SE1; ⏲11:00~19:00，冬天营业时间缩短; ⊖Waterloo)。

当地生活

泰晤士河畔的节日

南岸中心(见144页)及周边举办的节日数不胜数。我们最喜爱的有**Wonderground**(以马戏和卡巴莱歌舞表演为主)、**Udderbelly**(喜剧节，有各种形式的表演，包括独角喜剧、音乐、哑剧等)以及**Meltdown**(由最好、风格最多元的音乐人组织的音乐活动——2013年是小野洋子，2008年则是Massive Attack乐队)。最后时刻往往也能买到票。

探 索

肯辛顿博物馆群

肯辛顿拥有三大顶级博物馆，是绝对不容错过的游览胜地。购物爱好者会爱上国王路（King' s Rd），而荷包丰厚的人可以经Sloane St直奔骑士桥和Harrods。选个观光日，造访海德公园（如上图）和相邻的肯辛顿花园。在这里就餐本身就是美妙的体验，无论你想吃零食还是点心或正餐，这里的选择之丰富令人难以置信。

一日游行程

从藏品丰富的**维多利亚与艾伯特博物馆**（见148页）开启一天的行程吧，记住，单是这个博物馆，就可能让你在不知不觉间耗上一整天。如果是带孩子出行，也可以选择前往**自然历史博物馆**（见152页）或**科学博物馆**（见158页），这两个博物馆对孩子都有很大的吸引力。午餐可以去**V & A Café**（见149页）。

饭后不妨去探索伦敦中部迷人的绿地，有助消化：**海德公园**（见158页）和**肯辛顿花园**（见159页）内有画廊、玩耍区和肯辛顿宫（Kensington Palace），大人和孩子都能尽心而归。如果你喜欢购物，那可来对地方了：沿**Old Brompton Rd**逛逛，一定要去**Harrods**（见166页）。

强烈推荐在**Dinner by Heston Blumenthal**（见162页）或**Zuma**（见162页）享用午餐，但也可以去**Kensington Roof Gardens**（见163页）喝杯鸡尾酒，欣赏日落美景，或者去**Queen's Arms**（见164页），和当地人一起畅饮。一天的游览结束后，买一张**皇家艾伯特音乐厅**（见165页）或**皇家宫廷剧院**（见165页）的演出门票，是放松休息、欣赏优秀娱乐节目的好方式。

顶级景点

维多利亚与艾伯特博物馆（见148页）

自然历史博物馆（见152页）

伦敦最佳

就餐

Tom's Kitchen（见161页）

Dinner by Heston Blumenthal（见162页）

购物

哈罗德百货（见166页）

Conran Shop（见166页）

Jo Loves（见166页）

儿童旅行体验

科学博物馆（见158页）

自然历史博物馆（见152页）

到达和离开

地铁 Piccadilly线在海德公园角(Hyde Park Corner)、骑士桥(Knightsbridge)和南肯辛顿(South Kensington)站下，Circle线和District线在南肯辛顿、斯隆广场(Sloane Sq)和肯辛顿高街(High St Kensington)下。

公共汽车 74路、52路和360路都很便捷。

顶级景点

维多利亚与艾伯特博物馆

(Victoria & Albert Museum)

众所周知，以装饰艺术和设计为主的维多利亚与艾伯特博物馆又被称为V&A，收藏有约275万件来自英国及全球的藏品，历史最早可以追溯至5000年前。馆内环境的设计则从展览内容的多元性和罕见性（往往很精致）中汲取灵感，更加彰显了展览的无与伦比。

见156页地图，D4

www.vam.ac.uk

Cromwell Rd, SW7

免费参观

周六至周四 10:00～17:45，周五 至22:00

South Kensington

不要错过

中东伊斯兰展厅(Islamic Middle East Gallery)

1层，42号展厅

这一展厅陈列了400余件来自中东伊斯兰的藏品，包括从8世纪哈里发国到第一次世界大战爆发前的陶器、纺织品、地毯、玻璃和木制品。

阿尔达比勒地毯(Ardabil Carpet)

1层，42号展厅

中东伊斯兰展厅的亮点就是精美的阿尔达比勒地毯，这是世界上最古老的地毯，也是最大的地毯之一。它于1540年完成，是由当时伊朗统治者塔玛斯普(Shah Tahmasp)下令编织的两条地毯之一。该地毯最令人惊叹的是其精巧的细节以及微妙的设计。

中国收藏和日本展厅

1层，44号、45号和47E号展厅

徐展堂中国艺术收藏(TT Tsui China Gallery，44号和47E号展厅)展出的迷人物件包括一件装饰艺术风格的女式夹克(1925~1935年)，以及精美的唐三彩。在灯光柔和的日本展厅(45号展厅)内，有一件令人生畏的轻类型盔甲(Domaru)。

蒂普虎(Tipu's Tiger)

1层，41号展厅

这件完成于18世纪、用木头和金属制作的机械虎展现了一个欧洲人遭遇老虎凶猛攻击的场面，令人不安。蒂普虎暗藏玄机，转动把手，老虎体内就会发出濒死之人的哭声，人偶的双手也会举起来。

石膏庭院(Cast Courts)

1层，46A号展厅

石膏庭院是博物馆的亮点之一，展示了维多利亚时期收藏的大量石膏模型，例如米开朗基罗的《大

☑ 独家贴士

- 周五晚上客流较少，博物馆不会显得过于拥挤。
- 每天有数次免费的导览游，时长1小时，从主接待区出发。登录网站查询相关细节。
- V&A的临时展览引人入胜，很有意思(需单独购买门票)。
- 博物馆会举办高质量的讲座、工坊体验和其他活动，还拥有最好的博物馆商店之一。

吃喝落脚点

前往华丽的茶点室**V&A Café**(分成Morris、Gamble和Poynter三个；Victoria & Albert Museum, Cromwell Rd, SW7；主菜£6.95~11.50；周六至周四 10:00~17:15，周五 至21:30；；South Kensington)，茶点室的历史可追溯到19世纪60年代。

夏天，约翰·马德伊斯基花园(John Madejski Garden)内的**Garden Café**供应饮料和点心。

卫》，于1858年收入馆藏。

照片展厅（Photographs Gallery）

3层，100号展厅

V&A是世界上第一座将照片作为艺术品收藏的博物馆。这里拥有最棒的照片藏品也就不足为奇了，收藏有自1858年以来的超过50万幅照片。

拉斐尔草图

1层，48A号展厅

这些出自拉斐尔之手的著名草图于1865年从汉普顿宫转移到这里，是西斯廷教堂（Sistine Chapel）壁毯的设计草图。

时装展厅（Fashion Galleries）

1层，40号展厅

这是博物馆最受欢迎的展厅之一，展出了从1750年至今的欧洲时装、织物和饰品。亮点包括18世纪的礼服、维维安·韦斯特伍德的作品以及当代T台的设计。

亨利八世的御用文具盒（Henry VIII' s Writing Box）

2层，58号展厅

英国展厅展示了1500年至1900年英国设计的方方面面，分两个空间，2层（1500~1760年）和4层（1760~1900年）。亮点是一件亨利八世时期的文物——极为精美的文具盒，用胡桃木和橡木制成。原始的装饰图案绝美异常，包括亨利八世的纹章，两侧刻有维纳斯（怀抱丘比特）和战神。

威尔镇大床（Great Bed of Ware）

2层，57号展厅

16世纪后期打造的威尔镇大床可以容纳5个人！其宽度达到了惊人的3.26米，甚至在莎士比亚的《第十二夜》（*Twelfth Night*）中也有提及。

赫里福德屏风（Hereford Screen）

3层

这一壮丽的唱诗班席位屏风最初是由乔治·吉尔伯特·斯科特爵士（Sir George Gilbert Scott）为赫里福德大教堂设计的，可谓其呕心沥血之作。巨大的屏风使用了木、铁、铜、黄铜和玉石这些原材料。博物馆没有几个地方能够摆下如此壮观的物件。

珠宝展厅（Jewellery Gallery）

3层，91~93号展厅

位于材料和技术区（Materials and Techniques）的珠宝展厅非常棒，从古埃及、希腊和罗马时期的珠宝到耀眼的冠状头饰和当代设计，展出了各式精美复杂的珠宝。上层（经用有机玻璃打造的螺旋楼梯前往）则陈列有镶嵌着珠宝的剑、钟表和金盒，闪闪发光。

20世纪展厅（20th-Century Gallery）

3层，74~76号展厅

20世纪展厅聚焦经典设计，包括勒·柯布西耶（Le Corbusier）设计的躺椅，索尼的Walkman随身听，凯瑟琳·哈玛尼特（Katherine Hamnett）的T恤和一双1992年的Nike “Air Max” 气垫鞋。

了解当地

引人入胜的历史

1851年世界博览会的大获成功，加上艾伯特亲王对艺术的浓厚兴趣，促使V&A于1852年揭幕。博物馆的宗旨是让所有人都能接触到艺术，“提升公众的设计品位”。最初展品来自政府设计学院（Government School of Design）于19世纪30年代和40年代的收藏，以及用世界博览会所得利润购买的价值5000英镑的物品。

建筑之痛

博物馆最初被称为工业品博物馆（Museum of Manufactures），1857年，将其兼收并蓄的设计及创意藏品迁至南肯辛顿数幢半永久性的建筑内。扩建之后的博物馆添了更多特殊结构。1890年，博物馆董事会决定就博物馆位于克伦威尔路（Cromwell Rd）的新立面设计展开招标，从而让原本显得杂乱无章的建筑变得和谐一致。

年轻的建筑师阿斯顿·韦伯（Aston Webb，后来他又设计了白金汉宫的立面）最终胜出。1899年5月，维多利亚女王为工程奠基。与此同时，博物馆也更名为维多利亚与艾伯特博物馆。

与妇女参政论者斗智

1913年，当激进的女权主义者威胁要破坏博物馆珍藏的无价之宝时，V&A并没有禁止女性入内，而是做出取消门票的决定，以吸引更多参观者，为馆藏增加保险系数。同时，博物馆还采取了临时措施，要求参观者将雨伞和手杖留在入口处（并且女性的隐私部位也得接受仔细检查）。

战时V&A

两次世界大战期间，V&A始终坚持对外开放。第一次世界大战爆发时，法国雕塑家奥古斯特·罗丹（Auguste Rodin）的部分作品正好被V&A暂时租借。战争使得作品无法回到法国。罗丹被英法军队的团队所感动，将这些作品捐给了博物馆。第二次世界大战期间，博物馆反复遭德军轰炸（克伦威尔路上仍然保留一处纪念铭文）。绝大部分展品都被撤走（或者用砖封好，例如拉斐尔的草图），因此损失得以降至最低。

顶级景点

自然历史博物馆（Natural History Museum）

这一宏大的地标是伦敦最受喜爱的博物馆之一，收藏、编目和解读自然界——这一维多利亚式精神弥漫在馆内，令人振奋。博物馆主建筑为石质建筑，用蓝色和沙色的砖块及陶土砌成，十分和谐，由阿尔弗雷德·沃特豪斯（Alfred Waterhouse）设计。除了举世闻名的藏品外，博物馆建筑本身就是吸引人们造访这里的原因之一，孩子是自然历史博物馆的最忠实拥趸，但大人也会和充满好奇心的孩子一样爱上这里。

见156页地图，C4

www.nhm.ac.uk

Cromwell Rd，SW7

免费参观

10:00~17:50

South Kensington

不要错过

建筑

一定要仔细欣赏下阿尔弗雷德·沃特豪斯设计的这座惊人的建筑。雕刻图案的柱子，动物浮雕，植物和野兽雕塑，铅框窗户和精美的拱顶，博物馆就是一件匠心独具的艺术品。

Hintze大厅（Hintze Hall）

这一气派的中央大厅如同大教堂的正厅一般——非常符合那个自然科学挑战正统基督教圣经信条的时代。

大厅中最醒目的是一具巨大的**梁龙骨架模型**（绰号Dippy）。到2017年，会有一具（真正的）蓝鲸骨架取而代之——呈现往下潜水的姿势，极具震撼力。

恐龙馆

蓝区

孩子们会迫不及待地拉着父母去奇妙的恐龙馆。馆内有一条让人印象深刻的空中步道，经过看上去焦躁不安的速龙，最后在下坡处会看到博物馆的一大亮点：一边咆哮一边晃动尾巴的电子霸王龙。转回来的时候去体验下可动手展览，这里有一具三角龙（虽然样貌骇人，却是一种食草恐龙）骨架。

哺乳动物馆（Mammals）

蓝区

这一挂在天花板上、与实物等大的**蓝鲸**模型是博物馆又一明星展品。蓝鲸（学名Balaenoptera musculus）甚至比恐龙还要大，是地球上生存过的体积最大的动物。刚出生的蓝鲸体重就可达2吨，成年蓝鲸每天要吃4吨多磷虾！

☑ 独家贴士

- 可以的话，不妨安排在每月最后一个周五去参观，博物馆开放时间延长到晚上10点（12月除外），还会举办特别活动，有快闪酒吧和餐馆。
- Exhibition Rd设有供残障人士使用的无障碍通道。

吃喝落脚点

博物馆很大，即便是经验最丰富的博物馆爱好者也会感到力不从心。位于Hintze大厅主阶梯后面的**Central Café**供应热饮、冷饮和点心，非常方便。绿区的**Restaurant**（⌚11:00~16:30）供应比萨、汉堡、沙拉，还有儿童菜单。

绿区(Green Zone)

从建筑角度看，**矿物馆**(Mineral Gallery)的设计让人赞叹不已，一直通到拱顶(Vault)，那里的藏品之丰富令人眼花缭乱，包括一块如同奶油硬糖般的美丽水晶。卡根多馆(Cadogan Gallery)的**珍宝**展引人入胜，展出了一系列不相关的物品，从一大块月岩到巴巴里狮(Barbary lion)的颅骨，每一件展品都在述说着自己的故事。

让人发毛的爬虫馆(Creepy Crawlies)

学会分辨马陆和蜈蚣，了解蝗灾是如何发生的，近距离观察蜘蛛、蟋蟀、蚂蚁、白蚁以及它们众多的多足亲戚。这个展馆有很多互动体验项目，配合视频、声效，甚至还能看到活的物种。

不安定的地表、火山和地震馆(Restless Surface, Volcanoes & Earthquakes)

红区(RED ZONE)

这一区域探索了形成地球的各种力量：水、风、气候变化以及板块构造。**地震模拟装置**(earthquake simulator)重现了1995年神户大地震时一杂货店的场景(你可以看到实拍镜头)，最受参观者热捧。

地球宝库(Earth's Treasury)

红区(RED ZONE)

地球宝库是地球馆的组成部分，收藏了大量五彩缤纷的矿石、宝石和岩石，有蛋白石、氮绿色的透视石，还有乳白色的猫眼钠长石。

达尔文中心(Darwin Centre)

橘区(ORANGE ZONE)

达尔文中心是整座博物馆跳动的心脏：这里保存了博物馆数百万份标本，也是科学家的工作场所。惊人的"蚕茧"顶上两层解释了博物馆所进行的研究(以及研究方式)——透过窗子，你可以看到正在工作的研究人员。

奇异蝴蝶馆(Sensational Butterflies)

奇异蝴蝶馆(成人/家庭 £4.90/19.80；⌚4月至9月中旬)位于东草坪，是一个隧道式的大帐篷，里面有很多最初被称为"振翅虫(flutter-bys)"的生物。

野生动物园(Wildlife Garden)

漂亮的野生动物园是数千种英国本土动物的家，展出了一系列英国低地栖息地，甚至包括一片带有农场大门的草坪和一棵有蜜蜂栖居的蜂树。夏末，达特姆尔高原的灰脸羊会来到这里。鸟类爱好者可以留意黑水鸡、鹪鹩和雀类。

博物馆滑冰

冬季(11月至次年1月)，自然历史博物馆东草坪的一部分就被改造成闪闪发光的溜冰场，极受欢迎。我们的建议是：提前预订，先参观博物馆，然后去滑冰。

FEARGUS COONEY/GETTY IMAGES ©

哺乳动物馆（见153页）

自然历史博物馆商店

这一商品种类琳琅满目的商店距离博物馆位于克伦威尔路的入口不远，有很多富有想象力和教育意义的玩具、游戏、收藏品、文具和面向少年自然史爱好者的书籍。营业时间为上午10点至下午5点50分。

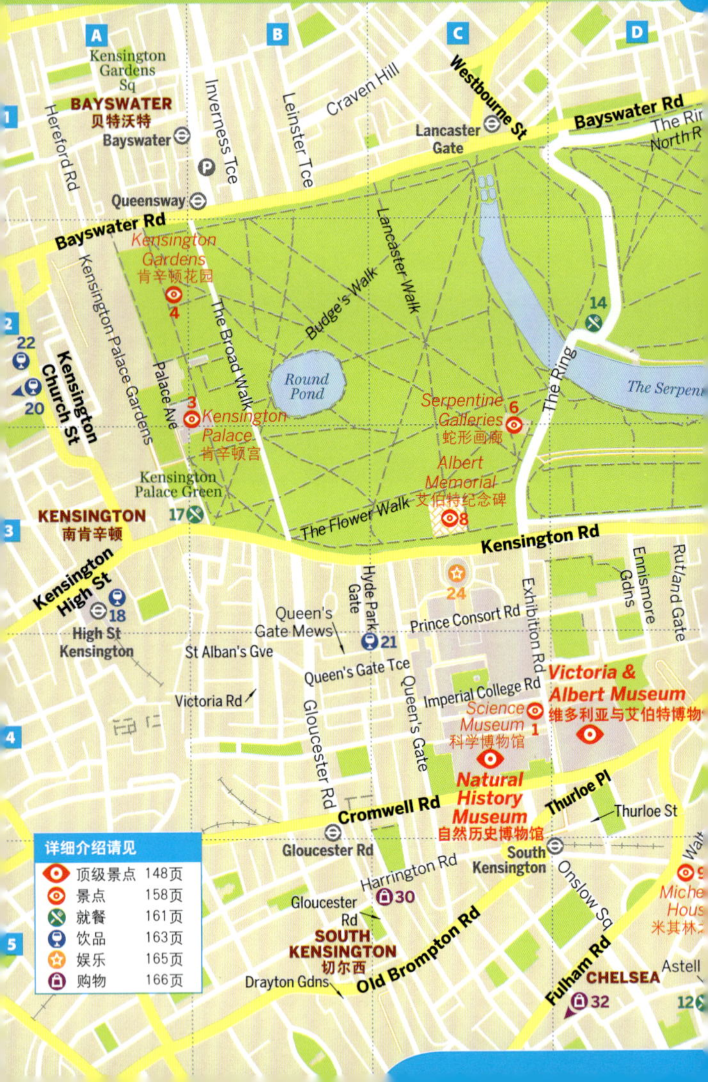

详细介绍请见

	顶级景点	148页
	景点	158页
	就餐	161页
	饮品	163页
	娱乐	165页
	购物	166页

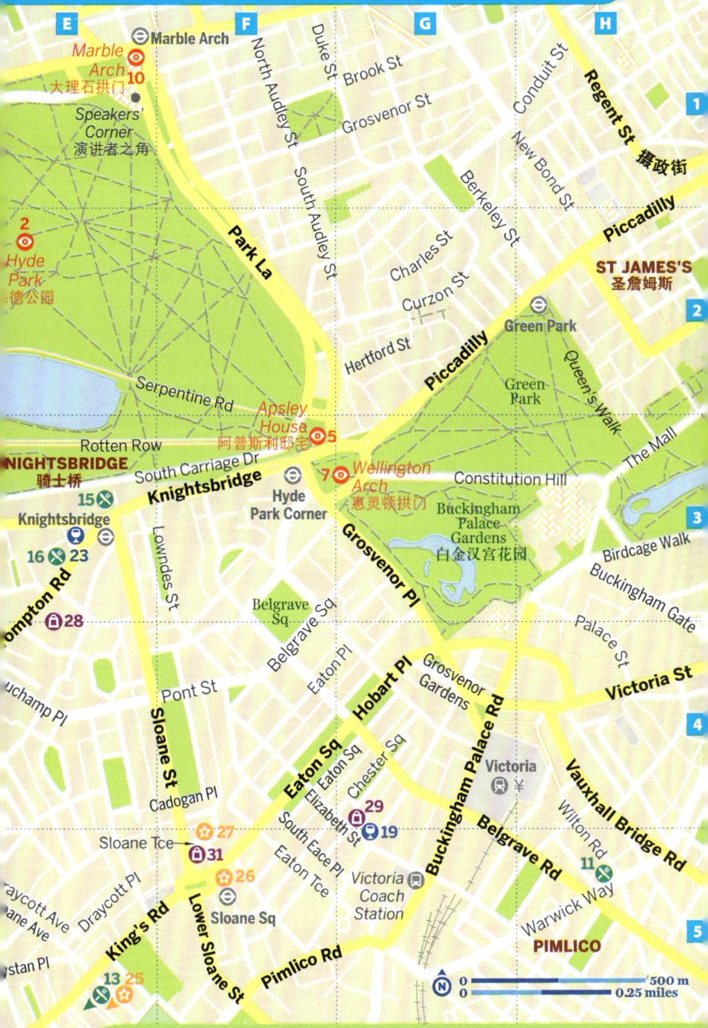
E
F
G
H
1
2
3
4
5
Marble Arch
Marble Arch
大理石拱门
10
Speakers' Corner
演讲者之角
2
Hyde Park
德公园
Serpentine Rd
Rotten Row
KNIGHTSBRIDGE
骑士桥
South Carriage Dr
Knightsbridge
15
Knightsbridge
16
23
28
ompton Rd
Park La
North Audley St
South Audley St
Duke St
Brook St
Grosvenor St
Conduit St
Regent St
摄政街
New Bond St
Berkeley St
Charles St
Curzon St
Hertford St
Piccadilly
Piccadilly
ST JAMES'S
圣詹姆斯
Green Park
Green Park
Queen's Walk
The Mall
Apsley House
阿普斯利邸宅
5
7
Wellington Arch
惠灵顿拱门
Constitution Hill
Hyde Park Corner
Buckingham Palace Gardens
白金汉宫花园
Birdcage Walk
Buckingham Gate
Palace St
Grosvenor Pl
Lowndes St
Belgrave Sq
Belgrave Sq
Eaton Pl
Hobart Pl
Grosvenor Gardens
Victoria St
uchamp Pl
Pont St
Sloane St
Cadogan Pl
Eaton Sq
Eaton Sq
Chester Sq
Elizabeth St
29
19
Buckingham Palace Rd
Victoria
Vauxhall Bridge Rd
Wilton Rd
Belgrave Rd
11
Warwick Way
PIMLICO
Sloane Tce
27
31
26
Sloane Sq
South Eaton Pl
Eaton Tce
Victoria Coach Station
raycott Ave
Draycott Pl
ane Ave
King's Rd
Lower Sloane St
Pimlico Rd
stan Pl
13
25
0
500 m
0
0.25 miles

景点

科学博物馆（Science Museum） 博物馆

1 见156页地图，C4

这座超棒的科学博物馆共有7层，互动式展览极具教育意义，从早期技术到太空旅行，包罗万象，无论老少，都会被深深吸引。一直以来，人们最喜爱的当属**太空探索馆**（Exploring Space），展出了真正的火箭和卫星，以及真实大小的“鹰号（Eagle）”复制品，即1969年，尼尔·阿姆斯特朗（Neil Armstrong）和巴兹·奥尔德林（Buzz Aldrin）登月时乘坐的着陆舱。隔壁的**创造现代世界馆**（Making the Modern World Gallery）为参观者奉上一场视觉盛宴，陈列有机车、飞机、汽车以及其他具有革命性的发明。（www.sciencemuseum.org.uk; Exhibition Rd, SW7; 免费参观; 10:00~18:00; ; South Kensington）

当地生活

演讲者之角（Speakers' Corner）

海德公园东北角是传统的发表临时演讲的场地，也是英国唯一无须获得警方许可便能进行示威集会的地方。卡尔·马克思、弗拉基米尔·列宁、乔治·奥威尔和威廉·莫里斯经常来**演讲者之角**（见156页地图; Park Lane; Marble Arch）发表讲话。如果你有想法想一吐为快，可以选择周日前往，不过你的听众大多数是边缘居民、宗教狂热分子和爱找公司碴儿的人。

海德公园（Hyde Park） 公园

2 见156页地图，E2

海德公园是伦敦中部最大的露天场所，占地面积达145公顷。1536年，亨利八世从教会那里征用了这片土地，将之作为狩猎场，后来又变成决斗、行刑和赛马的地方。1851年的世界博览会就在此地举行。第二次世界大战期间，公园变成广阔的土豆田。如今，这里时不时会举办演唱会（布鲁斯·斯普林斯汀、滚石乐队、麦当娜），也是全天候的公共绿地，可玩耍嬉戏，包括在**蛇形湖**（Serpentine）泛舟。（www.royalparks.org.uk/parks/hyde-park; 5:00至午夜; Marble Arch, Hyde Park Corner, Queensway）

吃喝落脚点 在Magazine（见162页）吃午餐或者享用现代下午茶。

肯辛顿宫（Kensington Palace） 宫殿

3 见156页地图，B2

肯辛顿宫建于1605年。1689年，奥兰治的威廉和玛丽（William and Mary of Orange）选中这里，宫殿也随之成为英国王室最喜爱的居所，直到乔治三世登基并迁至白金汉宫为止。今天，肯辛顿宫仍然是王室行宫，剑桥公爵及夫人（威廉王子和他的妻子凯瑟琳）和哈里王子居住于此。不过，宫殿较大部分对公众开放，包括国王和女王套房。（www.hrp.org.uk/kensingtonpalace; Kensington Gardens,

科学博物馆

W8；成人/儿童 £17.50/免费；⏲3月至10月 10:00~18:00，11月至次年2月 至17:00；⊖High St Kensington）

肯辛顿花园

（Kensington Gardens） 公园

4 ◎ 见156页地图，A2

这些景美如画的花园占地面积达275英亩，紧邻海德公园西侧，穿过蛇形湖便可到达。从严格意义上说，这是肯辛顿宫的组成部分。精心修剪的草坪，绿树遮蔽的林荫道，水流潺潺，令人陶醉。**圆池塘**（Round Pond）是花园内最大的池塘，靠近肯辛顿宫。**意大利花园**（Italian Gardens）内可爱的喷泉也值得一看，据说是艾伯特亲王送给维多利亚女王的礼物。（www.royalparks.org.uk/parks/kensington-gardens；⏲6:00至黄昏；⊖Queensway，Lancaster Gate）

阿普斯利邸宅（Apsley House） 历史建筑

5 ◎ 见156页地图，F3

这一华美的邸宅内设有关于惠灵顿公爵——对阵拿破仑·波拿巴的滑铁卢战役的胜利者——的展览，曾经是从西边进入伦敦出现的第一幢建筑，因此也被称为“伦敦1号”。地下室的展厅摆满了惠灵顿相关的纪念品，包括公爵去世时制作的面部模具。此外，1层的滑铁卢展厅陈列有大量精美的瓷器和银器，以及委拉斯凯兹、鲁本斯、凡·戴克、布勒哲尔（Brueghel）、牟利罗（Murillo）和戈雅

(Goya)的作品。(www.english-heritage.org.uk/visit/places/apsley-house/; 149 Piccadilly, Hyde Park Corner, W1; 成人/儿童 £8.30/5, 含惠灵顿拱门 £10/6; ⌚4月至10月 周三至周日 11:00~17:00, 11月至次年3月 周六和周日 10:00~16:00; ⊖Hyde Park Corner)

蛇形画廊(Serpentine Galleries) 画廊

6 ◎ 见156页地图, C3

这是伦敦最重要的当代艺术馆之一,位于葱郁的肯辛顿花园,外观并不起眼,就如同20世纪30年代的茶室。达米安·赫斯特(Damien Hirst)、安德烈亚斯·古尔斯基(Andreas Gursky)、路易丝·布尔乔亚(Louise Bourgeois)、加布里埃尔·奥罗斯科(Gabriel Orozco)、高桥知子(Tomoko Takahashi)和杰夫·昆斯(Jeff Koons)都曾在这里开展。每年,都会有一位此前从未在英国有过作品的建筑师受邀在附近设计建造新的"夏日展馆",从6月开放至10月。

独家贴士

女王的皇家骑兵团

每天早上10点28分(周日9点28分),皇家骑兵团会离开海德公园营房,前往皇家骑兵卫队阅兵场,进行换岗仪式,这一仪式从1660年开始,持续至今。骑兵团会经过海德公园角、宪法山(Constitution Hill)和林荫大道。

沿道路走5分钟,穿过蛇形桥就来到了**蛇形画廊萨克勒分馆**(Serpentine Sackler Gallery; www.serpentinegalleries.org; West Carriage Drive, W2; 免费参观; ⌚周二至周日 10:00~18:00; ⊖Lancaster Gate)。这个展馆位于昔日帕拉第奥别墅式的火药库Magazine内,于2013年开放。火药库建于1805年,扩建部分由普利兹克建筑奖获得者扎哈·哈迪德(Zaha Hadid)设计,呈波浪形。分馆组织各种活动,包括读书会、讲座和露天电影放映。(www.serpentinegalleries.org; Kensington Gardens, W2; 免费参观; ⌚周二至周日 10:00~18:00; 📶; ⊖Lancaster Gate, Knightsbridge)

惠灵顿拱门(Wellington Arch) 博物馆

7 ◎ 见156页地图, G3

这道雄伟的新古典主义风格拱门建于1826年,地处海德公园角转盘的绿地上,格外醒目。拱门最初面朝海德公园围屏(Hyde Park Screen),1882年由于道路拓宽,被迁至现在这个位置。这里曾是警局所在地,如今成为画廊,承办临时展览和与拱门历史相关的永久性展览。露天阳台(乘电梯可达)能欣赏到令人难忘的海德公园、白金汉宫和林荫大道(Mall)的美景。(www.english-heritage.org.uk/visit/places/wellington-arch/; Hyde Park Corner, W1; 成人/儿童 £4.30/2.60, 含阿普斯利邸宅 £10/6; ⌚4月至9月 10:00~18:00, 11月至次年3月 至16:00; ⊖Hyde Park Corner)

艾伯特纪念碑

(Albert Memorial) 纪念碑

8 见156页地图，C3

这一华丽壮观的维多利亚时期作品位于肯辛顿花园南边，如其所纪念的对象一样引人注目。据说，维多利亚女王的德国丈夫艾伯特（1819~1861年）为人谦逊，明确表态不希望建纪念碑。但伦敦市长无视这位正派亲王的意愿，命令乔治·吉尔伯特·斯科特于1872年设计建造了这座高53米、华而不实的哥特风纪念碑。(Kensington Gardens; 团队游成人/优惠 £8/7; 团队游 3月至12月每月第一个周日14:00和15:00; Knightsbridge, Gloucester Rd)

米其林之家(Michelin House) 历史建筑

9 见156页地图，D5

这栋建筑由弗朗索瓦·埃斯皮纳斯(François Espinasse)为米其林公司设计，建于1905年至1911年，1985年，经历彻底的修复。大楼的风格介于新艺术和装饰艺术之间。标志性的矮胖米其林轮胎先生（必比登）出现在精致而富有现代气息的彩绘玻璃上（原件在第二次世界大战后被转移，后来却不见踪影），大厅装饰的瓷砖展现了20世纪早期的汽车。(81 Fulham Rd, SW3; South Kensington)

大理石拱门(Marble Arch) 纪念碑

10 见156页地图，E1

这道巨大的白色拱门是由约翰·纳西在1828年设计的，原来立于白金汉宫前方，但后来被认为不够庄严，与王宫入口不匹配，于1851年迁移至此。如果你想体验下无法无天的感觉，可以穿过中部的门，根据法律（并未实施），只有王室成员和正式的皇家骑兵炮兵国王中队(King's Troop Royal Horse Artillery)可以从此处经过。(Marble Arch)

就餐

Pimlico Fresh 咖啡馆 £

11 见156页地图，H5

这一氛围友好的咖啡馆有两个用餐空间，无论你是吃早餐（法式吐司、加有蜂蜜或枫糖浆的粥）、午餐（自制乳蛋饼和汤，各式吐司），还是喝杯老式拿铁咖啡，来块蛋糕，这里都能满足你。(86 Wilton Rd, SW1; 主菜 £4.50起; 周一至周五 7:30~19:30, 周六和周日 9:00~18:00; Victoria)

Tom's Kitchen 新派欧洲菜 ££

12 见156页地图，D5

成功的秘诀是：放松且面带微笑的工作人员，轻快通风的装饰风格，外加美味的菜肴，噢耶，这样你也能开一家Tom's Kitchen。煎牛排、汉堡、慢炖羊肉和炸鸡肉片都是这里的经典菜，堪称完美。而应季美味有自制的乳酪，海带烤扇贝，都非常赞。(020-7349 0202; www.tomskitchen.co.uk/chelsea; 27 Cale St, SW3; 主菜 £10.50~28, 2/3道菜午间

套餐 £16.50/19.50; 周一至周五 8:00~14:30和18:00~22:30, 周六和周日 10:00~15:30和18:00~22:30; ; South Kensington)

Rabbit
新派英国菜 ££

13 见156页地图, E5

三兄弟在农场上长大。其中一个当了农民, 一个成为屠夫, 第三个负责热情款待他人。在意识到自己做的生意广受赞誉后, 他们决定合伙, 创建了Rabbit。太棒了! 在高端的切尔西地区, Rabbit堪称一股清流: 环境质朴, 散发乡村气息, 所供应的创意、应季新派英国菜肴味道好极了。(www.rabbit-restaurant.com; 172 King's Rd, SW3; 主菜 £6~24; 周二至周六正午至午夜, 周一 18:00~23:00, 周日正午至18:00; ; Sloane Sq)

Magazine
各国风味 ££

14 见156页地图, D2

Magazine位于蛇形画廊萨克勒分馆(见160页)漂亮的扩展区域, 它可不是寻常的博物馆咖啡馆。所供应的食物优雅而现代化, 如同建筑本身一样, 而时下展览展出的艺术品也令就餐增加了全新的体验。下午茶(£17.50)尤其有创意: 外带有黄瓜三明治, 堂食则有生牛肉和山羊凝乳。(020-7298 7552; www.magazine-restaurant.co.uk; Serpentine Sackler Gallery, West Carriage Dr, W2; 主菜 £13~24, 2/3道菜午间套餐 £17.50/21.50; 周二至周六 8:00~18:00, 周日 9:00起; Lancaster Gate, Knightsbridge)

Dinner by Heston Blumenthal
新派英国菜 £££

15 见156页地图, E3

这家华丽的餐馆堪称美食界的杰作, 能引领食客踏上一次英国烹饪史之旅(增添了现代创意)。菜肴都会注明其所属的历史时期及背景。内部装饰风格令人赞叹不已, 用玻璃墙围成的厨房, 顶部装有计时装置, 大窗户能欣赏公园美景。提前预订。(020-7201 3833; www.dinnerbyheston.com; Mandarin Oriental Hyde Park, 66 Knightsbridge, SW1; 3道菜午间套餐 £38, 主菜 £28~42; 正午至14:30和18:30~22:30; ; Knightsbridge)

Zuma
日本菜 £££

16 见156页地图, E3

时尚的Zuma是现代版的日式传统居酒屋(歇脚和喝清酒的地方), 品酒和享用美餐完美融合。炭烤是这里的明星菜, 你可以从40种清酒中选择一种来搭配。建议提前预订, 不过炭烤和寿司柜台也可以不预订。(020-7584 1010; www.zumarestaurant.com; 5 Raphael St, SW7; 主菜 £15~75; 正午至15:00和18:00~23:00; ; Knightsbridge)

Min Jiang
中国菜 £££

17 见156页地图, B3

Min Jiang供应海鲜, 味道一流、用木头烘烤的北京烤鸭(半只/一只 £32/

Dinner by Heston Blumenthal餐厅

58)，同时还能欣赏到肯辛顿宫和花园的绝佳美景。菜单内容很丰富，有几道菜有些辣(Min Jiang指的是四川的岷江)。(☎020-7361 1988; www.minjiang.co.uk; Royal Garden Hotel, 10th fl, 2-24 Kensington High St, W8; 主菜 £12~68; ⏰正午至15:00和18:00~22:30; 📝; ⊖High St Kensington)

饮品

Kensington Roof Gardens 夜店

18 见156页地图，A3

这家迷人的夜店位于曾经的Derry and Toms大楼顶层，俯瞰肯辛顿高街——有0.6公顷的花园，火烈鸟生活在其间。而这里的费用会让你大感意外：入场费£20(5月至9月为£25)，去之前必须先注册成为宾客(http://gls.roofgardens.com/)，饮料方面，一瓶汽水£10。精心打扮下，以便给人留下深刻印象。(www.roofgardens.virgin.com; 99 Kensington High St, W8; ⏰夜店周五和周六 22:00至次日3:00，花园 9:00~17:00; 📶; ⊖High St Kensington)

Tomtom Coffee House 咖啡馆

19 见156页地图，G5

Tomtom以难以置信的好咖啡出名：不仅仅是咖啡有漂亮的拉花(忘记拿铁上的树叶和心形图案吧，在这里你可以在咖啡上看到孔雀开屏的图案)，选择之多足以令人眩晕，既有普通的以浓缩咖啡为基础制作的咖啡，也有滴滤咖啡，还有各式咖啡豆。你甚至可以选择加点烈酒，例如干邑白兰地或者苏格兰酒（£3）。（www.tomtom.co.uk；114 Ebury St，SW1；周日至周二 8:00~18:00，周三至周六 至21:00，冬季营业时间缩短；Victoria）

Windsor Castle
小酒馆

20 见156页地图，A2

这家典型的小酒馆位于Campden Hill Rd高处，历史悠久，位置隐蔽，散发着独特的魅力。要找到它不容易，但内部分成古老的小隔间，燃烧的炉火（冬季），令人愉悦的啤酒花园（夏季），和善的常客（多数时候如此），都会让你觉得不虚此行。传说托马斯·潘恩（Thomas Paine，《人的权利》一书的作者）的遗骨就在酒馆的地窖内。（www.thewindsorcastlekensington.co.uk；114 Campden Hill Rd，W11；周一至周六正午至23:00，周日 至22:30；；Notting Hill Gate）

Queen's Arms
小酒馆

21 见156页地图，B4

这一天赐的蓝灰色小酒馆就在皇家艾伯特音乐厅的拐角处，紧邻喧嚣的女王门(Queen's Gate)，鹅卵石铺设的巷子格外漂亮，内部舒适惬意，供应品种繁多的浓啤酒和苹果酒。(www.thequeensarmskensington.co.uk；30 Queen's Gate Mews，SW7；正午至23:00；Gloucester Rd）

Churchill Arms
小酒馆

22 见156页地图，A2

如瀑布般垂落的天竺葵，微风中飘舞的米字旗，Churchill Arms成为肯辛顿教堂街（Kensington Church St）上一道靓丽的景观。酒馆以丘吉尔纪念品和墙上各式摆设闻名，深受当地人和游客的喜爱。附属的**Churchill Thai Kitchen**（020-7792 1246；www.churchillarmskensington.co.uk；119 Kensington Church St，W8；主菜 £8.50；周一至周六正午至22:00，周日 至21:30；；Notting Hill Gate）位于温室内，供应可口的泰国菜。（www.churchillarmskensington.co.uk；119 Kensington Church St，W8；周一至周三 11:00~23:00，周四至周六至午夜，周日正午至22:30；；Notting Hill Gate）

Buddha Bar
酒吧

23 见156页地图，E3

在骑士桥逛街逛得累了，这一安静的泛亚酒吧欢迎你。置身其中，就来到了一个由中式鸟笼灯笼、柔和的灯光、隐匿的角落和小隔间构成的世界。这里是喝杯山莓清酒马提尼，放松身心的好地方。（020-3667 5222；www.buddhabarlondon.com；145 Knightsbridge，SW1；鸡尾酒 £11起；周一至周六 17:00~23:30，周日 11:00~23:30；Knightsbridge）

娱乐

皇家艾伯特音乐厅

（Royal Albert Hall） 演出场所

24 见156页地图，C3

这一壮丽的维多利亚式音乐厅举办古典音乐、摇滚乐及其他演出，但最著名的当属BBC发起的逍遥音乐会（Proms）。可以预订，但7月中旬至9月中旬，逍遥音乐会的拥趸也会在开幕前1小时排队购买£5的站票。否则就需要穿过12号门（音乐厅南侧）去售票处购票，取预付票的柜台也在这里。（☎0845 401 5034；www.royalalberthall.com；Kensington Gore，SW7；⊖South Kensington）

606 Club

蓝调、爵士乐

25 见156页地图，E5

这一美妙的爵士俱乐部兼餐馆隐藏于地下，以在国王路的旧址命名，从20世纪80年代起就让全伦敦的爵士乐迷如痴如醉。每天晚上，当代英国爵士音乐家就成为这里最耀眼的明星。俱乐部只为在这里就餐的宾客提供酒水。强烈建议预订。（☎020-7352 5953；www.606club.co.uk；90 Lots Rd，SW10；⏲周日至周四19:00~23:15，周五和周六 20:00至次日0:30；🚉Imperial Wharf）

> 独家贴士
>
> **艾伯特音乐厅团队游**
>
> 预订**皇家艾伯特音乐厅**（见本页）的**导览游**（☎0845 401 5045；成人/优惠 £12.25/5.25；⏲10:00~16:30每隔1小时），时长1小时，你能了解到音乐厅与英国王室的联系及其引人入胜的历史（最初建造的目的并非作为音乐厅使用，而是展览馆，在1969年之前，观众一直备受糟糕音效的折磨）。

皇家宫廷剧院

（Royal Court Theatre） 剧院

26 见156页地图，F5

皇家宫廷剧院以上演创意新剧和经典剧目闻名，是伦敦最具革新精神的剧院之一，始终致力于为英国培养有天赋的剧作家。剧院内设两个剧场：主剧场为Jerwood Theatre Downstairs，Jerwood Theatre Upstairs面积更小。（☎020-7565 5000；www.royalcourttheatre.com；Sloane Sq，SW1；门票 £12~35；⊖Sloane Sq）

卡多甘音乐厅

（Cadogan Hall） 演出场所

27 见156页地图，F5

这里是英国皇家爱乐乐团的总部所在地，是承办古典乐、歌剧和合唱团演出的主要场馆，偶尔也会举办舞蹈表演、摇滚、爵士乐和家庭音乐会。（☎020-7730 4500；www.cadoganhall.com；5 Sloane Tce，SW1；票价 £15~40；⊖Sloane Sq）

购物

哈罗德百货（Harrods） 百货店

28 见156页地图，E3

俗艳又时髦的哈罗德百货永远都是人头攒动，拥挤不堪，无论是囊中羞涩，还是挥金如土，这里都是游客的必去之处。琳琅满目的商品让人叹为观止，其中很多的售价也贵得吓人。店里随处可见庸俗的设计，“埃及电梯（Egyptian Elevator）”让人联想到《夺宝奇兵》系列电影，而纪念多迪和戴安娜（底层）的喷泉为Harrods增添了超现实元素。（www.harrods.com；87-135 Brompton Rd，SW1；周一至周六 10:00~21:00，周日11:30~18:00；Knightsbridge）

Conran Shop 设计商店

这一具有创意的设计店（自1987年开始成名）位于米其林之家（9 见156页地图，D5），是淘美丽物件的宝库——从收音机到太阳镜，从厨房用品到儿童玩具和书籍，还有卫浴用品和贺卡。（www.conranshop.co.uk；Michelin House，81 Fulham Rd，SW3；周一、周二、周五和周六 10:00~18:00，周三和周四 至19:00，周日正午至18:00；South Kensington）

> **当地生活**
>
> **肯辛顿高街**
>
> （High Street Kensington）
>
> 相比牛津街，肯辛顿高街人流较少，环境更为宜人。这里有所有高档连锁品牌，外加诸如Miss Sixty、Urban Outfitters和Waterstone书店这样的时尚精品店。通往诺丁山的教堂街有很多商店可以淘到古玩。

Jo Loves 化妆品

29 见156页地图，G4

这是英国著名香水品牌祖马龙（Jo Malone）最新开设的门店，出售该品牌招牌的蜡烛、香水和洗浴产品，有各种香味——阿拉伯琥珀、白玫瑰、柠檬叶、沉香和芒果。所有产品都会用配有黑色蝴蝶结的红盒子精心包装。（www.joloves.com；42 Elizabeth St，SW1；周一至周六 10:00~18:00，周日正午至17:00；Victoria）

Slightly Foxed on Gloucester Road 书籍

30 见156页地图，C5

这一安宁、令人愉悦的两层建筑如同文学绿洲，曾经为格雷厄姆·格林（Graham Greene）的侄子所有，现在由同名的文学季刊经营。店里主要售卖二手书（保存得很好）。此外，这里还有不少新书，很多都附有员工手写的书评，以及童书，一两排Slightly Foxed出版的书刊。（020-7370 3503；www.foxedbooks.com；123 Gloucester Rd，SW7；周一至周六 10:00~19:00，周日 11:00~17:00；Gloucester Rd）

哈罗德百货（见166页）

Pickett

礼品

31 见156页地图，F5

成人来到Pickett的感觉就像是孩子进入了一家糖果店：精美的皮制品是如此缤纷多彩和漂亮，以至于你不知道该如何选择。可以选的包括制作精良的手提包，精致的可卷起来的西洋双陆棋棋盘以及男士梳洗收纳用具。所有皮制品都是英国制造。（www.pickett.co.uk；Sloane St和Sloane Tce交叉路口，SW1；周一至周五9:30~18:30，周六10:00~18:00；Sloane Sq）

Limelight Movie Art

二手店

32 见156页地图，D5

对于喜欢收藏二手电影纪念品的人、怀旧者或影迷而言，这家极好的海报店绝不容错过。所有的海报都是初版，小型张（例如张贴在影院大厅的成套卡片）售价约£70，更大更稀有的海报售价可高达四位数。（020-7751 5584；www.limelightmovieart.com；313 King's Rd，SW3；周一至周六 11:30~18:00；Sloane Sq，South Kensington）

当地生活

周六游诺丁山

到达和离开

⊖ 乘坐Circle线、District线和Central线到诺丁山门站（Notting Hill Gate）。

⊖ 也可乘坐Hammersmith & City和Circle线到Ladbroke Grove站。

周六游诺丁山可以见到这一地区最繁忙最吸引人的景象。波特贝罗路市场（Portobello Market）缤纷多姿，洋溢着勃勃生机。这一带有很多一流的餐馆、酒吧、商店和电影院，你可以待上一整天的时间，逛逛市场，品尝美食佳酿，最后也最重要的是，找机会在传统的电影院看部片子。

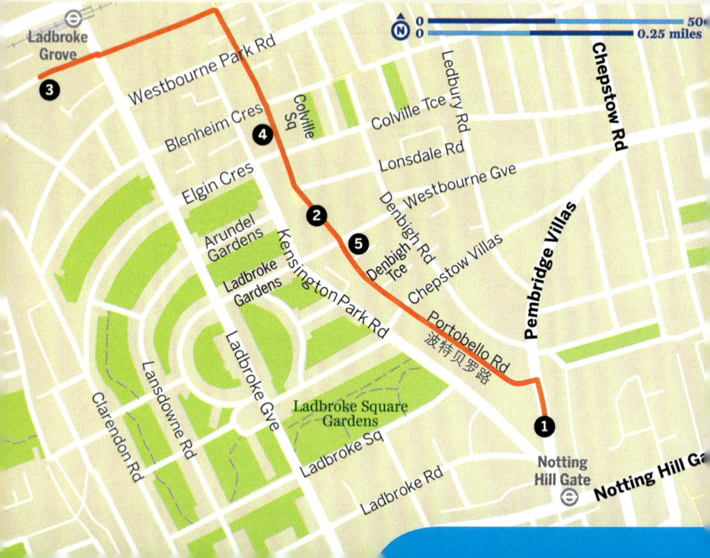

❶ 来份小食

Arancina（www.arancina.co.uk；19 Pembridge Rd，W11；主菜 £2.80~24；⌚周一至周六 8:00~23:00，周日 9:00~23:00；⊖Notting Hill Gate）地理位置颇佳，在通往波特贝罗路市场的路上，窗上贴有橙色的菲亚特500图案，很好找。你可以点带馅炸饭团或者来一片新鲜烘烤的比萨。

❷ 逛市场

波特贝罗路市场（www.portobellomarket.org；Portobello Rd，W10；⌚周一至周三、周五和周六 8:00~18:30，周四至13:00；⊖Notting Hill Gate，Ladbroke Grove）不仅售卖街头小食，还有蔬果、古玩、艳丽的时装和小饰品。

❸ 探索博物馆

品牌、包装和广告博物馆（☎020-7908 0880；www.museumofbrands.com；111-117 Lancaster Rd，W11；成人/儿童 £7.50/3；⌚周二至周六 10:00~18:00，周日 11:00~17:00；⊖Ladbroke Grove）追溯了消费文化史，复古包装和逝去年代的标志性产品不仅逗乐孩子，也会引发家长（及祖父母一辈）的怀旧情感。

❹ 看场电影（吃根热狗）

重新回到波特贝罗路，独一无二的**电光电影院**（Electric Cinema；☎020-7908 9696；www.electriccinema.co.uk；191 Portobello Rd，W11；票价 £8~22.50；⊖Ladbroke Grove）是英国最古老的电影院，经过修葺后添了奢华的皮质扶手椅和脚凳。这里有主流电影，也有艺术片、经典片和史诗片，通宵放映。电影结束后，可以去隔壁的**Electric Diner**（www.electricdiner.com；191 Portobello Rd，W11；主菜 £8~19起；⌚周一至周四 8:00至午夜，周五至周日至次日1:00；📶；⊖Ladbroke Grove）品尝美味的热狗。

❺ Earl of Lonsdale喝一杯

白天的**Earl of Lonsdale**（277-281 Portobello Rd，W11；⌚周一至周五正午至23:00，周六 10:00~23:00，周日正午至22:30；⊖Notting Hill Gate，Ladbroke Grove）很安宁，老妇和年轻的嬉皮士惬意地窝在这里。这里供应Samuel Smith牌浓啤酒，后屋很有吸引力，摆放着沙发和长条软座，点着烛火。此外还有一个漂亮的啤酒花园，有一棵参天大树遮荫。

❻ 诺丁山狂欢节

如果你是在8月最后一个周末造访此地，别错过**狂欢节**（www.thelondonnottinghillcarnival.com）。当地的非裔加勒比社区为了庆祝自己民族的文化和传统于1964年发起，现在已经成为欧洲规模最大的街头狂欢节（能吸引100万人）。狂欢节持续3日，虽然音乐巡游在晚上9点左右就结束了，但酒吧、餐馆以及这一地区的派对还将持续到深夜。届时会有很多加勒比美食摊档，明星大厨常常会亮相。

探索

摄政公园和卡姆登

启程前往伦敦北部，摄政花园、卡姆登市场和汉普斯特德荒野应该列游览榜单前三位。卡姆登以令人沉醉的无限活力和精彩纷呈的夜生活而成为主要景点之一，摄政公园则是一片宁静的绿洲，在喧嚣热闹的伦敦北部更显优雅。与此同时，汉普斯特德荒野（见180页）能让你度过美好的户外一日，了解伦敦北部人是如何度过周末时光的。

一日游行程

一天的探索之旅开始了，上午先去**摄政公园**（见174页）和一流的**伦敦动物园**（见174页）。悠闲漫步20分钟至卡姆登，沿途可欣赏到如画的景致，沿摄政公园北侧的**摄政运河**（见174页）走，登上**樱草山**（见175页），这是个非常漂亮的公园。来到卡姆登镇，午餐时分，去**Market**（见175页）品尝美味的新派英国菜，或者去**卡姆登市场**（见179页）吃各种风味的小食。

深入逛下市场，然后去**Chin Chin Labs**（见175页）买可口的冰激凌，或者坐在**Edinboro Castle**（见176页）的啤酒花园里，来点儿午后饮料，慰劳下自己。

晚餐可以选择供应印度美食的**Namaaste Kitchen**（见176页）。余下时光的安排就轻松多了：卡姆登有些超棒的酒吧，还有大量现场音乐演出，类型多元。所以夜猫子很难找到离开这里的理由。可以去**Blues Kitchen**（见177页）听蓝调，或者在**Barfly**（见178页）听独立摇滚。

伦敦最佳

饮品

Edinboro Castle（见176页）

Lock Tavern（见177页）

公园及花园

汉普斯特德荒野（见180页）

摄政公园（见174页）

儿童旅行体验

伦敦动物园（见174页）

Chin Chin Labs（见175页）

到达和离开

地铁 去摄政公园，贝克街（Baker St）是最方便的站点（Jubilee、Metropolitan、Circle、Hammersmith & City和Bakerloo线）。去卡姆登，最方便的站是Northern线的卡姆登镇和Chalk Farm站。前往汉普斯特德荒野，也可以乘坐Northern线。

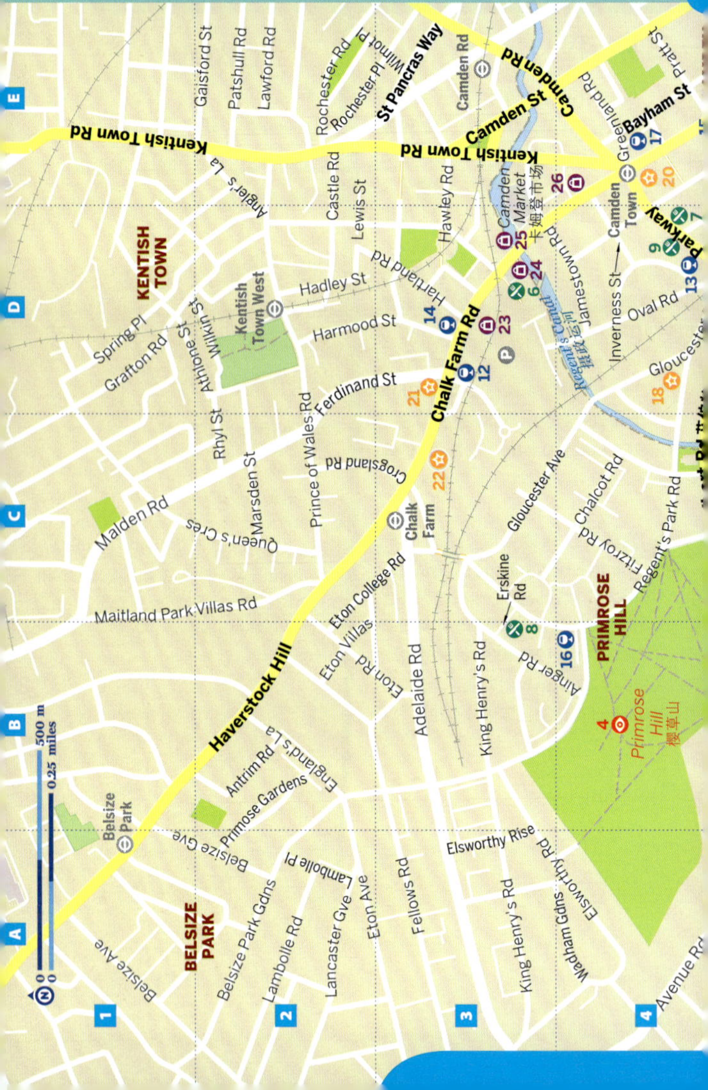
KENTISH TOWN
BELSIZE PARK
PRIMROSE HILL
Kentish Town Rd
Camden Rd
Camden St
St Pancras Way
Camden Rd
Rochester Rd
Rochester Pl
Wilmot Pl
Gaisford St
Patshull Rd
Lawford Rd
Angler's La
Castle Rd
Lewis St
Hawley Rd
Camden Market
卡姆登市场
Greenland Rd
Bayham St
Pratt St
Camden Town
Parkway
Jamestown Rd
Inverness St
Oval Rd
Regent's Canal
摄政运河
Gloucester Ave
Hartland Rd
Hadley St
Kentish Town West
Spring Pl
Grafton Rd
Athlone St
Wilkin St
Harmood St
Chalk Farm Rd
Ferdinand St
Rhyl St
Marsden St
Prince of Wales Rd
Crogsland Rd
Malden Rd
Queen's Cres
Chalk Farm
Chalcot Rd
Fitzroy Rd
Regent's Park Rd
Erskine Rd
Maitland Park Villas Rd
Eton College Rd
Eton Villas
Eton Rd
Adelaide Rd
King Henry's Rd
Ainger Rd
Haverstock Hill
Primrose Hill
樱草山
England's La
Antrim Rd
Primose Gardens
Belsize Park
Belsize Gve
Lambolle Pl
Elsworthy Rise
Elsworthy Rd
Belsize Ave
Belsize Park Gdns
Lambolle Rd
Lancaster Gve
Eton Ave
Fellows Rd
King Henry's Rd
Wadham Gdns
Avenue Rd
500 m
0.25 miles
0
0
N
A
B
C
D
E
1
2
3
4
4
6
7
8
9
12
13
14
16
17
18
20
21
22
23
24
25
26

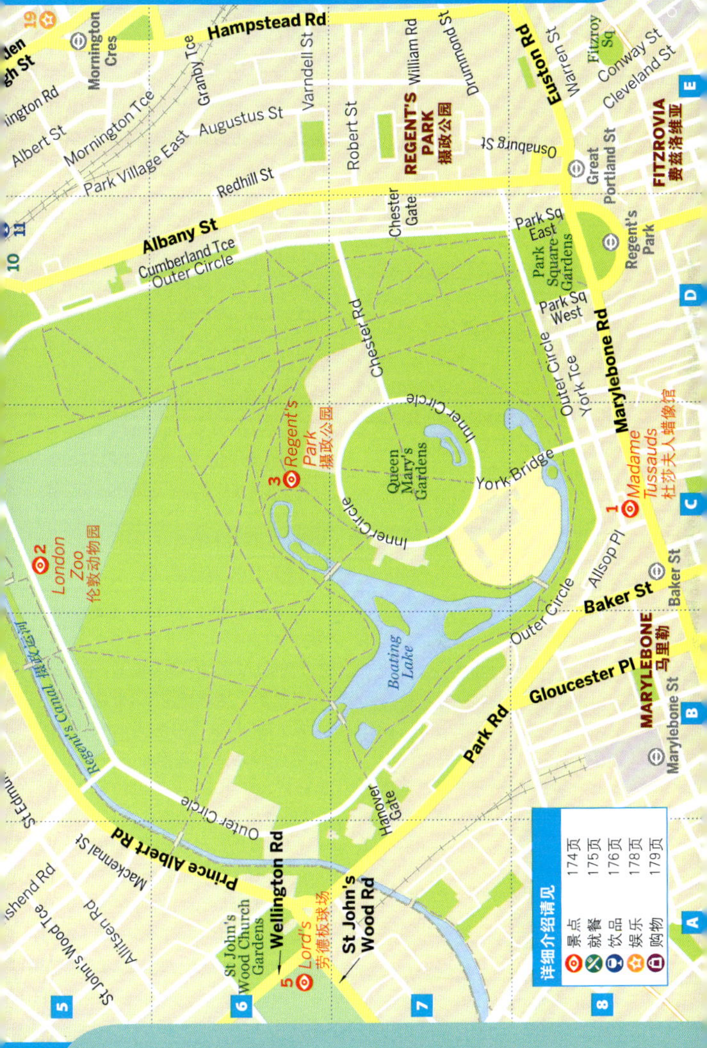

Hampstead Rd
Mornington Cres
Mornington Tce
Albert St
Park Village East
Granby Tce
Augustus St
Varndell St
Redhill St
Robert St
William Rd
Drummond St
REGENT'S PARK
摄政公园
Osnaburg St
Euston Rd
Warren St
Fitzroy Sq
Conway St
Cleveland St
Great Portland St
FITZROVIA
费兹洛维亚
Albany St
Cumberland Tce
Outer Circle
Chester Gate
Park Sq East
Park Square Gardens
Park Sq West
Regent's Park
Chester Rd
Inner Circle
Queen Mary's Gardens
York Bridge
York Tce
Marylebone Rd
1 Madame Tussauds
杜莎夫人蜡像馆
3 Regent's Park
摄政公园
2 London Zoo
伦敦动物园
Regent's Canal 摄政运河
Boating Lake
Allsop Pl
Baker St
MARYLEBONE
马里勒
Gloucester Pl
Park Rd
Marylebone St
Marylebone
Hanover Gate
Prince Albert Rd
Mackennal St
Wellington Rd
St John's Wood Rd
5 Lord's
劳德板球场
St John's Wood Church Gardens
Allitsen Rd
St John's Wood Tce
详细介绍请见
景点 174页
就餐 175页
饮品 176页
娱乐 178页
购物 179页
A
B
C
D
E
5
6
7
8
10
11
19

景点

杜莎夫人蜡像馆

（Madame Tussauds） 博物馆

1 见172页地图，C8

或许你会觉得杜莎夫人蜡像馆俗气且价格昂贵（网上预订票价便宜得多），不过它能让你度过有趣的一天。你可以在顶级派对专区（丹尼尔·克雷格、Lady Gaga、乔治·克鲁尼、贝克汉姆一家）、宝莱坞聚会区（赫里尼克·罗斯汉和萨尔曼·汗）、王室委任区（女王、哈里王子、威廉王子与凯特王妃）与喜欢的名人合影。（☎0870 400 3000; www.madame-tussauds.com/london; Marylebone Rd, NW1; 成人/儿童 £30/26; ⏰9:30~17:30; ⊖Baker St）

当地生活

沿摄政运河漫步

运河曾是伦敦的商贸生命线，如今成为深受伦敦人喜爱的休憩放松之地，河畔散步可避开喧嚣的车流人流，独享静谧。你可以沿**摄政运河**（Regent's Canal）漫步，从小威尼斯（Little Venice）出发到卡姆登，用时不足1个小时——沿途会经过摄政公园、伦敦动物园、樱草山、建筑师约翰·纳西设计的漂亮别墅以及由旧厂房改建成的时尚公寓区。卡姆登和摄政公园之间需要15分钟至20分钟，摄政公园和小威尼斯之间则需25分钟至30分钟。途中有很多出口和路标。

伦敦动物园（London Zoo） 动物园

2 见172页地图，C5

伦敦动物园建于1828年，是世界上历史最悠久的动物园之一。如今动物园以保护、教育和繁育为宗旨，动物种类更少，生活空间却更大。亮点包括企鹅滩（Penguin Beach）、大猩猩王国（Gorilla Kingdom）、老虎领地（Tiger Territory）、克罗尔雨林生物（Clore Rainforest Life）和蝴蝶天堂（Butterfly Paradise）。动物园新建了狮区（Land of the Lions），是亚洲狮的新家。全天都有喂养动物活动和相关讲座。（www.londonzoo.co.uk; Outer Circle, Regent's Park, NW1; 成人/儿童 £26/18; ⏰3月至10月 10:00~17:30，11月至次年2月 至16:00; 🚌274）

摄政公园（Regent's Park） 公园

3 见172页地图，C6

在伦敦诸多公园中，摄政公园是最精致整齐的，同时也是最迷人的绿地之一。摄政公园内有很多景点，伦敦动物园（见本页），摄政运河，一个观赏湖，当地人踢足球、玩橄榄球和排球的运动场地。面朝公园南部的**玛丽女王花园**（Queen Mary's Gardens）尤其漂亮，特别是在6月玫瑰盛放时。夏季，这里的**露天剧院**（☎0844 826 4242; www.openairtheatre.org; Queen Mary's Gardens, NW1; ⏰5月至9月; ⊖Baker St）有各种演出。（www.royalparks.org.uk; ⏰5:00~21:30; ⊖Regent's Park）

樱草山（Primrose Hill） 公园

4 见172页地图，B4

夏季的周末，樱草山公园便聚满了来野餐以及欣赏无与伦比的城市天际线的当地人。不过建议还是工作日来，公园内只有遛狗的人和老妇。这里非常适合安静地散步，饿了就在户外吃份三明治。（⊖Chalk Farm）

劳德板球场（Lord's） 体育场

5 见172页地图，A6

任何喜欢板球这项英式运动的人都应该来这一"板球之家"朝圣。想看测试赛，可提前订票。不过板球迷还应该参加100分钟的团队游，参观球场和配套设施，能听到很多趣闻逸事，很有吸引力。（☎020-7616 8595；www.lords.org；St John's Wood Rd，NW8；团队游成人/儿童 £18/12；⏲团队游 11:00~14:00每小时出发；⊖St John's Wood）

PAULA FRENCH/SHUTTERSTOCK ©

伦敦动物园的大猩猩

就餐

Chin Chin Labs 冰激凌 £

6 见172页地图，D3

这是家绝妙的食物实验室。厨师们调配好冰激凌，加上液体氮，立马就冻住了。冰激凌口味定期更新，且很应季（香料十字面包、百香果和椰子等）。酱料和配料同样富有创意。这家店就在卡姆登水闸市场（Camden Lock Market）内，巨大的吉尔伽美什像（Gilgamesh）对面。（www.chinchinlabs.com；49-50 Camden Lock Pl，NW1；冰激凌 £4~5；⏲周二至周日正午至19:00；⊖Camden Town）

Market 新派英国菜 ££

7 见172页地图，D4

这家一级棒的餐馆致力于烹制简单可口的英国菜，同时融入法式风味。明亮通风的餐厅（裸露的砖墙，钢质餐桌和基础款的木椅）与简洁的菜肴相得益彰。（☎020-7267 9700；www.marketrestaurant.co.uk；43 Parkway，NW1；2道菜午餐 £10，主菜 £15~19；⏲周一至周六正午至14:30和18:00~22:30，周日 11:00~15:00；⊖Camden Town）

独家贴士

卡姆登市场小食

卡姆登水闸市场（见179页）和马厩市场（见179页）有很多食品摊档——从法式到阿根廷风味、日式和加勒比海，涵盖各种美味。食物品质不同，但总体来说，都很不错，且价格实惠，你可以在宽大的共享桌上享用，也可以去运河边品尝。

Manna

严格素食 ££

8 见172页地图，B3

这一高端小餐馆隐藏于一条小巷内，供应富有创意的严格素食菜，生意很好。看菜单就令人垂涎欲滴，菜肴摆盘精美，融合了加州、墨西哥和亚洲风味，向兴起的生食主义致敬。（020-7722 8028；www.mannav.com；4 Erskine Rd，NW3；主菜 £12~14；周二至周六正午至15:00和18:30~22:00，周日正午至20:30；；Chalk Farm）

Namaaste Kitchen

印度菜 ££

9 见172页地图，D4

虽说这里的一切都是高水准，但如果说只选一样，那非烤肉拼盘莫属：厨房烤出来的烤肉和烤鱼很嫩，异常美味。面包篮也是一大亮点，装的不是普通的印度馕饼，而是诸如香辣面饼这样的面食，味道也不错。（020-7485 5977；www.namaastekitchen.co.uk；64 Parkway，NW1；主菜 £7.50~19；周一至周五正午至15:00和17:30~23:00，周六和周日正午至23:00；；Camden Town）

York & Albany

新派英国菜 ££

10 见172页地图，D5

这一时尚的法式啤酒馆位于酒店内，是名厨戈登·拉姆齐缔造的美食帝国的组成部分，供应经典英式菜肴，餐厅通透明亮。你也可以在吧台点一份木烤比萨（£11.50）。（020-7388 3344；www.gordonramsay.com/yorkandalbany；127-129 Parkway，NW1；主菜 £14~24，早餐 £5~9.50，2/3道菜午餐和早晚餐 £21/24；周一至周六 7:00~15:00和18:00~23:00，周日7:00~21:00；；Camden Town）

饮品

Edinboro Castle

小酒馆

11 见172页地图，D5

宽敞惬意的Edinboro弥漫着优雅的氛围，家具设计很漂亮，适合慵懒地休息，有一个不错的吧台，菜单选择丰富。不过这里的亮点当属开阔的啤酒花园，还设有户外烧烤，能玩桌上足球。漫漫夏夜，花园内还会点亮彩灯。（www.edinborocastlepub.co.uk；57 Mornington Tce，NW1；正午至23:00；；Camden Town）

Proud Camden

酒吧

12 见172页地图，D3

Proud位于马厩市场内一座昔日的马匹医院内，设有私人小隔间，墙上贴有很酷的摇滚照片，还有个带热水池的奇特花园露台。这里也是卡姆登最好的音乐演出场所之一，大多数夜晚，都会有乐队现场表演，DJ助兴。（www.proudcamden.com; Stables Market, Chalk Farm Rd, NW1; £15畅饮；周一至周六 10:30至次日1:30，周日正午至午夜；Chalk Farm）

Dublin Castle 小酒馆

13 见172页地图，D4

这是一家舒服的垃圾摇滚风格酒吧，其后屋几乎每天都会有朋克或另类乐队现场表演（服务费通常在£4.50至£7之间）。周五、周六和周日夜晚，乐队表演结束后，DJ会为大家助兴。（www.thedublincastle.com; 94 Parkway, NW1; 13:00至次日2:00; Camden Town）

Lock Tavern 小酒馆

14 见172页地图，D3

在卡姆登，"一袭黑衣"的Lock Tavern之所以能屹立至今有以下原因：内部舒适惬意，妙不可言的屋顶露台，能俯瞰人流熙来攘往的市场以及后屋的啤酒花园，啤酒品种繁多，每周末还会邀请乐队和DJ来演出，使得气氛更为活跃。（www.lock-tavern.com; 35 Chalk Farm Rd, NW1; 正午至午夜; Chalk Farm）

Blues Kitchen 小酒馆

15 见172页地图，E4

Blues Kitchens成功的秘诀很简单：选择一流的蓝调乐队，邀请他们在极好的酒吧表演，（大多数）免费，供应可口的饮食。这意味着顾客盈门。每天晚上，这里都有现场音乐演出——从民谣到摇滚，类型多样——每周日晚上7点起是蓝调时间。（020-7387 5277; www.theblueskitchen.com; 111-113 Camden High St, NW1; 周一至周四 正午至午夜，周五至次日3:00，周六 10:00至次日3:30，周日10:00至次日1:00; Camden Town）

Queen's 小酒馆

16 见172页地图，B4

或许是因为地处樱草山，所以Queen's更像是咖啡馆，而不是那种你经常见到的酒吧。不过这依然是个不错的饮酒地，供应精心挑选过的葡萄酒和啤酒，更重要的是，在喝酒的同时可以静看人来人往——英国著名演员裘德·洛（Jude Law）也会来这里喝上一杯。（www.

当地生活

北伦敦之音

伦敦北部是独立摇滚之乡，走出过很多著名乐队和艺术家，包括Stereophonics、Coldplay、Amy Winehouse和Feeder在内，最初都是在这一地区不起眼的酒吧内驻唱演出。酒吧通常在晚上7点30分左右开始营业，但乐队演出可能要到晚上9点，有时候更晚。酒吧关门时间是凌晨2点左右，不过根据活动不同，具体时间也不一样。

thequeensprimrosehill.co.uk; 49 Regent's Park Rd, NW1; ⌚11:00~23:00; 📶 👪; ⊖Chalk Farm)

BrewDog Camden

酒吧

17 🍷 见172页地图，E4

这家酒吧的特色是精酿啤酒，龙头里供应约20种不同的啤酒。BrewDog自家的啤酒厂在苏格兰，但酒吧里超过半数的啤酒来自世界各地的精品啤酒店。(www.brewdog.com; 113 Bayham St, NW1; ⌚正午至23:30; ⊖Camden Town)

娱乐

Cecil Sharp House

传统音乐

18 ☆ 见172页地图，D4

如果你喜欢踢踏作响的木屐舞，手绢挥舞或铃儿叮当响，那么这个地方适合你。这是英国民间歌舞协会所在地，保留了各种奇特的民间传统。华丽的为壁画所覆盖的肯尼迪大厅(Kennedy Hall)还会举办表演，组织课程教学。舞蹈课十分有趣，无经验者亦可参加。(www.cecilsharphouse.org; 2 Regent's Park Rd, NW1; ⊖Camden Town)

KOKO

现场音乐

19 ☆ 见172页地图，E5

KOKO曾是赫赫有名的卡姆登宫所在地，查理·卓别林、Goons和性手枪乐队(Sex Pistols)都在这里表演过，至今仍然是伦敦一流的演出场所之一。剧院设有一个舞池，还有颓废风的阳台，周五的Club NME活动将吸引大批独立乐迷。几乎每个晚上都有现场乐队演出。(www.koko.uk.com; 1a Camden High St, NW1; ⊖Mornington Cres)

Jazz Cafe

现场音乐

20 ☆ 见172页地图，E4

看名字，你或许以为这里主打爵士乐，但事实上爵士乐在节目单上只占据了很小的一部分。幽静的夜店式空间内也会上演骤停打击乐、嘻哈、R&B和灵魂乐，定期会邀请大腕助兴。周六的俱乐部之夜“80年代vs90年代(I love the 80s v I love the 90s)”一直很受欢迎。(☎0844 847 2514; www.thejazzcafelondon.com; 5 Parkway, NW1; ⊖Camden Town)

Barfly

现场音乐

21 ☆ 见172页地图，D3

这一典型的垃圾独立摇滚表演场地，以为寻求重大转机的无名艺术家提供表演机会闻名。场地不大，所以你会感觉乐队是专门为你和伙伴表演。一周中大多数晚上都会有俱乐部主题之夜。Jubilee on Fridays或许是最好的，有乐队现场表演，还有DJ助兴。(www.thebarflylondon.com; 49 Chalk Farm Rd, NW1; ⊖Chalk Farm)

Roundhouse

演出场所

22 ☆ 见172页地图，C3

这一与众不同的圆形建筑建于1847

年，最初是火车机修处，到了20世纪60年代，这里变成艺术中心，承办过很多乐队演出。但到了1983年，几乎被完全废弃。21世纪，Roundhouse迎来复苏，大获成功，如今不仅承办大腕演唱会，还有舞蹈、马戏、独角喜剧、诗歌朗诵和即兴表演。(www.roundhouse.org.uk; Chalk Farm Rd, NW1; ⊖Chalk Farm)

购物

马厩市场(Stables Market) 市场

23 见172页地图，D3

马厩市场与水闸市场相连，是卡姆登市场最具吸引力的组成部分，能淘到古玩、亚洲手工制品、地毯、复古家具和衣服。(Chalk Farm Rd, NW1; 10:00~18:00; ⊖Chalk Farm)

> **当地生活**
>
> **卡姆登市场**(Camden Market)
>
> 虽然——或许也正是因为——已不再售卖廉价皮夹克，但**卡姆登市场**(www.camdenmarket.com; Camden High St, NW1; 10:00~18:00; ⊖Camden Town)依然每年能吸引多达1000万的游客前来。这里出售的物品包括衣服(质量不一)、包、珠宝、艺术和手工艺品、蜡烛、香和饰物。卡姆登市场由马厩市场、水闸市场、卡姆登水闸市场和巴克街市场组成。

卡姆登水闸市场(Camden Lock Market) 市场

24 见172页地图，D3

最初的水闸市场就在运河水闸旁，有售卖各种美食的摊位，还能找到陶器、家具、东方地毯、乐器和衣服。(www.camdenlockmarket.com; 54-56 Camden Lock Pl, NW1; 10:00~18:00; ⊖Camden Town)

Camden Lock Village 市场

25 见172页地图，D3

作为卡姆登市场的组成部分之一，这个市场就在水闸市场对面，沿运河岸展开，有售卖各种小摆设的摊位。现在有计划改造市场后面的办公楼和一处拥有170套公寓的大楼，试图将这里打造成“伦敦北部的博罗市场”，但引发了不小的争议。(Chalk Farm Rd, NW1; 10:00~18:00; ⊖Camden Town)

巴克街市场(Buck Street Market) 市场

26 见172页地图，E4

虽然自称为“卡姆登市场”，但这一带顶棚的小市场并不属于主市场。这里的摊档主要出售T恤、珠宝和劣质的旅游纪念品。这是最靠近车站的市场，但也是最无趣的。(Buck St和Camden High交叉路口，NW1; 9:00~17:30; ⊖Camden Town)

当地生活
漫步汉普斯特德荒野

到达和离开

Northern线设有汉普斯特德站。前往海格特墓地（Highgate Cemetery），在Archway下车（Northern线）。

荒野南端设有汉普斯特德荒野站和Gospel Oak站。

广阔的汉普斯特德荒野有着绵延起伏的林地草甸，给人感觉与伦敦中心相隔“十万八千里”，但事实上只隔了4英里。汉普斯特德覆盖面积达320公顷，栖息有约180种鸟类、23种蝴蝶、草蛇、蝙蝠，还有各种植物。登顶议会山（Parliament Hill），美景一览无余。北伦敦人钟爱这片无垠的绿地，周末尤其热闹，当地人携家带口，还有遛狗的人。每当阳光灿烂时，约上三五好友来此野餐，也是分外惬意。

❶ 造访墓地

海格特墓地（Highgate Cemetery；www.highgatecemetery.org；Swain's Lane，N6；东墓园 成人/儿童 £4/免费；⏲11:00~17:00；⊖Archway）是卡尔·马克思、乔治·艾略特和俄罗斯特工亚历山大·利特维年科（Alexander Litvinenko，2006年因放射性钋-210中毒离世）的长眠之地，分成东、西两个墓园。要参观肃穆的西墓园，必须参加团队游。

❷ 议会山赏景

从墓地出发，沿Swain's Lane往下，来到海格特西山转盘（Highgate West Hill roundabout），爬上**议会山**，在山顶，伦敦城南美景尽收眼底。伦敦人喜欢来这里野餐——选好位置，一边欣赏风景，一边吃三明治。如果天气暖和，你甚至可以在**汉普斯特德荒野游泳池**（Hampstead Heath Ponds；Hampstead Heath，NW5；成人/儿童 £2/1；⊖Hampstead Heath）游泳，这里全年开放，有救生员看管。

❸ 参观肯伍德庄园

横穿这片荒野，便来到了华丽的新古典主义风格的**肯伍德庄园**（Kenwood House，简称EH；www.english-heritage.org.uk；Hampstead Lane，NW3；免费参观；⏲10:00~17:00；🚌210），庄园建于18世纪，视野开阔，为漂亮的花园所环绕，经过花园，可以到达如画般迷人的湖泊。庄园内收藏有大量艺术品，包括伦勃朗、康斯特布尔和透纳的画作。不妨留意外面的亨利·摩尔和芭芭拉·赫普沃斯的**雕像**。

❹ 在Spaniard's Inn歇脚

这一始于1585年的酒馆位于汉普斯特德荒野边缘，拜伦、雪莱、济慈和狄更斯都曾来这里饮酒。**Spaniard's Inn**（www.thespaniardshampstead.co.uk；Spaniards Rd，NW3；⏲正午至23:00；🚌210）一度是收费站，至今仍散发着历史魅力——木质嵌板、杂乱无序的内部外加热情的款待。到周末时分，这里尤其受遛狗者、家庭出游者和其他来公园游览放松的人的欢迎。

❺ 逛逛汉普斯特德周边

在Spaniard's Inn补充体力后，乘坐603路公共汽车前往历史街区汉普斯特德——令人愉悦的伦敦一隅。两次世界大战期间，这里受到艺术家的喜爱，至今仍保留了波希米亚风情，奢华的府邸，郁郁葱葱的街道，咖啡馆，还有可爱的精品店。可以去**Exclusivo**（2 Flask Walk，NW3；⏲10:30~18:00；⊖Hampstead）挑选高质量的二手精品服饰。

❻ 在Stag享用晚餐

漫步至**Stag**（☎020-7722 2646；www.thestaghampstead.com；67 Fleet Rd，NW3；主菜 £9.50~18；⏲正午至23:00；⊖Hampstead Heath），这家相当不错的美食酒吧是一日游的最后一站，你能品尝到美味的英式菜肴。牛肉和啤酒派可算百里挑一，甜点味道也极佳。品种繁多的葡萄酒和啤酒保管令你不急着回家。

皇家天文台和格林尼治

古雅的格林尼治（Greenwich，读作gren-itch，w不发音）位于伦敦城南泰晤士河畔，其间雄伟的建筑，绝美的公园和超群的景色总是吸引着如织的热情游客。坐拥迷人的皇家天文台（Royal Observatory）及神话般的国家海事博物馆（National Maritime Museum），格林尼治绝对是任何伦敦之行的一大亮点，所以理直气壮地留一天给它吧。

一日游行程

早一点来**格林尼治公园**（Greenwich Park；见186页）散散步，然后往山上走走，站在与沃尔夫将军雕像比肩的位置，可饱览格林尼治及伦敦活色生香的美景。下山去**旧皇家海军学院**（Old Royal Naval College；见189页）的彩绘大厅（Painted Hall）欣赏令人眼花缭乱的艺术品之前，还可以去探索下**皇家天文台**（见184页）。

前往**卡蒂萨克号**（Cutty Sark；见189页）开启茶叶贸易辉煌年代的穿越之旅前，记得留些体力给**格林尼治市场**（Greenwich Market；见191页）及**Old Brewery**（见191页）。最后，再留出一到两个小时，去参观**国家海事博物馆**（见189页），它是全世界同类博物馆中最大的一个，无论成人还是孩子都能在这里找到乐趣。

去河边挑个小酒馆喝几杯吧，有助于从白天丰富的游览中恢复元气，**Trafalgar Tavern**（见192页）或者**Cutty Sark Tavern**（见191页）都是不错的选择。晚餐可以去**Inside**（见191页）尝尝新派欧洲餐，或者去**Rivington Grill**（见191页）感受下新派英国菜。

顶级景点

皇家天文台和格林尼治公园（见184页）

伦敦最佳

饮品

Trafalgar Tavern（见192页）

Cutty Sark Tavern（见191页）

Greenwich Union（见192页）

建筑

王后行宫（见190页）

旧皇家海军学院（见189页）

小众景点

野趣苑-鹿园（见187页）

格林尼治河底行人隧道（见190页）

到达和离开

火车 从伦敦市中心出发到格林尼治最快捷的方式是在Charing Cross或London Bridge站搭乘主线火车，在Greenwich火车站下车。

港区轻轨（DLR）在港区轻轨Cutty Sark站下车，可轻松前往格林尼治区内的多数景点。

交通船 可从伦敦市中心（如London Eye Pier站或Bankside Pier站）搭乘泰晤士快船（Thames Clipper）前往格林尼治。

顶级景点

皇家天文台和格林尼治公园

（Royal Observatory & Greenwich Park）

皇家天文台坐落在伦敦最古老的皇家公园最高处，这里汇聚着关于海洋及星空的研究。在这里游客可以了解到英国皇家天文学家解开经度之谜的过程，以及格林尼治是如何凭借格林尼治标准时间成为了世界的中心，那条著名的子午线就保留在院子里。

皇家天文台内设有免费区（韦勒天文展览馆Weller Astronomy Galleries，大赤道望远镜Great Equatorial Telescope）及收费区（子午线，弗拉姆斯蒂德之屋天文馆）。

见188页地图，C4

www.rmg.co.uk

Greenwich Park, Blackheath Ave, SE10

10月至次年6月 10:00~17:00，7月至9月 至18:00

DLR Cutty Sark, DLR Greenwich, Greenwich

不要错过

弗拉姆斯蒂德之屋(Flamsteed House)

1675年，在伦敦塔(Tower of London)观测台关闭后，查理二世(Charles Ⅱ)下令由克里斯托弗·雷恩(Christopher Wren)设计，在格林尼治城堡(Greenwich Castle)的基础上修建了弗拉姆斯蒂德之屋，它是第一个用于天文观测的建筑。它现在包括宏伟的**八角室**(Octagon Room)和一套简朴的公寓，皇家天文台长和家人曾居住于此。在其下方则是承载着辉煌历史的**时间展馆**(Time Galleries)，这里展示着人们是如何通过天文学方法和航行表的发明，解决了经度问题，从而可以精确判定船只的东西向位置。

子午线庭院(Meridian Courtyard)

在弗拉姆斯蒂德之屋门外，地球被本初子午线强行分为东西两半。游客可以在子午线庭院内欢快地用两只脚踩在子午线的两侧，同时跨站在两个半球之上。每天13:00，皇家天文台顶部的红色**时间球**(time ball)都会掉落下来，从1833年开始至今不曾间断。根据官网信息，时间球因损毁近期不再对外开放，等待修缮(http://www.rmg.co.uk/see-do/we-recommend/attractions/see-time-ball-drop)。

天文中心(Astronomy Centre)

天文中心位于天文台的南半部，这里还藏着知识宝库般(且免费)的**韦勒天文展览馆**(Weller Astronomy Galleries)，在这里你能触摸到你遇到过的最古老的物件：吉本镍铁陨石(Gibeon meteorite)碎片，它不过才45亿岁！这里还有些其他有趣的展品，包括一些天文学纪录片，牛顿的《自然哲学之数学原理》(*Principia Mathematica*)首版，在这里还有机会观赏各个波长下银河的不同形态。

☑ 独家贴士

- 皇家天文台及天文馆需要购买门票，但天文中心是免费的。
- 成人/儿童 £9.50/5，卡蒂萨克号联票 £16.80/7.70。
- 若购买皇家天文台、卡蒂萨克号以及国家海事博物馆特展套票，可享较大折扣。

吃喝落脚点

天文馆旁边的**Astronomy Café**可以提供小吃和简餐。它与加加林天台(Gagarin Terrace)相通，天台上矗立着这位著名太空人的雕像。

如果你热爱本地酿造的啤酒(及美食)，可以去试试位于旧皇家海军学院中的**Old Brewery**(www.oldbrewerygreenwich.com; Pepys Bldg, Old Royal Naval College, SE10; 周一至周六 11:00~23:00，周日 正午至22:30; DLR Cutty Sark)。

天文馆(Planetarium)

应用了尖端技术的**彼得·哈里森天文馆**(Peter Harrison Planetarium; ☎020-8312 6608; www.rmg.co.uk/whats-on/planetarium-shows; 成人/儿童 £7.50/5.50; 🚉Greenwich, DLR Cutty Sark)可以将整个苍穹投射到屋顶上，它也是伦敦唯一的天文馆。这里每天都会有几场知识性的展示活动，其中2场[《今夜星空》(*The Sky Tonight*)及《认识下我们的邻居》(*Meet The Neighbours*)]由天文学家现场解说。建议提前预订。

沃尔夫将军雕像(General Wolfe Statue)

这座占据公园最佳观景位置的雕像，是对詹姆斯·沃尔夫将军(General James Wolfe)的纪念。在他的指挥下，英国在魁北克的对法作战取得了胜利。将军本人在这场战役中牺牲，而英国对加拿大的统治得到了延续。这座雕像是由加拿大1930年赠予并安置于现址的，距此不远便是沃尔夫生前住所及身后墓地(一所本地教堂内)。

> **了解当地**
>
> **格林尼治标准时间**(GMT)
>
> 1884年，在华盛顿召开的国际子午线会议上，格林尼治子午线被确定为全球本初子午线。至此格林尼治取代了此前使用的各种子午线，成为了经度及时区计算的零度基准线。格林尼治之所以当选，一个主要原因就是美国早已使用格林尼治标准时间计算国家时区。此外，大部分世界贸易中所使用的航海图，也早已将格林尼治子午线设为本初子午线。

格林尼治公园(Greenwich Park)

作为伦敦最漂亮的绿地之一，这个**公园**(www.royalparks.org.uk; King George St, SE10; ⏰冬季 6:00~18:00, 春秋季 至20:00, 夏季 至21:00; 🚉Greenwich, Maze Hill, DLR Cutty Sark)里面有一片玫瑰花园、若干风景如画的步道和安格鲁-撒克逊坟冢。站在皇家天文台附近的山顶，还可将泰晤士河对岸的金融区金丝雀码头(Canary Wharf)的美景尽收眼底。公园占地74公顷，部分出自景观建筑师安德烈·勒诺特尔(André Le Nôtre)之手，他也是凡尔赛皇宫花园的设计者。格林尼治公园还举办了2012年奥运会的马术比赛。

皇家园林卫队宅邸(温赫收藏馆)[Ranger's House(Wernher Collection)]

这座优雅的乔治亚式**别墅**(EH; ☎020-8294 2548; www.english-heritage.org.uk; Greenwich Park, Chesterfield Walk, SE10; 成人/儿童 £7.20/4.30; ⏰导览游只在3月下旬至9月，周日至周三，11:00及14:00发团; 🚉Greenwich, DLR Cutty Sark)修建于1723年，它曾经是皇家园林卫队的住所，现在收藏着700件美术品和工艺品(中世纪及文艺复兴时期的画作、瓷器、银器及挂毯)。其中西班牙文艺复兴时期的珠宝藏品为全欧洲最佳。

格林尼治公园

秋栗（Autumn Chestnuts）

格林尼治公园内植有许多栗子树，每到秋天，香甜美味的栗子就会挂满枝头。本地人很喜欢采撷栗子。你也可以去捡拾一些已经掉落在地上的栗子回去，但还长在树上的可不行。

鹿园野趣（Deer Park）

格林尼治公园里常有鹿到处散步，但它们现在被圈养在公园的西南角的一块封闭的林地内。它们由16头黇鹿（fallow deer）及14头红鹿组成。园内设有专门的观赏点。

A
B
C
D
1
2
3
4
5
200 m
0.1 miles
Manchester Rd
Island Gardens DLR
Saunders Ness Rd
ISLE OF DOGS
River Thames 泰晤士河
Greenwich Foot Tunnel 格林尼治步行隧道
Pelton Rd
11
Lassell St
12
Old Royal Naval College 旧皇家海军学院
1
Park Row
Old Woolwich Rd
Trafalgar Rd
9
3
Cutty Sark 卡蒂萨克号
Chapel at Old Royal Naval College 旧皇家海军学院礼拜堂
National Maritime Museum 国家海事博物馆
2
4
Queen's House 王后行宫
Park Vista
16
Cutty Sark DLR
7
17
6
Creek Rd
Bardsley La
14
18
Romney Rd
St Alfege Church 圣阿腓基教堂
5
King William Walk
Greenwich Park 格林尼治公园
Stockwell St
8
Straightsmouth St
Greenwich High Rd
Burney St
Croom's Hill
The Avenue
GREENWICH 格林尼治
Royal Observatory 皇家天文台
Greenwich railway & DLR
Royal Hill
King George St
10
Circus St
13
Greenwich South St
Brand St
Prior St
Royal Hill
Hyde Vale
详细介绍请见
顶级景点 184页
景点 189页
就餐 190页
饮品 191页
娱乐 192页
购物 193页

景点

旧皇家海军学院
(Old Royal Naval College) 历史建筑

1 见188页地图，B2

由克里斯托弗·雷恩设计的旧皇家海军学院是古典建筑中伟大的经典之作。虽然现在部分为格林尼治大学及三一音乐学院所用，但你仍可以去参观**礼拜堂**及美轮美奂的**彩绘大厅**，那是艺术家詹姆斯·桑希尔爵士花费19年心血打造的杰作。由讲解员带队的建筑群观光团（£6）每天正午出发，可以带领游客们去到一些并不对公众开放的区域。（www.ornc.org; 2 Cutty Sark Gardens, SE10; 门票免费; 广场8:00~18:00; DLR Cutty Sark）

国家海事博物馆
(National Maritime Museum) 博物馆

2 见188页地图，C3

博物馆内的展览按照主题分类，向人们讲述着波澜壮阔的不列颠航海历史，其中最引人注目的当属1933年的英国小姐三号（Miss Britain Ⅲ，它是第一艘在开放水域以100英里/小时速度航行的船只），1732年为威尔士弗雷德里克王子建造的长达19米的黄金皇家驳船，这艘巨船的螺旋桨及五彩斑斓的艏饰像被装置在博物馆的一层。另外，航船模拟器及位于三层的儿童画廊会让孩子们玩得尽兴。（www.rmg.co.uk/national-maritime-museum; Romney Rd, SE10; 门票免费; 10:00~17:00; DLR Cutty Sark）

吃喝落脚点 可以逛逛格林尼治市场（见191页）寻找绝味街头美食。

卡蒂萨克号 (Cutty Sark) 博物馆

3 见188页地图，B3

这艘巨轮堪称格林尼治的地标，它上次航行还是在19世纪，往返于英格兰和中国，它曾在2007年的一场火灾中沉没，历经6年、花费2500万英镑的全面修缮，如今它已完全恢复了正常运行。船上陈列的展品讲述着它在19世纪末作为茶船的过往故事（之后也装载运输过羊毛及杂货）。（020-8312 6608; www.rmg.co.uk/cuttysark; King William Walk, SE10; 成人/儿童£12.15/6.30，与皇家天文台联票 £16.80/7.70; 10:00~17:00; DLR Cutty Sark）

了解当地
建筑风格

格林尼治内有着成群的古建筑，彼此之间颇有渊源，非同一般。很大程度上得益于皇家的资助，几乎所有启蒙运动中伟大的建筑师都在这里留下了印记。17世纪早期，伊尼戈·琼斯建造了英格兰第一个古典主义文艺复兴风格建筑——王后行宫，至今依然巍然屹立。查理二世也对这里青睐有加，曾令克里斯托弗·雷恩爵士建造了皇家天文台及皇家海军学院的一部分，不过后者最终是由约翰·范布勒于17世纪早期完成。

当地生活

格林尼治河底行人隧道

（Greenwich Foot Tunnel）

这条诡谲的步道将格林尼治与河北岸的犬岛（Isle of Dogs）相连。在河两岸各有一幢玻璃圆顶的房子，是隧道的出入口。这条370米长的古老**隧道**（Cutty Sark Gardens, SE10；门票免费；24小时；DLR Cutty Sark）从1902年使用至今。隧道的两头都设有楼梯和电梯。

王后行宫（Queen' s House） 历史建筑

4 见188页地图，C3

作为建筑师伊尼戈·琼斯从意大利归来创作的首个帕拉第奥（Palladian）式建筑作品，建筑本身与其中的艺术展品一样令人心驰神往。大礼堂四四方方，华美典雅，以精美的花砖铺地。登上螺旋状郁金香回转楼梯去往二层，那里展有一系列以大海或航海为主题的绘画及肖像，都是来自国家海事博物馆的收藏。（www.rmg.co.uk/queens-house; Romney Rd, SE10；门票免费；10:00~17:00；DLR Cutty Sark）

圣阿腓基教堂（St Alfege Church） 教堂

5 见188页地图，B3

这所漂亮的圣阿腓基教堂由尼古拉斯·霍克斯穆尔设计，于1718年完工，亮点包括一幅修缮过的壁画，作者是詹姆斯·桑希尔[James Thornhill，在附近的皇家海军学院彩绘大厅（020-8269 4799; www.ornc.org；门票免费；DLR Cutty Sark）及圣保罗大教堂也能找到他的作品）]，大面积采用了木制隔板的室内，及引人遐想的托马斯·塔利斯管风琴，中间八度音阶键盘来自都铎时代。每周四13:05这里都会有免费的演出。（www.st-alfege.org; Greenwich Church St, SE10；周一至周三 11:00~16:00，周四和周五 至14:00，周六和周日 10:00~16:00；Greenwich, DLR Cutty Sark）

就餐

Goddards at Greenwich 英国菜 £

6 见188页地图 B3

如果你很想尝试下正宗的英国菜肴——馅饼和土豆泥，那来这家总是人满为患的餐馆吧。鳗鱼冻、豌豆泥及“卤汁”（一种由欧芹和醋混制的绿色酱汁）可作为佐餐备选。（www.goddardsatgreenwich.co.uk; 22 King William Walk, SE10；菜肴£3.30~7.30；周日至周四 10:00~19:00，周五和周六 至20:00；DLR Cutty Sark）

Black Vanilla 冰激凌 £

7 见188页地图，B3

如果你想在格林尼治公园吃点甜食，找点郊游感觉，那就去这家意大利冰激凌店吧，这里有漂亮（稍贵）的冰激凌和千姿百态的纸杯蛋糕，旁侧楼梯上面设有舒服的座位。（www.black-vanilla.com;

5 College Approach, SE10; 蛋糕和冰激凌 £1.50~4; 周二至周日 正午至19:00; DLR Cutty Sark)

Rivington Grill
英国菜 ££

8 见188页地图, B4

作为Hoxton区那家时髦的烧烤餐馆酒吧的姐妹版，这里同样新潮时尚，菜单非常具有"今日英国"特色，包括松露焗花椰菜、焗烤通心面及馅料丰富的馅饼，配上德文红牛肉(Devon Red)。气氛十分热情友好。(020-8293 9270; www.rivingtongreenwich.co.uk; 178 Greenwich High Rd, SE10; 主菜 £9.50~15.75; 周一至周五 正午至23:00，周六和周日 10:00开始营业; Greenwich)

Old Brewery
新派英国菜 ££

9 见188页地图, B2

这家自酿酒吧开在旧皇家海军学院之中，店中一角摆着几只锃光瓦亮、容积1000L的铜质大酒缸，白天是间咖啡馆，餐馆于夜晚开始营业，以最佳时令食材配料烹制考究的精选菜肴。(020-3327 1280; www.oldbrewerygreenwich.com; Pepys Bldg, Old Royal Naval College, SE10; 咖啡馆主菜 £7.50~13.95，餐馆 £12.50~22.95; 咖啡馆 10:00~17:00，餐馆 18:00~23:00; ; DLR Cutty Sark)

Inside
新派欧洲菜 £££

10 见188页地图, A5

雪白的墙面，现代艺术品及亚麻桌布，共同营造出一种轻松的氛围，这里考究的食物深受欢迎，从熏鳕鱼(smoked haddock)及香葱鱼饼(chive fish cakes)到巴巴里烤鸭(roast Barbary duck)这有很多好吃不贵的选择。(020-8265 5060; www.insiderestaurant.co.uk; 19 Greenwich South St, SE10; 主菜 £15~23, 2/3道菜套餐 £20/25; 周二至周五 正午至14:30，周六和周日 至15:00，周二至周六 18:00~22:00; DLR Greenwich)

饮品

Cutty Sark Tavern
小酒馆

11 见188页地图, D1

酒馆所在的建筑，是一座有着圆肚

当地生活

市场里的世界美食

若想尝遍世界美食，**格林尼治市场**(www.greenwichmarketlondon.com; College Ap-proach, SE10; 9:00~17:30; P ; DLR Cutty Sark)绝对是不二之选，在这里你能找到从西班牙小吃到泰国菜、日本寿司、波兰甜甜圈、法国可丽饼(crêpes)、巴西油条(churros)、路易斯安那熏香肠、乌拉圭牛肉三明治(chivitos)等一切美味。饱餐一通后再来杯农场酿造的新鲜苹果酒，或者香料热饮酒(mulled wine)消消食吧。

当地生活

格林尼治喜剧节

9月伊始，格林尼治就变身为伦敦最大喜剧节——**格林尼治喜剧节**（www.greenwichcomedyfestival.co.uk）的海洋，主场位于旧皇家海军学院之中。

窗、木房梁的乔治亚式房子，面对着泰晤士河，它是格林尼治现存不多的独立小酒馆之一。吧台处摆着6只木桶装麦芽啤酒，可随时拧取，另一侧是景色优美的河边露天卡座。这里距DLR车站有10分钟步行路程。（www.cuttysarktavern.co.uk；4-6 Ballast Quay, SE10；周一至周六 11:00~23:00，周日 正午至22:30；DLR Cutty Sark）

Trafalgar Tavern 小酒馆

12 见188页地图，C2

这间通过大大的窗户可远眺泰晤士河的希腊式小馆，有着悠长的历史。狄更斯显然曾在这小酌，《我们共同的朋友》（*Our Mutual Friend*）中婚礼早餐场景就是在这里，首相格拉德斯通及迪斯雷利也在这里享用过著名的美食小银鱼（whitebait）。（020-8858 2909；www.trafalgartavern.co.uk；6 Park Row, SE10；周一至周六 正午至23:00，周日 至22:30；DLR Cutty Sark）

Greenwich Union 小酒馆

13 见188页地图，B5

这间小酒馆获过大奖，这里囤着六七种Meantime微型精酿酒厂酿造的啤酒，包括覆盆子酒、小麦酒以及种类繁多的麦芽酒，外加各色国际罐装啤酒。狭长的过道可通往库房和后面的啤酒花园。（www.greenwichunion.com；56 Royal Hill, SE10；周一至周五 正午至23:00，周六和周日 11:00~23:00；DLR Greenwich）

娱乐

Up the Creek 喜剧

14 见188页地图，A3

说起来有点怪，但在这家超级棒的夜店，听台下插科打诨比观看演出本身更逗乐。台下恶搞，台上上演着精彩的喜剧，各种粗俗搞笑层出不穷，这已经成为这里的日常气氛。每周四是“酷炫”（Blackout）的开放麦克（open-mic）之夜（www.the-blackout.co.uk，£5），而周日则会有些特别节目（www.sundayspecial.co.uk，£7）。周五和周六会有演出后的锐舞派对。（www.up-the-creek.com；302 Creek Rd, SE10；门票 £5~15；周四和周日 19:00~23:00，周五和周六 至次日2:00；DLR Cutty Sark）

O2 Arena 现场音乐

15 见188页地图，D2

作为本城最主要的演出场所，这里

承接过包括滚石乐队（Rolling Stones）、保罗·西蒙和Sting、芭芭拉·史翠珊、Prince各种大型演出，场馆可容纳2万人。此外这里还经常举办各种运动赛事。O2 Arena里稍小些的Indigo厅可容纳2350人。（www.theo2.co.uk；Peninsula Sq，SE10；North Greenwich）

拉邦剧院（Laban Theatre） 舞蹈

16 见188页地图，A3

作为三一拉邦音乐舞蹈学院（Trinity Laban Conserv-atoire of Music and Dance）的大本营，拉邦剧院是欧洲最大、设备最先进的现代舞蹈学校，这里经常上演学生的舞蹈表演、毕业剧及由渐变舞蹈团（Transitions Dance Company）奉上的日常演出。这座令人叹为观止的场馆花费2300万英镑，由赫尔佐格和德梅隆设计建造，泰特现代美术馆也是出自他们之手。

购物

格林尼治市场 市场

17 见188页地图，B3

在伦敦街头随处可见的各色市场中，格林尼治市场大概是最小的一个，但它非常与众不同。每周二、周三、周五及周末，一些小众的独立艺术家们就会化身小摊贩，在这里兜售一些原创版画、健康的美容产品、新潮的珠宝饰品、酷炫的时尚单品等。每周二、周四和周五，这里主要售卖二手货、古董和一些收藏品。（www.greenwichmarketlondon.com；College Approach，SE10；10:00~17:30；DLR Cutty Sark）

Casbah Records 音乐

和Retrobates Vintage位置相同（18 见188页地图，A3），这家气质独特的店里汇集着黑胶老唱片及各种CD、DVD、纪念物品等。（www.casbahrecords.co.uk；320-322 Creek Rd，SE10；10:30~18:00；DLR Cutty Sark）

Retrobates Vintage 二手店

18 见188页地图，A3

这家可爱的二手店中每件单品都是独一无二的，玻璃橱窗里堆满了装饰珠宝、旧香水瓶和各色草帽，衣架上混杂悬挂着华丽优雅的外套和西装。而男士们也能在这家二手店有所斩获。（330-332 Creek Rd，SE10；周一至周五 10:30~18:00，周六和周日 至18:30；DLR Cutty Sark）

独家贴士

免费音乐会

三一拉邦音乐舞蹈学院（www.trinitylaban.ac.uk）在格林尼治定期举办一些免费演出。每周四13:05在圣阿腓基教堂（见190页）会举办一场，其他时间在旧皇家海军学院（见189页）礼拜堂也设有场次。具体信息请查阅官网。

当地生活
东伦敦奥林匹克漫步

到达和离开

⊖乘Central线和Jubilee线到达Stratford站，或乘Central线到达Bethnal Green站。

🚆乘地上铁（Overground）可到达Stratford站。

2012年伦敦奥运会在很大程度上改变了伦敦东部的面貌。体育场附近原本是大片的工业用地，现在已是配备有先进体育设施的公园，一片欣欣向荣。这样的变化也影响着周边的社区，像哈克尼威克（Hackney Wick）、维多利亚公园（Victoria Park）这样曾经不被看好的地段也一跃晋升为炙手可热的优质地产。

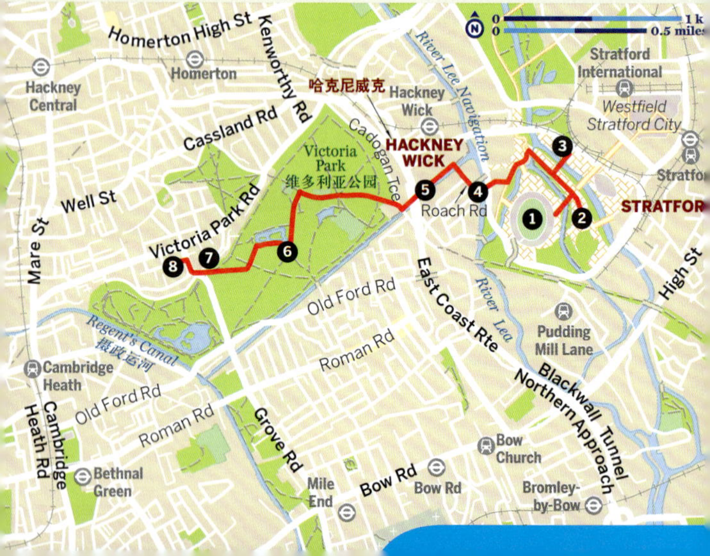

❶ 奥林匹克体育场

奥林匹克体育场是整个东伦敦最大的体育场。从2016年起，这里已成为西汉姆联队的主场，英国田径项目的国家竞技体育中心。

❷ 安赛乐米塔尔轨道

这个扭曲的钢铁结构奇异**建筑**（☎0333 800 8099；www.arcelormittalorbit.com；Queen Elizabeth Olympic Park,E20；成人票 £15，儿童票 £7；⏲4月至9月 10:00~18:00，10月至次年3月 10:00~16:00；⊖Stratford）矗立在奥林匹克体育场附近，设计师是曾获得特纳奖的安尼什·卡普尔。游客可以登上塔顶观景台，从115米高空俯瞰周围的美妙景色。

❸ 在利河上乘船观光

奥林匹克公园及众多场馆在利河（River Lea）两岸绵延数公顷，参加**利河与斯多特河游船游**（www.leeandstortboats.co.uk；Stratford Waterfront Pontoon,E20；成人票 £8，儿童票 £4；⏲3月周末运营，4月至9月每天运营，10月至次年2月仅在指定日期运营；⊖Stratford）可以将它们尽收眼底。

❹ 在Formans享用午餐

Formans（☎020-8525 2365；www.formans.co.uk；Stour Rd,E3；主菜 £15~20，早午餐 £6~10；⏲周四和周五 19:00~23:00，周六 10:00~14:00和19:00~23:00，周日 正午至17:00；📶；⊖Hackney Wick）与奥林匹克体育场隔河相望，在熏烤工坊之上还设有一个画廊。菜单包括美味的烟熏三文鱼和其他各种海鲜。

❺ 哈克尼威克（Hackney Wick）

哈克尼威克是从Formans出发，沿Roach Rd到**赫特福德联盟运河**纤道小路之间的一片区域，近几年这里已发展成了繁荣的艺术家聚居地。旧时的码头和仓库被改造成了成片的公寓和工作室。

❻ 漫步维多利亚公园

维多利亚公园（www.towerhamlets.gov.uk/victoriapark；Grove Rd,E3；⏲7:00至傍晚；⊖Hackney Wick）也被戏称为"东城摄政公园"，林木繁茂，湖水、雕像、网球场遍布其中。

❼ Royal Inn on the Park

这家不错的**小酒馆**（www.royalinnonthepark.com；111 Lauriston Rd，E9；⏲正午至23:00；📶；🚌277）在维多利亚公园北边，从真正的麦芽啤酒到捷克出产的窖藏啤酒应有尽有。

❽ 去Empress享用晚餐

以**Empress**（☎020-8533 5123；www.empresse9.co.uk；130 Lauriston Rd,E9；主菜 £15~16；⏲周一 18:00~22:15，周二至周五 正午至15:30和18:00~22:15，周六 10:00~15:30和18:00~22:15，周日 10:00~21:30；🚌277）作为东伦敦一日漫游的收尾吧。这家高档的美食酒吧主打超棒的新派英国菜及各色精选饮品。

顶级景点

汉普顿宫（Hampton Court Palace）

到达和离开

从Waterloo车站出发，有列车去往汉普顿宫方向，在Wimbledon站下车。

由威斯敏斯特游客服务协会（www.wpsa.co.uk）运营的游船往返于汉普顿宫和威斯敏斯特码头之间。

建于16世纪的汉普顿宫，是伦敦最为壮观的都铎式宫殿，从亨利八世（Henry Ⅷ）富丽堂皇的寝宫到美轮美奂的花园，再到有着300年历史的迷宫，处处可见浓墨重彩的历史印记。如果你对英国历史、都铎建筑或是壮丽的景观花园感兴趣，那么安排充足的时间给这里吧，你一定会不虚此行。

不要错过

钟院(Clock Court)

穿过宏伟的正门——奖杯门(Trophy Gate),首先映入眼帘的便是前院(Base Court)及紧邻着的钟院。在钟院中有一座建于16世纪的天文钟,仍在以地心说思路展示着太阳绕地运转,钟院也正是因此得名。从这里出发,可前往整座宫殿全部六组房间。

少年亨利八世(Young Henry Ⅷ)

从前院拾级而上,可以到达**少王阁**,这些雕梁画栋的房屋门廊仿佛在缓缓地介绍着汉普顿宫的前世今生。留意下壁炉上都铎时期留下的涂刻痕迹吧。

亨利八世的御宅
(Henry Ⅷ's State Apartments)

沿着安妮·博林门廊(Anne Boleyn's Gateway)内侧的楼梯上楼,便是亨利八世的御宅。**宴会大厅**(Great Hall)是汉普顿宫中最巨大的房间,四壁装饰有精美的挂毯,而屋顶采用了悬臂托梁式设计,其精巧美观居全国之最。**角室**(Horn Room)的墙壁上悬挂着引人注目的各色鹿角,穿过角室,便可来到**大警卫厅**(Great Watching Chamber),这里曾设卫兵把守,禁止外人随意接近国王。

皇家礼拜堂(Chapel Royal)

这座精美的皇家礼拜堂位于走廊的深处,当初只用了9个月的时间修建,而此后450年间这里一直作为祈祷之用,直至今日。蓝金相间的穹顶原本是计划安在牛津的基督教堂上,但最后却安在了这里。圣坛后的装饰屏风由格林林·吉本斯于18世纪创作雕刻。

皇家观礼台及亨利八世的皇冠

虽然亨利八世那璀璨夺目满缀宝石的**皇冠**原品早已被奥利弗·克伦威尔(Oliver Cromwel)熔毁,在可

---

www.hrp.org.uk/HamptonCourtPalace

成人票/儿童票/家庭票 £17.50/8.75/43.80

4月至10月 10:00~18:00,11月至次年3月 至16:30

Hampton Court Palace,
Hampton Court

独家贴士

- 11月末到次年1月中旬可以去皇宫前剔透如镜的溜冰场尽情滑行(或摔跤)。
- 乘帆船往返于汉普顿宫和伦敦市中心也不失为一个好主意,但由于行程长达3个小时,建议充分考虑时间并提前一天调查好航程安排。

吃喝落脚点

皇宫里众多漂亮的花园都是很理想的野餐场所。

Tiltyard Café 餐食很不错,可欣赏花园美景。

以俯瞰皇家礼拜堂的**皇家观礼台**（Royal Pew；开放时间为周一至周六 10:00~16:00，周日 12:30~13:30）仍保存有它的复刻品。

都铎式厨房与大酒窖

通过安妮·博林门廊可抵达这个熙来攘往的**都铎式厨房**，曾几何时整个皇室600多名成员的餐食全都出自这里。别错过**大酒窖**，那里陈列着300只啤酒桶和300只葡萄酒桶，以供给16世纪中期每年的消耗。

坎伯兰美术馆

装修一新的坎伯兰厅紧邻钟院，近期开始对公众开放，这里的艺术展品来自**皇家收藏信托**令人叹为观止，其中包括伦勃朗（Rembrandt）的《戴平顶帽的自画像》（*Self-portrait in a Flat Cap*；1642年）及安东尼·凡·戴克爵士（Sir Anthony van Dyck）的《马背上的查理一世》（*Charles I on Horseback*；1635~1636年）。

国王寓所（King's Apartments）

走上富丽堂皇的**国王阶梯**便来到了威廉三世的寓所，它由雷恩于1702年完成设计修建。其中最出彩的部分当属**国王议事厅**，猩红色帷幔衬托着的国王宝座巍然在上，令人触目。不要错过极尽奢华的**国王寝室**，里面的大床上覆着鸵鸟毛，还有**国王私室**也值得一看，这里有国王陛下那铺着天鹅绒座圈的马桶。这里还有一间独一无二的**巧克力工坊**，是1689年左右为威廉和玛丽所建，在经过整修后于2014年重新对外开放。

乔治私寓（Georgian Private Apartments）

值得一看的还有乔治的寓所，1737年乔治二世及皇后卡罗琳最后一次来访汉普顿宫曾下榻于此。别错过金碧辉煌的**沃尔西私室**（Wolsey Closet），其天花板及彩绘壁板都源于16世纪早期，由亨利八世下令建造。

曼特尼亚的《恺撒之胜》（Mantegna's *Triumph of Caesar*）

这9幅巨幅文艺复兴画作出自安德烈亚·曼特尼亚（Andrea Mantegna）之手，生动地描绘了古时尤利乌斯·恺撒凯旋罗马的情境。画作参观时间为10:30~13:00及14:00~17:00。

花园

宫殿后面是美轮美奂的花园。这里的**室内网球馆**从17世纪20年代就开始使用了。修缮过的**河畔花园**占地24公顷，在这里你还可以找到一片培植于1769年的大葡萄藤，至今依然保持着272公斤的年产量。

迷宫

若还没去800米长的迷宫里迷失一把，就别轻易离开汉普顿宫，组成迷宫的鹅耳树和紫杉木培植于1690年。

了解当地

汉普顿宫历史

宫殿起源

与众多皇家住所相似，起初汉普顿宫的修建和皇室并无关系。宫殿修建于1515年，是身为英格兰首相大臣的红衣主教托马斯·沃尔西（Thomas Wolsey）为自己准备的，以彰显其显赫地位。不幸的是，由于沃尔西没能说服教皇同意亨利八世与阿拉贡的凯瑟琳离婚，这位首相大臣此后便渐渐失信于国王。有了这个印象，再看看这宏伟的宫殿，就不难理解为什么沃尔西会忙不迭地将汉普顿宫拱手送给亨利，更何况这位国王本就不喜欢臣下喧宾夺主。最后，倒霉的沃尔西还是被扣上了叛国的罪名，还没来得及审判就于1530年一命呜呼了。

宫殿一经易主，亨利就开始大兴土木，新建了宴会大厅、巧夺天工的皇家礼拜堂和众多厨房工坊。时至1540年，这里已经成为欧洲最为恢宏庞大、精美绝伦的宫殿之一，但实际上亨利平均一年下榻于此的时间不过三个星期。詹姆士一世时期汉普顿宫一直维持着原状，后来查理一世新建了一个网球馆并且收纳了许多贵重的艺术藏品，而后不久，内战（Civil War）爆发，这位君主也被监禁在此。战争结束后，清教徒奥利弗·克伦威尔（Oliver Cromwell）入主此地，在这里肆意实践帝王式享乐，每逢假日周末，他都会在前王后的寝殿寻欢作乐一番，查理一世收藏的艺术品也被他变卖一空。17世纪末，受雇于威廉和玛丽，克里斯托弗·雷恩爵士（Sir Wren Christopher）主持了宫殿的整修扩建，其结果完美地结合了都铎风格与“内敛式巴洛克”样式，造就了这座富丽堂皇的建筑。

闹鬼的汉普顿宫

经历过如此风起云涌、沧海桑田般的历史，汉普顿宫中理当有些灵异传说。亨利的第五任妻子凯瑟琳·霍华德（Catherine Howard）于1542年因通奸罪被逮捕并囚禁于此，她曾试图经过一条画廊逃跑，但最终被看守她的侍卫拖拽了回去，途中她一路尖叫。据说此后她一直在这个“闹鬼画廊”阴魂不散地重复上演着这一幕（真是做鬼也不得清闲，传说她还经常在伦敦塔出没）。

最佳步行游览
伦敦塔至泰特现代美术馆

简介

从伦敦最历史悠久的景点出发，穿过雄伟壮观的伦敦塔桥，泰晤士河就在脚下流淌，饱览沿途美景后沿河西行，眼前会次第出现令人惊叹的现代建筑、历史古迹及莎士比亚环球剧院。抵达终点泰特现代美术馆时，你会发现自己已身处顶级艺术品的海洋。

起点 伦敦塔；Tower Hill

终点 泰特现代美术馆；Southwark，London Bridge

距离 3公里；1.5小时

吃喝落脚点

周五或周六，可以逛逛博罗市场（见136页），在形形色色的小摊上随便拣些可口的小吃。其余几天，可以去Arabica Bar & Kitchen（见140页）品尝下新派中东菜，那里的环境同样也非常现代。

莎士比亚环球剧院（见136页）

❶ 伦敦塔

古老的**伦敦塔**（见112页）巍然耸立在泰晤士河畔。来这里，游客可以去感受下"光之山"巨钻带来的目眩神迷，或去探索下宏伟的白塔，也可以跟随一位伦敦塔守卫经历一次耐人寻味的启智之旅。

❷ 伦敦塔桥

雄伟壮观的**伦敦塔桥**（见118页）建于19世纪，如今每天有超过4万人通过它去往泰晤士河南岸。若想了解这座桥的历史（顺便欣赏壮丽河景），可以进到塔桥里面，逛逛**伦敦塔桥展览馆**。

❸ 皇家"贝尔法斯特"号战舰

沿Queen's Walk向西走，会经过被一些人戏称为"比萨斜塔"的**市政厅**（见138页），**贝尔法斯特号战舰**（见137页）就停泊于眼前。这艘轻型巡洋舰曾在"二战"和其后几次战争期间服役，现在已被改造为一座战舰博物馆。

❹ 碎片大厦

穿过Hay's Galleria购物区来到Tooley St，就可以看到由意大利建筑家伦佐·皮亚诺设计的**碎片大厦**（见138页）。登上这座欧盟地区最高的大楼极目远眺，景色令人惊叹，不过价格也不便宜哦。

❺ 博罗市场

沿Tooley St继续西行，到Borough High St转向南，然后在Stoney St往北走，**博罗市场**（见136页）就在街角处。如果恰逢周四至周六，那就跟着各种食物的香味逛吧，准保没错。爱喝啤酒的可以沿Stoney St继续前行，到Winchester Walk上的**Rake**（见142页）解解馋。

❻ 萨瑟克大教堂

萨瑟克大教堂（见138页）十分迷人，同时又给人神清气爽之感。教堂部分建筑的历史可以追溯到中世纪，这里收藏了大批珍贵的古董宝物，包括一只精美的伊丽莎白一世时期餐柜及一幅耶稣圣像。

❼ 莎士比亚环球剧院

沿Clink St向西漫步，路过温切斯特宫遗址，来到河岸区，继续往下走即是**莎士比亚环球剧院**（见136页）。如果有时间，可以选择跟随一个团队游去转转。

❽ 泰特现代美术馆

莎士比亚环球剧院西边不远，就是**千禧桥**（见136页）和伦敦最出色的近现代艺术馆——**泰特现代美术馆**（见130页）。美术馆那高耸突兀的入口建筑位于西侧，紧邻Holland St，从这里你可以经过斜坡步入**涡轮大厅**。

最佳步行游览
伦敦皇家路线

简介

沿着这条景点密布的路线，你可以领略到庄严的伦敦皇家建筑的精华。如果你有一份来伦敦必做的清单，走过这趟路线就可以成功勾掉很多项了。别忘了带相机，你会路过伦敦最著名的一些建筑和历史古迹，随时能收获不少好照片。这条环形路线会很贴心地把你带回起点，方便继续安排后续行程。

起点 威斯敏斯特大教堂；⊖Westminster, St James's Park

终点 议会大厦；⊖Westminster

距离 3.5公里；2小时

吃喝落脚点

如果阳光明媚，可以在漂亮的圣詹姆斯公园（见60页）野餐。或者到公园里的Inn the Park（见63页）一边享用美食一边欣赏美景，也是个不错的选择。

CRISTINAMURACA/SHUTTERSTOCK ©

威斯敏斯特大教堂（见50页）

❶ 威斯敏斯特大教堂

把**威斯敏斯特大教堂**（见50页）作为行程的首站吧，自1066年起，几乎每一位英国君主都在这里加冕。建议早点到以躲开拥挤的游客。

❷ 丘吉尔作战室

接下来，去议会广场（Parliament Sq）附近转一转，路过广场西侧的**英国最高法院**（UK Supreme Court）时，如果正在举行听证会，不妨找个座位旁听一下。穿过广场便来到了**丘吉尔作战室**（见60页），可以在这里看看丘吉尔当年是怎样协同盟军战胜希特勒的。

❸ 白金汉宫

壮丽的**白金汉宫**（见54页）坐落在Birdcage Walk的尽头，每年八九月份，一部分国事厅（state rooms）对游客开放，若其他时间去，则可以参观下附近的**皇家马厩**（见55页）和**女王艺苑**（见55页）。

❹ 圣詹姆斯公园

沿着The Mall漫步，顺路进**圣詹姆斯公园**（见60页）逛逛，它是伦敦最迷人的皇家公园之一。在

公园的湖边随便走走，可以看到湖里成群结队、自由嬉戏的白鹅、野鸭、天鹅和其他水鸟。

❺ 特拉法加广场

从公园出来，回到The Mall，穿过**海军拱门**（Admiralty Arch）来到**特拉法加广场**（见74页），从这里沿白厅街到议会大厦，可以一路欣赏典雅的建筑。

❻ 皇家骑兵卫队阅兵场

沿白厅街向南走，即可抵达**皇家骑兵卫队阅兵场**（见61页）。每天10:00开始，威风凛凛的女王皇家骑兵团卫兵们会骑着高头大马在这里执勤，而在16:00，下了马的卫兵们会进行换岗。

❼ 国宴厅

富丽堂皇的**国宴厅**（见61页）位于街道东侧，是白厅宫（Whitehall Palace）唯一残留的部分。现在的白厅街一带，曾经都属于恢宏的白厅宫，然而这一切辉煌都在17世纪末期的一场火灾中付之一炬。沿Whitehall继续向南，可以在**唐宁街10号**（见62页）的门口向里面张望一下。

❽ 议会大厦

沿白厅街走到最南端，你会来到**议会大厦**（见56页），这座美轮美奂的哥特式建筑的钟楼就是举世闻名的**大本钟**（见57页）。你可以进到议会大厦里面参观，甚至有机会旁听议会辩论。

最佳步行游览
北伦敦亮点

简介

去公园转转，沿运河走走，到市集逛逛，闲散地随心而动，这是游览北伦敦最合适的方式。这条路线精选了最具休闲特点的一些场所，以及几处热门的景点。时间允许的话，一定要等到傍晚去卡姆登（Camden）凑凑热闹，那里的现场音乐演出棒极了。

起点 杜莎夫人蜡像馆；⊖ Baker St

终点 Lock Tavern；⊖ Chalk Farm，Camden Town

距离 3.8公里；2.5小时

吃喝落脚点

卡姆登市场（Camden Market；见179页）里到处都是令人眼花缭乱的小吃摊，在这里你可以找到世界各地美食，从法式薄饼到中国菜，从阿根廷烧烤到日本寿司，应有尽有。甜食爱好者们应该直奔**Chin Chin Labs**（见175页），尝尝这里的液氮冰激凌（liquid-nitrogen ice creams）。

ZOLTAN GABOR/SHUTTERSTOCK ©

摄政运河上的卡姆登水闸（见174页）

❶ 杜莎夫人蜡像馆

一定要带上自拍杆，在这个**蜡像馆**（见174页）你将有机会和偶像合影。这里星光熠熠，历任国家元首、运动员、演员、歌唱家和电影明星在这里欢聚一堂。

❷ 摄政公园

沿Marylebone Rd前行，左转经York Gate就可以进入**摄政公园**（见174页），可以先沿**游船湖**（boating lake）赏景，然后去公园的主干道——**景观大道**（Broadwalk）走走。

❸ 伦敦动物园

接下来可以去游览著名的**伦敦动物园**（见174页），这里被改造得十分接近动物们的原生地环境，可以重点参观下**企鹅海滩**（Penguin Beach）、**老虎领地**（Tiger Territory）、**蝴蝶天堂**（Butterfly Paradise）和2016年新近开放的**狮子王国**（Land of the Lions）。

❹ 樱草山远望

跨过摄政运河（Regent's Canal），登上**樱草山**（见175页）顶峰，可极目远眺伦敦城市胜景。每逢周末，许多家庭会来这里游玩，也不时有人在这里野餐聚会。

❺ 摄政运河

走下樱草山，就回到了风景如画的**摄政运河**，沿着河边小径向卡姆登（Camden）方向漫步，可以看到河道中错落停靠着的狭长船屋，和河岸上由仓库改造成的现代化公寓。到达卡姆登水闸（Camden Lock）及市场，就可以离开运河区，前往行程的下一站了。

❻ 卡姆登市场

来到著名的卡姆登市场，自然要逛逛小摊，看看包包、衣服、首饰和工艺品。市场分成四个主要区域，不过各个区域卖的东西其实差不多。**卡姆登水闸市场**（见179页）是其中最早开设的一个；若感觉不够尽兴，还可以杀去**马厩市场**（见179页）继续淘货。

❼ 怡情小酌

假如天气好，来**Lock Tavern**（见177页）惬意地喝一杯吧，犒劳自己一下，坐在屋顶露台上俯视芸芸众生，一切仿佛都与自己无关。记得顺便查看下傍晚的演出安排，这家小酒馆有固定的驻场乐队和DJ。

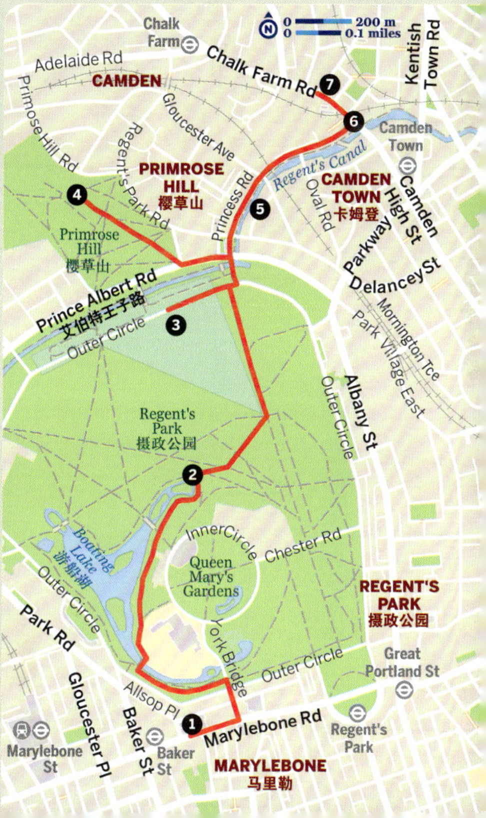

生存指南

出发前 208

何时去 208

预订住宿 208

抵达伦敦 209

希思罗机场 209

盖特威克机场 210

圣潘克拉斯国际火车站 211

当地交通 211

地铁、港区轻轨和地上铁 211

公共汽车 211

自行车 211

出租车 212

交通船 213

汽车和摩托车 213

实用信息 213

签证 213

货币 213

电源 214

旅游信息 214

营业时间 215

节假日 215

电话 215

紧急情况 216

残障旅行者 216

旅行安全 216

大本钟（见57页）

NLV4EVER/LONELY PLANET ©

生存指南

出发前

何时去

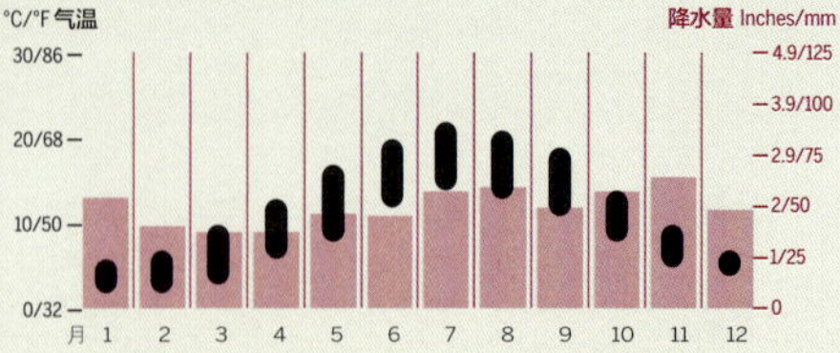

➡**冬季（12月至次年2月）**
气候寒冷，白天很短，经常下雨，偶尔有雪。博物馆和景点比较清静。

➡**春季（3月至5月）**
气候温和湿润，百花盛开。主要景点开始热闹起来，公园也显得生机勃勃。

➡**夏季（6月至8月）**
气候由温暖逐渐变得炎热，白天较长，日照充足。一年中最主要的旅游和度假季节。景点可能会比较拥挤，不过公园仍然是不错的选择。

➡**秋季（9月至11月）**
气候温和，阳光明媚，景色很美的季节。孩子们都回到了学校。夏季过去之后，伦敦重新安静了下来。

预订住宿

➡最佳住宿区域是国家美馆(National Gallery)、考特花园(Covent Garden)辛顿(Kensington)、圣保大教堂(St Paul's)、金融(the City)和南岸地区(So Bank)。

➡民宿往往比酒店低一个次，但有可能拥有精品酒店格调，比如一幢漂亮的旧筑和一份体贴入微的服务。

➡伦敦有一些很好的酒店是往往供不应求，特别是那价格相对低廉的酒店，所以定要提前预约，尤其是在节日期间以及夏季。

➡如果预算在每晚£100内，你可能需要重点考虑民或青年旅舍。不过，留神金城附近酒店的周末折扣，些较好的酒店也可能在你预算之内。

➡如果你打算在伦敦停留周或更多，短租公寓或酒店公寓会更加经济，而且可以你拥有一份生活在这个城中的感觉。

络资源

nely Planet（www.elyplanet.com/england/don/hotels）住宿预订。

ndon Town（www.lontown.com）住宿预订。

际青年旅舍（YHA, www..org.uk）连锁青年旅舍。

ostel World（www.nese.hostelworld.com）廉旅舍预订。

彼迎（www.airbnbchina.民宿预订。

佳经济型住宿

oxton Hotel（www.tonhotels.com）坐落在先时尚地段的时尚酒店。

ink78（www.clinkhostels.n/london/clink78）位置绝设施一般，房型多样，"牢'值得一试。

HA London Oxford reet（www.yha.org.uk）袖，市区正中，高水准配套施。

erry Court Hotel（www.errycourthotel.co.uk）房迷你，但位置极好，服务情。

alrus（www.thewalrusbardhostel.com）独立经营，度友善的青年旅舍，坐落日渐繁华的滑铁卢区。

最佳舒适型住宿

Citizen M（www.citizenm.com/london-bankside）时尚设计、尖端科技与物质享受的结合。

Main House（www.themainhouse.co.uk）栖身于美丽的诺丁山区的维多利亚式优雅。

Threadneedles（www.hotelthreadneedles.co.uk）装修风格时尚，服务无可挑剔。

No 90（www.chelseabedbreakfast.com）位于切尔西精英核心区的漂亮民宿。

Lime Tree Hotel（www.limetreehotel.co.uk）家庭经营的酒店，优雅的英式设计典范。

最佳高端住宿

Beaumont（www.thebeaumont.com）在梅菲尔区（Mayfair），集艺术装饰之大成。

York & Albany（www.gordonramsay.com/yorkandalbany）乔治亚式优雅，加上奢华舒适享受。

Zetter Hotel & Townhouse（www.thezetter.com）由两部分组成的酒店融合了简洁的现代感和神秘的时代感。

Brown's Hotel（www.roccofortehotels.com/hotels-and-resorts/brown-hotel）伦敦最古老的酒店，一如既往的卓越品质。

Corinthia（www.corinthia.com）白厅街（Whitehall）区域中心的奢华酒店，服务无可挑剔。

抵达伦敦

☑**独家贴士** 查询去往某街区的最佳方式，见43页。

希思罗机场

（Heathrow Airport）

伦敦市中心以西15英里的**希思罗机场**（机场代码LHR；www.heathrowairport.com；📶）是世界上最繁忙的国际机场之一，有四个航站楼（编号为2至5）。每个航站楼都有货币兑换处、信息询问处和住宿柜台。

➡**地铁**（www.tfl.gov.uk）Piccadilly线（票价£5，到伦敦市中心约需一小时）开往市中心方向的运营时间为5:00~23:45（周日 5:50~23:30），开往机场方向的运营时间为5:45至次日0:30（周日7:00~23:30）。

➡**希思罗机场特快**（Heathrow Express; www.heathrowexpress.com; 单程票£21.50, 往返票£35)列车往返于希思罗中央火车站(Heathrow Central station, 位于2、3号航站楼)和帕丁顿火车站(Paddington station)。双向的首班车均在5:00左右发车, 末班车为23:25(帕丁顿发车)和23:40(机场发车)。

➡**希思罗连接线**(Heathrow Connect; www.heathrowconnect.com; 成人票£10.10)同样往返于希思罗和帕丁顿火车站, 车程约30分钟, 途中停靠五站。希思罗机场出发的首班车为5:20(周日为7:00), 末班车在午夜之前。帕丁顿火车站出发方向, 服务时间大致为4:45(周日为6:30)至23:00。

➡**出租车** 乘坐黑色出租车前往伦敦市中心, 打表计价花费£45~65(牛津街出发约£55), 耗时45分钟至1小时。

➡**国家快线**(National Express; www.nationalexpress.com)的巴士(单程票£5起, 往返票£9起, 用时45分钟至1.5小时, 每30分钟至1小时发车1班)定时往返于希思罗中央公共汽车站(Heathrow Central Bus Station, 位于2、3号航站楼)与**维多利亚汽车站**(Victoria coach station; 见156页地图 G5; 164 Buckingham Palace Rd, SW1; tVictoria)。机场出发的首班车为5:25, 末班车为21:40。维多利亚汽车站出发的首班车为7:45, 末班车为23:30。

➡**夜班公交车** N9路(£1.50, 1.25小时, 每20分钟1班)往返希思罗机场和伦敦市中心。

盖特威克机场

(Gatwick Airport)

位于伦敦以南约30英里的盖特威克机场, 比希思罗机场小一些。南、北两个航站楼由24小时运营的摆渡火车连接, 单程约3分钟。

➡**国家铁路**(National Rail; www.nationalrail.co.uk)可乘坐常规列车往返于机场和伦敦桥站(London Bridge; 用时30分钟, 每15分钟至30分钟1班)、国王十字站(London King's Cross; 用时55分钟, 每15分钟至30分钟1班)和伦敦维多利亚站(London Victoria; 用时30分钟, 每10分钟至15分钟1班)。车费不等, 单程票为£10至£20。

➡**盖特威克机场特快**(Gatwick Express; www.gatwickexpress.com; 单程票£19.90, 往返票£34.90)往返于南航站楼附近的火车站和维多利亚火车站(Victoria station)。从机场出发的运营时间为4:30至次日1:3[illegible]从维多利亚站出发的运营时间为3:30至次日0:30, 车程约30分钟。

➡**国家快线**(National Express; www.nationalexpress.com)巴士(单程票£5起, 用时80分钟至2小时)往返于机场和维多利亚汽车站(Victoria coach station), 整点前后发车。

➡**easyBus**(www.easybus.co.uk)是一条经济型巴士线路, 车型为19座小巴士, 每15分钟至20分钟发车。两条线路: 从Earl's Court/West Brompton出发和从Waterloo出发(单程票£4.95起)。每天从3:00至23:00运营, 途中用时约[illegible]分钟。

➡**出租车** 从伦敦市中心发车费约£100, 用时一个小时。

国王十字车站(King's Cross Railway Station)

紧挨着King's Cross地铁站和圣潘克拉斯国际火车站, 每天有多趟火车往返于英国境内其他城市, 是伦敦最主要的交通枢纽之一。不同车票的价位相差

最便宜的往返票可能需£10，而高峰时段不限时间的弹性票的往返价格高达£300。建议提早预订车票（www.thetrainline.com）并办理火车优惠卡（可在www.railcard.co.uk或车站窗口咨询），折扣力度较大，需要在预订时选择优惠选项并携带卡票一同出行。

潘克拉斯国际车站（St Pancras International Station）

高速客运铁路**欧洲之星**（Eurostar；www.eurostar.com）连接着圣潘克拉斯国际火车站和欧洲主要城市火车站，每天发车14班至16班，非常适合连接欧洲境内的其他行程。同样建议上网提前订票（www.eurostar.com）。

当地交通

伦敦的公共交通非常发达，尽管稍显昂贵。手机应用程序CityMapper提供地图、实时路况、行程规划助手和各类交通的详细信息。乘坐公共交通的最实惠方案是使用牡蛎卡（Oyster card）或非接触式的银行卡。如果你有16-25火车优惠卡（Young Person Card），在地铁窗口绑定牡蛎卡还有额外优惠。11岁以下的儿童可免费乘车。

地铁、港区轻轨（DLR）和地上铁（Overground）

☑ **最适于……** 快捷轻松地出行。

➡ 在伦敦有多个轨道交通网络：地铁（London Underground，也被称为"管子"；11条用不同颜色标识的线路），港区轻轨（Docklands Light Railway，缩写为DLR，主要运行在伦敦东部的无人驾驶列车）和地上铁（Overground）。

➡ 周一至周六的首班车在5:30左右发车，末班车在次日0:30左右。周日首班车7:00发车，末班车23:30。

➡ 部分线路（Victoria线、Jubilee线，以及Piccadilly线、Central线和Northern线的大部分车站）在周五、周六晚间整晚运行，方便"夜行动物"们回家，每10分钟左右一趟车。

➡ 伦敦轨道交通按照距市中心由近至远分为9个环状区，旅程跨越的收费区越多票价越高。

公共汽车

☑ **最适于……** 观赏伦敦的风光或到达轨道交通未覆盖的区域。

➡ 公共汽车的运营时间一般为5:00至23:30。

➡ 不能使用现金购买车票。你需要使用一张牡蛎卡、交通卡（Travelcard）或非接触式银行卡。

➡ 车费单程£1.50，不限距离。如果一天内只乘坐公共汽车，花销上限为£4.40，此后免费。

➡ 每个车站都提供非常详尽的"公交蜘蛛地图"，列出了站点周边的所有线路和旅行目的地。主要公共汽车线路可参考折页地图。

➡ 如需可交互的在线公交地图，可访问伦敦交通局网站www.tfl.gov.uk。

➡ 超过50条夜班公共汽车（线路编号以字母N开头）在23:30至次日5:00时段运行。

➡ 另有约60条公共汽车24小时运行，在23:00至次日5:00之间，发车间隔延长。

自行车

☑ **最适于……** 短距离出行，不过骑车时身旁呼啸而过的汽车有点吓人。

➡ **桑坦德自行车**（Santander Cycles；☎0343 222 6666；www.tfl.gov.uk）是旅行者最直接实用的选择。

交通卡和车票

牡蛎卡（Oyster card）是可以在伦敦公交系统通用的充值卡。使用牡蛎卡时，车费总会比标准票价便宜。如果在一天内多次乘车，一旦达到单日上限，所需费用也不会超过交通卡（Travelcard）的价格（无论是否为高峰时段）。纸质的单程票和往返票依然有售，不过一定不如牡蛎卡实惠。

➡在任何一个地铁站、游客中心或带有相应标志的商店，都可以买到牡蛎卡（需£5押金，可退）或为其充值。如有火车优惠卡可以绑定，能获取额外优惠。

➡在进站出站时各刷一次卡即可乘车，自动扣除相应费用。如果乘坐公共汽车，只需在上车时刷卡即可。

➡在售票处可以轻松退卡，押金和卡内剩余金额会一并退还。

➡单日交通卡（Day Travelcard）在地铁、港区轻轨、地上铁和公共汽车使用时，与牡蛎卡的费用相当。

另外，非接触式银行卡（无须芯片和密码或签字）和牡蛎卡享受同样的价格折扣，可以在公交系统的读卡器上正常使用。境外游客需要注意跨国交易手续费。

➡城市里遍布着700个自行车存放处，随手租一辆自行车骑走，归还到另一个存放处即可。

➡基础使用费为每24小时£2。在存放处使用借记卡或信用卡支付。

➡每次使用的前30分钟免费，此后每多30分钟加收£2（这样的收费方式鼓励短途出行）。

➡在24小时内使用自行车不限次数，两次使用需间隔5分钟。

➡如果车位已满，可以在电脑终端上查找附近车位有空的其他存放处。

➡租车必须满18岁，骑车必须满14岁。

出租车

☑**最适于……** 深夜出行，或几个人分担费用。

➡正规的**伦敦黑色出租车**（London Black Cab；www.londonblackcabs.co.uk）前风挡上方的黄灯亮起时可用，伸手即停。

➡打表计费，起步价£3，此后每168米加收£0.20。

➡傍晚和夜间的车费更贵。

➡可以给出租车司机最多10%的小费，不过大多数伦敦本地人都会把车费向上凑整作为小费。

➡大多数当地人使用电话叫车，各大出租车公司电话很容易在网上查到。另外**Hailo**（hailocab.com）、**Black Cabs App**（www.blackcabsapp.com）等手机应用也可以通过GPS定位找到离你最近的黑色出租车。只需支付车费，没有额外费用。

➡迷你出租车（Minicab）不能在街上招停，需通过电话叫车，或前往任意一家迷你出租车办事处（每条街都至少有一家，大多数酒店和夜店也与他们合作）。同样可以使用**Uber**（www.uber.com）或**Kabbee**（www.kabbee.com）等手机应用预约。

➡迷你出租车往往比黑色出租车便宜，车费不是

计价，而是由调度员提前
好。

通船

最适于…… 观景游。

泰晤士快船（Thames
ippers；www.thamesc
pers.com；成人票£6.50，儿
票£3.25）船速较快，你可
坐在船上欣赏美景。

每20分钟至30分钟出发
I船，运营时间从6:00至
:00，在伦敦眼千年码头
ondon Eye Millennium
er）和伍尔维奇兵工厂
头（Woolwich Arsenal
er）之间航行。持牡蛎卡
Oyster Card）和交通卡
Travelcard）乘船可享受
扣。

泰晤士河上有多条乘船
览线路（见31页），包
探访汉普顿宫（Hamp-
n Court Palace）和邱园
Kew Gardens）。

车和摩托车

最适于…… 出城远行。

昂贵的停车费，拥堵的交
，高昂的油费，勤快的交
协管员和专门对付违章停
的车轮锁，使得自驾租车
大多数游客来说并不是
有吸引力。

伦敦市区每天会收£11.50
堵费。参考www.tfl.gov.
uk/roadusers/congestion
charging获取进一步细节。

➡**Avis**（www.avis.co.uk）、**Hertz**（www.hertz.com）和**easyCar**（www.easycar.com）在伦敦有多处汽车租赁点。

➡在英国汽车靠左行驶。

➡乘汽车时驾驶员和所有乘客必须系安全带，骑摩托时必须戴头盔。

实用信息

签证

中国大陆公民须持有访问签证入境英国旅游。可以在计划启程日期之前3个月之内申请签证。在英6个月以内的短期旅游，港、澳、台游客不需要办理签证。获得英国签证正在变得越来越容易。请务必访问www.vfsglobal.co.uk/china了解详细的签证申请信息，或咨询当地的英国大使馆，获取最新信息。

货币

➡英国货币单位是英镑（pound，货币符号£）。

➡1英镑相当于100便士（pence，口头也称为p）。

➡纸币面值有£5、£10、£20和£50几种，硬币则有1p、2p、5p、10p、20p、50p、£1和£2几种。

自动柜员机

➡无处不在的自动柜员机可以受理Visa、MasterCard、Cirrus和Maestro等银行卡业务，其他一些并不著名的银行卡也可以试试运气。

➡使用境外卡取现时，一般会产生手续费。

➡在有些商场中，还可以找到非银行运营的自动柜员机，这种自动柜员机会为每笔交易收取£1.50至£2手续费（如果使用境外卡，手续费会更加昂贵）。注意寻找免手续费的标志（“Free cash withdrawals”），尽可能减少损失。

兑换货币

➡当地邮局是兑换货币的最佳选择，免收手续费。

➡在主街上的银行或者旅行社也可以兑换货币。伦敦还有许多专门的货币兑换处（bureaux de change）。

信用卡和借记卡

➡在伦敦基本所有地方都可以刷卡消费，包括餐馆、酒吧、商店，甚至一部分出租车上。

➡Visa卡和万事达卡（MasterCard）比美国运通卡

(American Express)和大来卡(Diner's Club)使用得更加广泛。

➡如果你使用的是一张芯片卡，一定要记住密码，否则可能会遭到拒刷。

➡使用非接触式银行卡(无须芯片和密码，无须签字)进行支付正在变得越发普遍，注意银行卡上和商店中形似Wi-Fi的标志。每笔交易的上限为£30。

小费

➡很多餐馆会在你的账单上直接加上一笔"随意的"服务费，这样的行为是合法的，不过餐馆应向你明确告知。在那些没有加收服务费的餐馆，你可以留下餐费的10%~15%作为小费，除非服务太糟。

➡酒馆里不存在"开瓶费"或"续杯费"。

省钱贴士

➡游览免费的博物馆和景点。

➡购买一张牡蛎卡(Oyster card)。

➡乘坐公共汽车。

➡16-25火车优惠卡和ISIC国际学生卡在很多场所都有优惠，结账时记得询问。

优惠卡

➡伦敦一卡通(London Pass; www.londonpass.com; 1/2/3/6日卡价格为£59/79/95/129)持卡可免费进入很多主要景点，而且不用排队。具体细节请参考官网。

➡购买一卡通时，可选择包含交通卡功能的套餐，方便乘坐公共汽车和地铁。

电源

230V/50Hz

旅游信息

伦敦金融城信息中心(City of London Information Centre; www.visitthecity.co.uk; St Paul's Churchyard, EC4; ⏲周一至周六 9:30~17:30, 周日 10:00~16:00; 📶; ⊖St Paul's)提供各种旅游讯，以及金融城景点的直票和导游服务(成人票£7 儿童票£6)。

格林尼治旅游咨询 (Greenwich Tourist Offic ☎0870 608 2000; ww visitgreenwich.org.uk Pepys House, 2 Cutty Sa Gardens, SE10; ⏲10:00 17:00; 🚉港区轻轨 Cut Sark)提供关于格林尼治周边地区的丰富信息。每提供两次免费的导游陪观光，分别在12:15和14: 出发。

Visit London(☎08 156 6366; www.visitlondo com)可以满足你在旅游关任何方面的需要，景介绍、近期活动(比如白汉宫换岗仪式和中国春大巡游)、泰晤士河游览住宿、饮食、剧院演出、物、儿童活动、同性恋聚地等。在以下各处设有服亭：希思罗机场(Heathr Airport; 2、3号航站楼地站; ⏲7:30~19:30)，国王字圣潘克拉斯车站(King Cross St Pancras Station ⏲8:15~18:15)，利物浦街站(Liverpool Street Station ⏲周日至周四 7:15~19:00 周五和周六 至21:00)，皮

利广场地铁站(Piccadilly
rcus Underground Station;
周一至周五 8:00~19:00,
六和周日 9:15~18:00)
维多利亚车站(Victoria
ation; 周一至周六 7:15~
:00, 周日 8:15~19:00)。

营业时间

独家贴士 全年的绝大分时间中伦敦都开门迎,但是在圣诞节当天,括公共交通在内的所有方,都会关门停业。

行 周一至周五 9:00~:00

客中心 周一至周五 00~17:00

吧和小酒馆 11:00~:00

馆 正午至14:30和:00~23:00

店 周一至周六 9:00~:00, 周日 正午至18:00

点 10:00~18:00

假日

独家贴士 新年夜23:45次日凌晨4:30,公共汽、地铁、有轨电车和港轻轨全部免费乘坐。地铁也从23:45之后免费最后一班车。

年(New Year's Day) 1月1日

耶稣受难日(Good Friday) 3月底或4月

复活节星期一(Easter Monday) 3月底或4月

五朔节(May Day Holiday) 5月的第一个周一

春季银行假日(Spring Bank Holiday) 5月的最后一个周一

夏季银行假日(Summer Bank Holiday) 8月的最后一个周一

圣诞节(Christmas Day) 12月25日

节礼日(Boxing Day) 12月26日

电话

➡当地有多家服务商提供SIM卡,较为常见的选择是Giffgaff(www.giffgaff.com),需从网上订购,很多人会在出发前在淘宝上买好,落地英国时就可以开通使用;Lebara卡针对打回国内的通话需求,每分钟1便士,邮局和街头报亭小店都可以买到;中国电信CTExcel卡(www.ctexcel.com)也有非常优惠的包月套餐。各大超市都可以买到SIM卡的充值券,结账时和收银员提出需求。

➡一些值得了解的特殊电话代码:

国际长途代码(☎00)

按国内话费计费的号码(☎03)

特别服务号码(☎084, 087)

高端服务号码(☎09;每分钟60p起)

免费号码(☎0800)

市内通话

➡先拨伦敦的区号☎020,再拨8位电话号码。

➡如果从境外拨打伦敦的电话,先拨所在地的国际长途代码,然后拨☎44(英国的国家区号),再拨☎20(伦敦区号去掉首位0),最后拨8位电话号码。

国际长途通话及费用

➡大多数公用电话都可以拨打国际长途直通电话(International direct dialling,简称IDD)。

➡在许多小商店都可以买到国际长途卡,拨打一个激活码就可以在任意电话上使用,这往往是跨国通话最实惠的方式。

➡由于通话时的吵闹和对网络带宽的影响,一些青年旅舍和网吧有可能限制使用Skype。

请记得……

➡在自动扶梯上，靠右站立，靠左行走。

➡乘坐地铁时，先下后上。

➡习惯车辆在斑马线停车让行。

➡过马路时，先注意右侧来车。

➡随时准备说"谢谢""劳驾""对不起"。

不要……

➡忘带雨伞。

➡忘记排队，无论何时何事。

手机

➡英国使用GSM 900制式的网络，不过现在绝大多数的智能手机都可以在英国使用，最好在行前和你的服务供应商确认。一般来说，最好在伦敦的手机店购买一张当地的SIM卡（需确认手机是否可以换卡）。

紧急情况

➡如遇紧急情况，拨打999呼叫警察、消防或急救。

残障旅行者

➡受到法律要求，在新建的旅馆和现代景点必须配备无障碍设施。但是很多历史古迹、民宿和客栈位于古老的建筑中，很难（或者完全不可能）进行有关的改造。

➡伦敦的270个地铁站中，只有70个能够实现无台阶进站，其余站点均为自动扶梯或楼梯。

➡轮椅在所有港区轻轨站都可以畅行无阻。

➡伦敦的所有公共汽车都低底盘无障碍车辆。

➡伦敦交管局发布的指《伦敦当地交通》（*Getting Around London*）中含了最新的无障碍出行息。可以从www.tfl.gov.下载。

旅行安全

☑**独家贴士** 在一些拥场所（比如地铁）扒窃件时有发生，所以一定留心自己的手机、平板脑和双肩背包。

就其规模而言，伦敦算是座相当安全的城市，一般安全常识就足以应付各情况。

幕后

说出你的想法

我们很重视旅行者的反馈——你的评价将鼓励我们前行，把书做得更好。我们同样热爱旅行的团队会认真阅读你的来信，无论表扬还是批评都非常欢迎。虽然很难一一回复，但我们保证将你的反馈信息及时交到相关作者手中，使下一版更完美。我们也会在下一版特别鸣谢来信读者。

请把你的想法发送到**china@lonelyplanet.com.au**，谢谢！

请注意：我们可能会将你的意见编辑、复制并整合到Lonely Planet的系列产品中，例如旅行指南、网站和数字产品。如果不希望书中出现自己的意见或不希望提及你的名字，请提前告知。请访问lonelyplanet.com/privacy了解我们的隐私政策。

声明

气候图表数据引用自Peel MC, Finlayson BL & McMahon TA (2007) 'Updated World Map of the Köppen-Geiger Climate Classification', *Hydrology* and *Earth System Sciences*, 11, 1633-44。

封面图片：伦敦眼；Maurizio Rellini/4Corners。

本书部分地图由中国地图出版社提供，其他为原书地图，审图号GS（2017）918号。

于本书

这是Lonely Planet *Pocket* *don*的第5版。本书的作者埃米莉·菲卢，特约作者为得·德拉奇采维奇、史蒂·法伦和达米安·哈珀。

本书为中文第一版，由以人员制作完成：

目负责 关媛媛

项目执行 丁立松
翻译统筹 肖斌斌 王玫珺
翻　　译 陈薇薇 杨雨潇
内容策划 马　乐 王玫珺（本土化内容）
视觉设计 李小棠 庹桢珍 陈　斌
协调调度 高　原
责任编辑 马　珊 孙经纬
特约编辑 洪　良

编　　辑 喻　乐
地图编辑 马　珊
制　　图 刘红艳
流　　程 孙经纬
终　　审 朱　萌
排　　版 北京梧桐影电脑科技有限公司

感谢沐昀、罗霄山、巫殷昕对本书的帮助。

索引

可参考如下子索
就餐 见220
饮品 见221
娱乐 见222
购物 见223

20 Fenchurch St 芬丘奇街20号 120
30 St Mary Axe 圣玛丽斧街30号 119

A

Albert Memorial 艾伯特纪念碑 161
All Hallows by the Tower 万圣教堂 119
Apsley House 阿普斯利邸宅 159
ArcelorMittal Orbit 安赛乐米塔尔轨道 195

B

Banqueting House 国宴厅 61
Bedford Square 贝德福德广场 92, 105
Bermondsey 伯蒙西 142
Big Ben 大本钟 57
Bloomsbury 布鲁姆斯伯里 86~105, **92, 94~95**
Borough Market 博罗市场 136, 140
Brick Lane Great Mosque 砖巷大清真寺 127
British Library 大英图书馆 96~97, 100
British Museum 大英博物馆 86, 88~91, 98, **91**
Brixton Windmill 布里克斯顿风车 33
Buckingham Palace 白金汉宫 54~55
Burlington Arcade 伯灵顿拱廊 62, 65

C

Camden 卡姆登 170~179, **172~173**
Carnaby Street 卡纳比街 71
Changing of the Guard 白金汉宫卫兵换岗仪式 60
Charles Dickens Museum 查尔斯·狄更斯博物馆 97
Chinatown 唐人街 70
Churchill War Rooms 丘吉尔作战室 60
City Hall 市政厅 138
Columbia Road Flower Market 哥伦比亚路鲜花市场 127
Covent Garden 考文特花园 66~87, **72~73**
Covent Garden Piazza 考文特花园广场 74
Cumberland Art Gallery 坎伯兰美术馆 198
Cutty Sark 卡蒂萨克号 189

D

Dalston 达尔斯顿 21

E

East End 东区 126~127, **126**
East London 东伦敦 194~195, **194**

F

Faber & Faber 费费伯出版社 93

G

Golden Square 黄金广场 70
Gordon Sq 戈登广 93, 105
Granary Square 仓广场 98
Green Park 格林园 62
Greenwich 格林尼 182~193, **188**
Greenwich Foot Tunnel 格林尼治河底行人隧 190
Greenwich Mean Time 格林尼治准时间 186
Greenwich Park 格林尼治公园 184~187

H

Hackney Wick 哈克尼威克 19
Hampstead Heat 汉普斯特德荒 180~181, **180**

景点 000
地图页码 **000**

mpstead Heath Ponds 汉普斯特德荒野游泳池 181
mpton Court Palace 汉普顿宫 196~199
h Street Kensington 肯辛顿高街 166
ghgate Cemetery 海格特墓地 181
IS Belfast 皇家海军“贝尔法斯特”号战舰 137~138
rse Guards Parade 皇家骑兵卫队阅兵场 61
use of Illustration 插画馆 97
uses of Parliament 议会大厦 56~57
de Park 海德公园 158

perial War Museum 帝国战争博物馆 136

z 爵士乐 17

nsington 肯辛顿 146~167, **156~157**
nsington Gardens 肯辛顿花园 159
nsington Palace 肯辛顿宫 158
Kenwood House 肯伍德庄园 181
Kew Gardens 基尤皇家植物园（邱园） 25
King's Cross 国王十字地区 96

L

Leadenhall Market 勒顿豪集市 120
Leake Street Graffiti Tunnel 黎克街涂鸦隧道 138
Leicester Square 莱斯特广场 76
Lloyd's of London 劳合社总部大楼 119~120
London Dungeon 伦敦地牢 137
London Eye 伦敦眼 137
London Film Museum 伦敦电影博物馆 75
London Transport Museum 伦敦交通博物馆 75
London Zoo 伦敦动物园 174
Lord's 劳德板球场 175

M

Madame Tussauds 杜莎夫人蜡像馆 174
Marble Arch 大理石拱门 161
Michelin House 米其林之家 161
Millennium Bridge 千禧桥 136
Monument 伦敦大火纪念碑（简称纪念碑）118~119
Museum of Brands, Packaging & Advertising 品牌、包装和广告博物馆 169
Museum of London 伦敦博物馆 118
Museum of London Docklands 伦敦码头区博物馆 23

N

National Gallery 国家美术馆 66, 68~69
National Maritime Museum 国家海事博物馆 189
National Portrait Gallery 国家肖像美术馆 74
Natural History Museum 自然历史博物馆 152~155
No 10 Downing Street 唐宁街10号 62
Notting Hill 诺丁山 168~169, **168**
Notting Hill Carnival 诺丁山狂欢节 169

O

Old Operating Theatre Museum & Herb Garret 老手术室博物馆和草药阁 137
Old Royal Naval College 旧皇家海军学院 189

P

Parliament Hill 议会山 181
Peter Harrison Planetarium 彼得·哈里森天文馆 186
Photographers' Gallery 摄影师美术馆 71
Piccadilly Circus 皮卡迪利广场 74
Pollock's Toy Museum 波洛克玩具博物馆 98
Primrose Hill 樱草山 175

Q

Queen's House 王后行宫 190
Queen's Life Guard 皇家骑兵团 160

R

Ranger's House (Wernher Collection) 皇家园林卫队宅邸（温赫收藏馆）186
Regent's Canal 摄政运河 174
Regent's Park 摄政公园 170, 174,

172~173

Regent Street 摄政街 84

Royal Academy of Arts 皇家艺术学院 62

Royal Observatory 皇家天文台 182, 184~187

Russell Square 罗素广场 105

S

Science Museum 科学博物馆 158

Secret Cinema 秘密影院 32

Senate House 议事大楼 93

Serpentine Galleries 蛇形画廊 160

Serpentine Sackler Gallery 蛇形画廊萨克勒分馆 160

Shakespeare's Globe 莎士比亚环球剧院 136, 144

Shard 碎片大厦 138

Sir John Soane's Museum 约翰·索恩爵士博物馆 75

Soho 苏荷区 70~71, 70

Soho Square 苏荷广场 71

Somerset House 萨默塞特宫 74, 75

South Bank 南岸 128~145, 134~135

Southwark Cathedral 萨瑟克大教堂 138

Speakers' Corner 演讲者之角 158

St Alfege Church 圣阿腓基教堂 190

St George's, Bloomsbury 布鲁姆斯伯里圣乔治教堂 98

St James's Palace 圣詹姆斯宫 62

St James's Park 圣詹姆斯公园 60~61

St Martin-in-the-Fields 圣马丁教堂 76

St Olave's 圣奥拉弗教堂 119

St Pancras Station & Hotel 圣潘克拉斯车站和酒店 97

St Paul's Cathedral 圣保罗大教堂 106, 108~111, 110

T

Tate Britain 泰特不列颠美术馆 60

Tate Modern 泰特现代美术馆 128, 130~133

Tower Bridge 伦敦塔桥 118

Tower of London 伦敦塔 112~115

Trafalgar Square 特拉法加广场 74

Trinity Square Gardens 三一广场花园 119

V

Victoria & Albert Museum 维多利亚与艾伯特博物馆 148~151

Victoria Park 维多利亚公园 195

W

Wellcome Collection 韦尔科姆收藏馆 96

Wellington Arch 惠灵顿拱门 160

Westminster 威斯敏斯特 48~65, 58~59

Westminster Abbey 威斯敏斯特大教堂 48, 50~53

Westminster Cathedral 威斯敏斯特天主教堂 61

Whitechapel Gallery 白教堂美术馆 127

Woburn Walk 沃本步道 93

就餐

A

Abeno 100

Anchor & Hope 140

Arabica Bar & Kitchen 140

Arancina 169

B

Baltic 139

Bar Shu 78

Black Vanilla 190

Borough Market 博罗市场 140

Brasserie Zédel 78

Brick Lane 127

Busaba Eathai 99

C

Café Below 121

Cafe Murano 63

Camden Market 17[illegible]

Caravan 100

Cellarium 51

Chiltern Firehouse

Chin Chin Labs 175

Churchill Thai Kitchen 164

City Social 122

Crypt Café 109

D

Dabbous 99

Dinner by Heston Blumenthal 162

Dishoom 77

Duck & Waffle 121

E

Empress 195

Folly 122

Foodilic 99

景点 000
地图页码 000

…rmans 195
…our Corners Cafe 138

…arden Café, V&A 149
…oddards at Greenwich 190
…ain Store 99
…eenwich Market 格林尼治市场 191
…mkhana 63

…akkasan Hanway Place 100~101

…n the Park 63
…side 191

…Sheekey 79

…nditor & Cook 139
…ya 77

…dy Ottoline 100

…Manze 139
…gazine 162
…ltby Street Market 莫特比街市场 142
…nna 176

Market 175
Mildreds 77
Min Jiang 162~163
Namaaste Kitchen 176
National Dining Rooms 69
New Armouries Cafe 113
Nordic Bakery 77

O

Old Brewery 191

P

Palomar 78
Perkin Reveller 121
Pied-à-Terre 100
Pimlico Fresh 161
Polpo 120
Portrait 78

R

Rabbit 162
Restaurant at St Paul's 109
Rivington Grill 191

S

Skylon 140
St John 121
Stag 181

T

Tom's Kitchen 161

U

Union Street Cafe 141

V

V&A Café 149
Vincent Rooms 63

W

Watch House 139
White Swan 122
Wine Library 122

Y

Yauatcha 78
York & Albany 176

Z

Zucca 140
Zuma 162

饮品

A

Anspach & Hobday 142
Ape & Bird 80~81

B

Bar Pepito 101
Blues Kitchen 177
Book Club 124
Booking Office Bar & Restaurant 102
Bradley's Spanish Bar 103
BrewDog Camden 178
Buddha Bar 164

C

Churchill Arms 164
Counting House 124
Cutty Sark Tavern 191~192

D

Drink, Shop & Do 101
Dublin Castle 177
Dukes Bar 64

E

Earl of Lonsdale 169
Edge 81
Edinboro Castle 176
Euston Tap 101
Experimental Cocktail Club 80

F

Fabric 123
French House 71

G

George Inn 143
Gordon's Wine Bar 80
Greenwich Union 192

H

Heaven 81

K

Kensington Roof Gardens 163
Ku Klub Lisle St 81

L

LAB 79
Lamb 101
Lamb & Flag 80

Lock Tavern 177
London Cocktail Club 102

M
Madison 124
Museum Tavern 93

O
Oblix 142
Old Brewery 185

P
Princess Louise 102
Proud Camden 176

Q
Queen of Hoxton 124
Queen's 177
Queen's Arms 164
Queen's Larder 93, 102

R
Rake 142
Rivoli Bar 64
Royal Inn on the Park 195
Royal Oak 127

S
Scootercaffe 143
Sky Pod 122~123
Skylon 141
Southwark Brewing Company 萨瑟克酿酒公司 142
Spaniard's Inn 181

T
Tea and Tattle 102
Tomtom Coffee House 163
Trafalgar Tavern 192

W
Windsor Castle 164
Wine Pantry 142
Woolpack 143
Worship St Whistling Shop 123

X
XOYO 15

Y
Ye Olde Cheshire Cheese 125
Ye Olde Mitre 124

娱乐

100 Club 104
606 Club 165

A
Amused Moose Soho 82~83

B
Barbican 巴比肯 125
Barfly 178
Borderline 82

C
Cadogan Hall 165
Casbah Records 193
Cecil Sharp House 178
Comedy Store 81~82

E
Electric Cinema 169

G
Greenwich Comedy Festival 格林尼治喜剧节 192
Greenwich Market 格林尼治市场 193

I
ICA Cinema 64

J
Jazz Cafe 178

K
KOKO 178

L
Laban Theatre 193
London Coliseum 83

N
National Theatre 国家剧院 143
Notting Hill Carnival 169

O
O2 Arena 192
Old Vic 145

P
Place 103
Prince Charles 83

R
Ronnie Scott's 82
Roundhouse 178
Royal Albert Hall 皇家艾伯特音乐厅 165
Royal Court Theatre 皇家宫廷剧院 165
Royal Opera House 皇家歌剧院 81

S
Scala 104
Secret Cinema 秘密影院 32
Shakespeare's Globe 莎士比亚环球剧院 144
Soho Theatre 苏荷剧院 82
Southbank Centre 南岸中心 144

T
Trinity Laban Conservatoire of Music and Dance 193

U
Up the Creek 192

W
Warner Bros Studio

景点 000
地图页码 000

Tour: The Making of Harry Potter 29
igmore Hall 83, 17

ung Vic 144

购物

gent Provocateur 85

ang Bang Clothing Exchange 104
erwick Street Market 贝里克街市场 71
eyond Retro 21
ick Lane Market 砖巷市场 127
ck Street Market 巴克街市场 179

ambridge Satchel Company 84
mden Lock Market 卡姆登水闸市场 179
Camden Lock Village 179
Camden Market 卡姆登市场 179
Conran Shop 166

D
Darkroom 104~105
Dover Street Market 多佛街市场 65

E
Exclusivo 181

F
Folk 105
Fortnum & Mason 64
Foyles 71

G
Gay's the Word 104
Grant & Cutler 71

H
Hamleys 84
Harrods 哈罗德 166
Harry Potter Shop at Platform 9¾ 9¾站台哈利·波特专卖店 104
Hatchards 65

J
James Smith & Sons 84~85
Jo Loves 166

L
Liberty 84
Limelight Movie Art 167
London Review Bookshop 伦敦书评书店 93
Lovely & British 145

O
Old Spitalfields Market 老斯皮塔福德市场 125
One New Change 125

P
Penhaligon's 65
Pickett 167
Portobello Road Market 波特贝罗路市场 169

R
Retrobates Vintage 193
Silver Vaults 125
Sister Ray 85
Skoob Books 105
Slightly Foxed on Gloucester Road 166
South Bank Book Market 南岸旧书市场 145
Southbank Centre Shop 145
Stables Market 马厩市场 179
Stanford's 83
Sting 85
Sunday UpMarket 周日跳蚤市场 127

T
Taylor of Old Bond Street 65
Traid 21

W
Waterstones 85

我们的故事

一辆破旧的老汽车，一点点钱，一份冒险的感觉——1972年，当托尼（Tony Wheeler）和莫琳（Maureen Wheeler）夫妇踏上那趟决定他们人生的旅程时，这就是全部的行头。他们穿越欧亚大陆，历时数月到达澳大利亚。旅途结束时，风尘仆仆的两人灵机一闪，在厨房的餐桌上制作完成了他们的第一本旅行指南——《便宜走亚洲》（*Across Asia on the Cheap*）。仅仅一周时间，销量就达到了1500本。Lonely Planet从此诞生。

现在，Lonely Planet在都柏林、富兰克林、伦敦、墨尔本、奥克兰、北京和德里都设有公司，有超过600名员工及作者。在中国，Lonely Planet被称为"孤独星球"。我们恪守托尼的信条："一本好的旅行指南应该做好三件事：有用、有意义和有趣。"

们的作者

埃米莉·菲卢（Emilie Filou）

埃米莉出生于巴黎，18岁前一直生活在那里。之后她出外求学三年，又经历了三年的"间隔年"，最终在伦敦找到了自己的归宿，爱上了这座城市，从此再也没有真正离开。现在她是名记者，主要负责有关非洲的报道，会定期离开位于伦敦东北部的家去非洲工作。她已经参与了Lonely Planet的多本旅行指南，包括她的家乡法国以及西非、马达加斯加和突尼斯，三个版本的《伦敦》旅行指南。你可以访问www.emiliefilou.com了解她的工作，或者在上@EmilieFilou联系她，也可以在lonelyplanet.com/members/emiliefilou了解更多她的信息。

约作者

· 德拉奇采维奇（Peter Dragicevich）撰写了"摄政公园和卡姆登"等部分。

夫 · 法伦（Steve Fallon）撰写了"圣保罗大教堂和金融城"和"皇家天文台及格治"等部分。

安 · 哈珀（Damian Harper）撰写了"威斯敏斯特大教堂和威斯敏斯特""国家美术考文特花园"和"大英博物馆和布鲁姆斯伯里"等部分。

伦敦

中文第一版

书名原文：*London*（5th edition，Mar 2016）

本中文版由中国地图出版社出版

图书在版编目（CIP）数据

伦敦 / 澳大利亚 Lonely Planet 公司编；陈薇薇等译．-- 北京：中国地图出版社，2017.6
书名原文：London
ISBN 978-7-5031-9921-9

Ⅰ．①伦… Ⅱ．①澳… ②陈… Ⅲ．①旅游指南－伦敦 Ⅳ．① K956.19

中国版本图书馆 CIP 数据核字 (2017) 第 116159 号

出版发行	中国地图出版社
社　　址	北京市白纸坊西街 3 号
邮政编码	100054
网　　址	www.sinomaps.com
印　　刷	北京华联印刷有限公司
经　　销	新华书店
成品规格	106mm×153mm
印　　张	7.75
字　　数	253 千字
版　　次	2017 年 6 月第 1 版
印　　次	2017 年 6 月北京第 1 次印刷
定　　价	49.00 元
书　　号	ISBN 978-7-5031-9921-9
审 图 号	GS（2017）918 号
图　　字	01-2017-0706

如有印装质量问题，请与我社发行部（010-83543956）联系